# Der Nutzgarten

## MONAT FÜR MONAT RICHTIG PLANEN

DORLING KINDERSLEY
London, New York, Melbourne, München und Delhi

**Projektbetreuung** Anna Kruger
**Lektorat** Helen Fewster
**Bildredaktion** Alison Donovan, Alison Gardner
**Designassistenz** Francesca Gormley
**Bildrecherche** Myriam Mégharbi
**Pearson Bilddatenbank** Emma Shepherd
**Herstellung** Luca Frassinetti, Bethan Blase

**Fachberatung** Jo Whittingham

Für die deutsche Ausgabe:
**Programmleitung** Monika Schlitzer
**Projektbetreuung** Regina Franke
**Herstellungsleitung** Dorothee Whittaker
**Herstellung** Mareike Hutsky

Bibliografische Information Der Deutschen Bibliothek
Die Deutsche Bibliothek verzeichnet diese Publikation
in der Deutschen Nationalbibliografie;
detaillierte bibliografische Daten sind im Internet
über http://dnb.ddb.de abrufbar.

Titel der englischen Originalausgabe:
Allotment month by month



**Übersetzung** Wiebke Krabbe
**Lektorat** Elisabeth Bobinger

ISBN 978-3-8310-1574-0

Printed and bound in Singapore by
Tien Wah Press

Besuchen Sie uns im Internet
**www.dk.com**

Hinweis
Die Informationen und Ratschläge in diesem Buch
sind von den Autoren und vom Verlag sorgfältig erwogen und
geprüft, dennoch kann eine Garantie nicht übernommen werden.
Eine Haftung der Autoren bzw. des Verlags und seiner
Beauftragten für Personen-, Sach- und Vermögensschäden
ist ausgeschlossen.

# Der Nutzgarten

## MONAT FÜR MONAT RICHTIG PLANEN

ALAN BUCKINGHAM

# INHALT

# Einleitung

Obst und Gemüse aus dem eigenen Garten liegen wieder im Trend. Der Nutzgarten ist heute weitaus beliebter als noch vor zehn Jahren und die Nachfrage nach Kleingärten ist so groß wie zuletzt zur Zeit unserer Großeltern. Ein Grund für diese Entwicklung ist, dass das Gesundheitsbewusstsein der Menschen gewachsen ist – und wir sind uns bewusst, dass die Ernährung dabei eine wichtige Rolle spielt. Gleichzeitig wächst auch die Skepsis gegenüber Lebensmitteln aus industrieller und kommerzieller Produktion.

## Eigene Ernte: frisch, saisonal, einheimisch

»Frisch, saisonal, einheimisch« – so könnte das Mantra einer neuen Generation von Verbrauchern heißen, die auf Qualität und Herkunft ihrer Lebensmittel achten. Frischer als im Garten gerade ausgegraben oder direkt vom Strauch gepflückt können Lebensmittel nicht sein. Saisonale Früchte, die in voller Reife geerntet werden, schmecken nicht nur besser und haben mehr Vitamine, sondern vermitteln wieder ein Gefühl für den Rhythmus der Natur und der Jahreszeiten. Ein weiteres Plus: Einheimische Lebensmittel, die in der Nähe geerntet werden, müssen nicht über viele teure Kilometer vom anderen Ende der Welt eingeflogen werden.

## Rund ums Jahr gut versorgt

Was müssen Sie wissen, wenn Sie selbst Obst und Gemüse anbauen wollen? Gar nicht so viel wie Sie vielleicht denken. Wichtig ist, ganz simpel anzufangen: Graben Sie ein Stück Erde um, säen Sie etwas und wenn Sie die Pflanzen nicht restlos vernachlässigen, werden Sie am Ende etwas Essbares ernten. Wer sich gut informiert, ein bisschen vorausschauend plant und seinen Garten regelmäßig pflegt, kann genug Obst und Gemüse ernten, um die ganze Familie rund ums Jahr zu versorgen.

(oben links) **Beerenobst** sollte man erntefrisch verzehren. Heidelbeeren kann man einfrieren, aber frisch schmecken sie viel besser.

(links) **Späte Apfelsorten,** behutsam gepflückt und eingelagert, halten sich einige Monate lang. Frühe Apfelsorten dagegen sind nicht lange lagerfähig.

(rechts) **Ein typischer Fehler** ist, zu viel von einer Sorte anzubauen. Wer braucht zwei ganze Reihen Kohlrabi? Pflanzen Sie lieber geringere Mengen, dafür aber mehr Sorten, wie auf diesem Foto.

(links, von oben nach unten) **Himbeeren** müssen alle paar Tage durchgesehen und gepflückt werden, um jede Frucht in perfekter Reife zu erwischen. **Mischkultur** mit Blumen, Gemüse und Obst schafft einen abwechslungsreichen Lebensraum. Ringelblumen locken Schwebfliegen an, die Blattläuse vertilgen. **Porree** verträgt Frost und ist darum ein wertvolles Wintergemüse.

Natürlich gibt es in manchen Monaten mehr zu ernten als in anderen. Im Sommer und Herbst erntet man oft mehr, als man aufessen kann. Kein Problem: Sie lagern den Überschuss, frieren ihn ein oder machen ihn ein. Und Geschenke aus dem Garten sind auch etwas ganz Besonderes. Im Winter können nur frostharte Gemüsearten wie Kopfkohl, Rosenkohl, Porree und Grünkohl sowie Wurzelgemüse wie Karotten, Pastinaken und Steckrüben geerntet werden. Die magerste Zeit fällt erstaunlicherweise aber in den April und Mai. Um diese Zeit ist das letzte Wintergemüse geerntet, aber die neuen Pflanzen sind noch klein und nicht erntereif.

## Der richtige Zeitpunkt

Nutzgarten-Neulinge fragen oft nach dem *Wie*. Erfahrene Selbstversorger wissen aber, dass es vor allem auf das *Wann* ankommt. Müssen die Pflanzkartoffeln in die Erde? Wann muss ich Stangenbohnen säen? Welcher Zeitpunkt ist ideal für den Obstbaumschnitt? Muss ich die Himbeerruten bald herunterschneiden? Kann ich die Kürbis-Sämlinge schon ins Freiland pflanzen?

Der »Gartenkalender« begleitet Sie durchs Jahr und erklärt Monat für Monat, was gesät und gepflanzt wird, was erntereif ist, auf welche Schädlinge und Krankheiten Sie besonders achten müssen und welche Aufgaben noch anstehen. Dieses Wissen wird Ihnen helfen, zu allen Jahreszeiten reichlich leckeres und gesundes Obst und Gemüse zu ernten.

Allerdings kann der richtige Zeitpunkt durchaus variieren: im Jahreslauf und regional. Nach einem milden Winter zum Beispiel sprießen Saaten schneller als nach einem Februar, der tiefe, zweistellige Minusgrade aufwies. In der Rheinebene kann man Pflanzen früher nach draußen setzen als im Allgäu. Wenn Sie Kontakt zu örtlichen Gartenbauvereinen pflegen, haben Sie Zugang zum Know-how an exakt Ihrem Wohnort. Auch Landratsämter geben Anbautipps, nicht nur für Landwirte.

(oben) **Jeder Quadratzentimeter** Beetfläche wurde hier für Essbares und gleichzeitig Dekoratives genutzt: Rhabarber, Tomaten, Mangold, Karotten, Artischocken und Sonnenblumen. Eine so dichte Pflanzung unterdrückt auch einjähriges Unkraut.

(rechts) **Recyceln und umfunktionieren** sind wichtige Tugenden im Nutzgarten. Fast alles lässt sich noch für einen sinnvollen Zweck verwenden. Hier dienen abgeschnittene Plastikflaschen als Schutz für junge Bohnenpflanzen.

(ganz rechts) **Regenwasser** sollten Sie auffangen, vor allem in heißen Sommern ist jeder Tropfen wertvoll.
Stellen Sie an den Fallrohren von Wohnhaus, Schuppen, Gewächshaus und anderen Nebengebäuden Tonnen auf, in denen Sie Ihre Gießkannen füllen können.

# Das sollten Sie wissen

Der Reiz am Obst- und Gemüseanbau liegt zum großen Teil darin, dass man nie auslernt. Neue Techniken wollen ausprobiert werden, neue Arten und Sorten kommen auf den Markt, oder es ergeben sich neue Probleme. Kein Gartenjahr gleicht dem anderen. Eine Schlechtwetterperiode zur falschen Zeit oder lange Trockenheit im Hochsommer haben großen Einfluss auf den Erfolg des Nutzgartens.

Gartenbau mag kompliziert erscheinen, wenn Sie Begriffe wie Boden-pH-Wert, Mineralstoffmangel, Triebspitzen-Senker oder Spaliererziehung lesen. Aber so schlimm ist es nicht. Im folgenden Kapitel erfahren Sie alles, was Sie unbedingt wissen müssen. Und wenn Sie dennoch unsicher sind, fragen Sie Besitzer der umliegenden Gärten oder örtliche Gartenbauvereine. Die meisten sind stolz auf ihr Wissen und ihre Erfahrung und lassen andere gern daran teilhaben.

**Farbenprächtige Borlotti-Bohnen** lassen gewöhnliche grüne Bohnen ganz schön blass aussehen. Dabei sind sie genau so einfach anzubauen und erfordern keine Spezialkenntnisse.

# Bestandsaufnahme

Wenn Sie zum ersten Mal einen Nutzgarten anlegen, sollten Sie zuerst das Potenzial des Grundstücks ausloten. In welchem Zustand ist es? Gepflegt oder vernachlässigt? Wenn es total verwildert ist: Lässt sich überhaupt erkennen, wie es einmal bestellt wurde? Wenn der Vorbesitzer sich gut um den Garten gekümmert hat, was wuchs darin? Wie ist die Fläche aufgeteilt? Möchten Sie vorhandene Elemente wie Obstbäume, Beerensträucher, Komposter oder einen Schuppen erhalten, oder wollen Sie lieber von Grund auf neu anfangen?

## Vorausschauend denken

Wie auch immer der Zustand des Gartens ist: Fällen Sie keine übereilten Entscheidungen. Wenn Sie nicht gerade ein Brombeerdickicht übernehmen, das zügig beseitigt werden sollte, nehmen Sie sich lieber Zeit.

Probieren Sie einige Gemüsearten aus, um herauszufinden, was am besten gedeiht – und wo. Schauen Sie über die Zäune.

(unten links) **Einjähriges Unkraut** lässt sich mit der Hacke beseitigen. Mehrjähriges und tief wurzelndes Unkraut muss man meist ausgraben (siehe S. 110).

(unten) **Alte Obstbäume** sind gut für Überraschungen. Wer einen Garten mit alten Bäumen übernimmt, muss oft bis zur Ernte warten, um genau zu wissen, was es zu ernten gibt.

**Stattliche Rhabarberpflanzen** sollten Sie unbedingt erhalten. Lästig ist es dagegen, wenn Teile des Gartens verwildert sind und beim Roden Schubkarren voll Unkraut, Gras und wilder Brombeeren anfallen.

Wenn bei den direkten Nachbarn manche Arten gedeihen, andere aber schwächeln, wird es bei Ihnen vermutlich ähnlich sein.

## Himmelsrichtung und Lage

Wie liegt das Grundstück? Offen oder geschützt, tief oder hoch? Ist es ein Hanggrundstück, liegt es oben oder unten? In welche Himmelsrichtung zeigt es? Wo geht die Sonne auf, wo geht sie unter? Und wie verläuft ihr Weg über den Himmel – im Winter und im Sommer? All diese Aspekte beeinflussen die Wachstumsbedingungen, die Ihr Garten bietet.

## Boden und Klima

Boden und Klima sind wohl die wichtigsten Faktoren, die man im Nutzgarten berücksichtigen muss, denn Obst und Gemüse haben oft höhere Ansprüche als Blumen. Schließlich hat all Ihre Mühe mit den Pflanzen nur ein Ziel: eine stattliche Ernte. Darum brauchen die Pflanzen nährstoffreichen, fruchtbaren Boden – und natürlich ausreichend Wasser, Wärme und Sonnenschein.

Finden Sie zuerst heraus, wie Ihr Boden beschaffen ist. Handelt es sich um eher schweren, klebrigen, tonigen Boden, oder ist er sandig und durchlässig? Und ist er sauer, alkalisch oder neutral?

Näheres zur Bestimmung des Bodentyps finden Sie auf Seite 47, Tipps zur Bodenverbesserung auf Seite 20–21, und um die Auswirkungen von Wetter und Klima geht es auf Seite 14.

### DER PERFEKTE NUTZGARTEN

**Wünschenswert:**

- Ein offenes Grundstück, das den ganzen Tag lang Licht und Sonne bekommt
- Schutz vor scharfem, kaltem Wind
- Durchlässiger, fruchtbarer Boden mit viel organischer Substanz und im Idealfall einem pH-Wert knapp unter 7
- Eine »Sonnenfalle« an einem Zaun oder einer Südwand als Platz für empfindliches Obst und Gemüse
- Wasserversorgung (Leitung, Pumpe) in bequemer Nähe

**Unvorteilhaft:**

- Hohe, ausladende Bäume, die viel Schatten werfen und kein Regenwasser auf den Boden (und die Pflanzen) lassen
- Ein Grundstück, das dem Wind voll ausgesetzt ist
- Boden mit schlechter Dränage, der zur Staunässe neigt
- Extrem leichter Boden, durch den Wasser glatt durchläuft und Nährstoffe mitnimmt
- Stark saurer oder stark alkalischer Boden
- Frostfallen (siehe S. 14), in denen kalte Luft Jungpflanzen schädigen oder abtöten kann

# Wetter, Jahreszeiten und Mikroklima

Das Klima Ihrer Region ist eine feste Größe, an der Sie nichts ändern können. In kühl-gemäßigtem Klima gedeihen Obst und Gemüse wie Pfirsiche, Nektarinen und Melonen sowie Auberginen, Gurken und Okra nicht gut, weil sie viel Wärme brauchen. In heißeren Gebieten dagegen werden Sie mit Schwarzen Johannisbeeren, Blumenkohl, Himbeeren und Spinat – also Arten, die sich in kühlerem Klima wohlfühlen – Mühe haben. Am besten arrangieren Sie sich mit den Gegebenheiten und bauen Pflanzen an, denen sie zusagen.

## Saisonale Wetterschwankungen

Trotz der grundsätzlichen Klima-Gegebenheiten müssen Sie mit Schwankungen rechnen, die durch globale Erwärmung und Klimawandel stärker ausfallen können. Ein eiskalter Winter, ein zeitiger Frühling, späte Fröste, eine Hitzewelle im Hochsommer oder ein langer, warmer Herbst – die Witterung ist unberechenbar und kann erheblichen Einfluss auf das Pflanzenwachstum haben.

## Temperatur und Niederschlag

Die Schwankungen von Temperatur und Niederschlag haben die größten Auswirkungen. Die Temperatur beeinflusst Keimung, Wurzelwachstum, Fotosynthese und die Nährstoffaufnahme aus dem Boden. In geschützten, sonnigen Gärten ist die Lufttemperatur höher als in offenen Lagen, sodass hier auch empfindliche Früchte wie Melonen reifen können, die woanders nicht gedeihen. Deckt man den Boden im Winter und Vorfrühling mit Folie ab, erwärmt er sich schneller auf eine Temperatur, bei der Gemüsesamen bereitwillig keimen.

Alle Pflanzen brauchen Wasser. Regen dringt in den Boden ein und wird von den Wurzeln aufgenommen. Wichtiger als die Gesamt-Niederschlagsmenge ist aber die Regelmäßigkeit. Obst- und Gemüsepflanzen sind mehr auf stetige Wasserversorgung angewiesen als viele Zierpflanzen. Ein heftiger Guss, gefolgt von langer Trockenheit, bekommt ihnen nicht. Darum muss regelmäßig gegossen werden.

## Frost

Frost schadet vielen Pflanzen. Bei Minus-Graden gefriert der Saft in den Pflanzenzellen, dehnt sich aus und sprengt die Zellwände. Noch schlimmer ist es, wenn die geschädigten Pflanzen rasch auftauen, etwa in der Morgensonne. Besonders gefährdet sind Trieb- und Blütenknospen sowie die Blätter junger Sämlinge.

In Bodensenken und am Grund von Mauern und dichten Zäunen sammelt sich oft kalte Luft. Solche Frostfallen sind für Pflanzen gefährlich.

## Mikroklima

Selbst in einem Garten mittlerer Größe gibt es erstaunlich viele Bereiche mit unterschiedlichen Bedingungen, Mikroklima genannt. Ein geschützter Sonnenplatz, eine Stelle hinter einem Windschutz oder der kühle Schatten eines Baums sind natürliche Mikroklimata. Das Mikroklima in Folientunneln, Gewächshäusern oder Frühbeeten unterliegt der Kontrolle des Menschen.

**Winterliche Kälte** vertragen nur wenige Pflanzen. Wenn in Ihrer Region winterhartes Gemüse wie Porree und Mangold gedeihen, können Sie auch anderes versuchen.

# Aufteilung des Gartens und der Beete

Weil Sie im Nutzgarten eine Menge Zeit verbringen werden, sollte er so aufgeteilt sein, dass einerseits die Arbeit leicht und effizient von der Hand geht und andererseits die Pflanzen optimale Bedingungen vorfinden. Ausreichend Spielraum, um von Jahr zu Jahr die Fruchtfolge einzuhalten, sollten Sie ebenfalls einplanen. Und dann sind noch Aspekte zu bedenken, die nicht direkt mit dem Garten zu tun haben: vielleicht ein Spielbereich für Kinder, ein Grillplatz oder einfach eine Ecke, um sich an warmen Sommerabenden zu einer Entspannungspause niederzulassen.

**Akkurate, gerade Reihen** in einem traditionellen Nutzgarten sind etwas für Menschen mit Ordnungssinn. Der Boden zwischen den Reihen wird durch das Begehen verdichtet.

**Hochbeete** braucht man nicht zu betreten. Wenn sie schmal genug sind, kann alle Arbeit – vom Säen bis zum Ernten – von den Wegen aus geschehen, und der Boden bleibt locker.

## Gartenplanung

Nehmen Sie Papier und Stift zur Hand, messen Sie den Garten aus und skizzieren Sie ihn. Dann zeichnen Sie Elemente ein, die vorerst unverändert bleiben: Grenzen und Wege, Schuppen und Komposter, Obstbäume und Obstkäfige, Beete mit mehrjährigen Pflanzen wie Rhabarber und Spargel. Entscheiden Sie jetzt, ob Sie ein Element lieber an einem anderen Platz hätten.

Dann legen Sie fest, ob Sie Reihen oder Beete anlegen wollen. Traditionell bepflanzt man Nutzgärten in geraden, parallelen Reihen oder einem Patchwork aus quadratischen Wegen mit Trampelpfaden dazwischen. Das ist praktisch, weil sich die Aufteilung später ändern lässt. Durch das Betreten wird der Boden aber verdichtet, was nicht gut für seine Struktur ist.

**Rasenwege** zwischen Gemüsebeeten sehen hübsch aus, müssen aber regelmäßig gemäht und abgestochen werden, damit sie nicht in die Beete wuchern.

## Feste Beete

Ein dauerhaftes System aus Beeten und Wegen trennt Mensch und Pflanzen. Die Beete sind den Pflanzen vorbehalten und müssen so erreichbar sein, dass man sie nicht betreten muss. Weil der Verlauf der Wege nicht verändert wird, können Sie darauf Gras säen, Steine oder Platten legen, Kies oder Hackschnitzel verteilen, wenn Sie möchten.

Wenn Sie regelmäßig organische Substanz in die Beete einarbeiten, wird ihr Niveau allmählich über das der Wege ansteigen. Dann sind Beetkanten nötig, z. B. Bretter, Ziegel, Beton-Kantensteine, halbierte Gehwegplatten oder alte Dachpfannen, um die Erde in den Beeten zu halten (siehe S. 170–171).

### GÄRTNERN OHNE UMGRABEN

Manche Gärtner schwören auf diese Methode, bei der man – wenn sie einmal eingespielt ist – nicht mehr umgraben muss. Das Ziel ist, eine gute Bodenstruktur zu schaffen und jährlich nur eine Schicht Dünger und organische Substanz zu verteilen. Diese Schicht unterdrückt Unkraut und wird von Regenwürmern und anderen Bodenbewohnern in den Boden gezogen. So packen Sie es an:

- Zuerst das Beet umgraben, um den Boden zu lockern und die Dränage zu verbessern
- Mehrjährige Unkräuter sorgfältig entfernen
- Jedes Jahr eine Schicht gut verrotteten Kompost oder Stallmist verteilen
- Beim Ernten die Bodenstruktur so wenig wie möglich stören
- Unkraut bei Bedarf mit Mulchfolie unterdrücken

# Fruchtfolge

Abgesehen von wenigen mehrjährigen Arten wie Rhabarber, Artischocken und Spargel, die lange an ihrem Platz bleiben, wird Gemüse jährlich neu ausgesät oder gepflanzt. Es empfiehlt sich, ihm jedes Jahr einen neuen Platz zu geben. So verhindern Sie, dass bestimmte Pflanzen immer dieselben Nährstoffe verbrauchen und den Boden auslaugen. Außerdem lässt sich so vermeiden, dass sich Krankheiten und Schädlinge etablieren und nur noch schwer zu bekämpfen sind. Es gibt verschiedene Fruchtfolge-Konzepte, aber alle fassen Pflanzen mit gleichen Bedürfnissen zu Gruppen zusammen.

## FÜNFJÄHRIGE FRUCHTFOLGE

Viele Nutzgärten sind groß genug, um sie in mehrere Beete oder Pflanzflächen verschiedener Größe zu gliedern. Vielleicht möchten Sie diesen Fünfjahresplan ausprobieren, bei dem bestimmte Pflanzengruppen nur alle fünf Jahre auf derselben Stelle wachsen.

- Jahr 1: Kohlgewächse
- Jahr 2: Erbsen und Bohnen
- Jahr 3: Kartoffeln und Fruchtgemüse
- Jahr 4: Zwiebelgewächse
- Jahr 5: Wurzel- und Sprossgemüse

Zucchini, Kürbis und Blattgemüse wie Spinat oder Salate können jeder Gruppe zugeordnet werden, in der noch Platz im Beet ist.

## DREIJÄHRIGE FRUCHTFOLGE

**Jahr 1: Erbsen, Bohnen und Fruchtgemüse**

Erbsen und Bohnen sind in der Lage, Stickstoff aus der Luft aufzunehmen und mithilfe von Bakterien in kleinen Knötchen an ihren Wurzeln zu binden. Lässt man die Wurzeln nach der Ernte im Boden, kann man im Folgejahr dort Gemüse pflanzen, das viel Stickstoff benötigt, z.B. alle Kohlgewächse, aber auch Fruchtgemüse wie Auberginen, Gurken, Paprika, Mais und Tomaten.

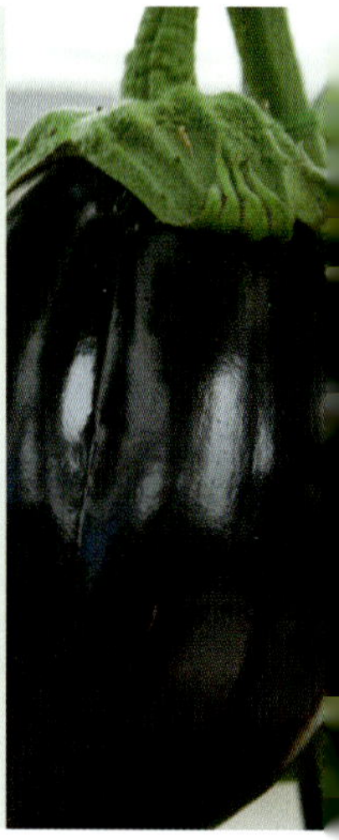

**Jahr 2: Kohl**

In diese Gruppe gehören Brokkoli, Rosenkohl, Kopfkohl, Blumenkohl, Grünkohl, Kohlrabi, Rettiche und asiatische Kohlsorten, aber auch weniger bekannte Verwandte wie Steckrüben und Speiserüben. Alle sind anfällig für die Kohlhernie, eine Pilzkrankheit, deren Erreger im Boden lebt. Darum ist es besonders wichtig, sie jährlich an einen anderen Platz zu pflanzen. Kohlgewächse brauchen viel Stickstoff und gedeihen gut auf einem Beet, auf dem im Vorjahr Erbsen und Bohnen wuchsen.

**Jahr 3: Wurzeln, Zwiebeln und Blätter**

Wurzelgemüse wie Rote Bete, Karotten und Pastinaken sowie Knollengemüse wie Kartoffeln, Süßkartoffeln und Topinambur brauchen nicht viel Stickstoff. Sie gedeihen auf einem Beet, dessen Stickstoffvorrat im Vorjahr durch Kohlgewächse geplündert wurde und können sich die Fläche mit Zwiebelgewächsen wie Knoblauch, Porree und Schalotten sowie Blattgemüse wie Spinat, Mangold und Blattsalat teilen.

(von links nach rechts) **Für das erste Jahr** empfehlen sich Auberginen, Buschbohnen, Tomaten, Sojabohnen, Paprika, Zuckererbsen und Schälerbsen, Limabohnen, Okra und Gemüsemais, aber auch Gurken sowie Sommer- und Winterkürbisse.

(von links nach rechts) **Im zweiten Jahr** könnten Sie Blumenkohl, Kopfkohl, Rosenkohl, Grünkohl, Steckrüben und Rettiche (Sommer- und Wintersorten) pflanzen. Auch Brokkoli, Kohlrabi, Speiserüben und asiatische Kohlsorten wie Chinakohl, Choy Sum, Senfkohl und Pak Choi sind geeignet.

(von links nach rechts) **Im dritten Jahr** pflanzen Sie Zwiebeln, Rote Bete, Karotten, Pastinaken, Kartoffeln und Süßkartoffeln, vielleicht auch Knoblauch, Schalotten, Frühlingszwiebeln, Sellerie, Fenchel, Topinambur, Mangold, Spinat, Chicoree, Endivien, Kopfsalat und andere Salatarten.

# Kompost und Dünger

Obst und Gemüse verlangen dem Boden im Garten mehr ab als die meisten Zierpflanzen. Nutzpflanzen bleiben nur gesund und bringen großzügige Erträge, wenn sie die erforderlichen Nährstoffe aus dem Boden aufnehmen können. Je mehr Sie anbauen, desto mehr Nährstoffe werden verbraucht. Insofern ist es nur logisch, dass man dem Boden wieder Nährstoffe zuführen muss, damit er nicht ausgelaugt wird. Das kann auf zweierlei Weise geschehen: erstens durch Zugabe von organischer Substanz wie Kompost und Stallmist und zweitens durch den Einsatz von organischen oder anorganischen Düngemitteln.

## Stallmist und Kompost

Organische Substanz aus verrotteten Pflanzenteilen oder tierischem Dung unterliegt natürlichen Schwankungen. Manches Material enthält viele Nährstoffe, anderes wenig, manches ist reich an Stickstoff, anderes reich an Kalium. Wegen des hohen Faserstoffgehalts sind diese Materialien aber sehr geeignet, um die Bodenstruktur zu verbessern. Sie lockern verdichtete Böden, verbessern die Dränage schwerer Böden und erhöhen das Wasserhaltevermögen leichter Böden. Verrotteter Stallmist oder Kompost kann mit der Grabgabel in den Boden eingearbeitet werden. Sie können ihn auch als Mulch aufstreuen und das Einarbeiten den Regenwürmern überlassen.

## Stallmist

Stallmist gilt als einer der besten Bodenverbesserer. Meist handelt es sich um eine Mischung aus Stroh und Dung, manchmal enthält er auch Holzspäne oder Sägemehl. Im Garten nur gut verrotteten Stallmist verwenden.

## Kompost

Kompost entsteht, wenn pflanzliche Materialien verrotten. Mikroorganismen verwandeln das Material in ein nährstoffreiches Produkt, das aussieht wie dunkle, krümelige Erde. Mehr dazu auf Seite 156.

## Laubkompost

Laub verrottet sehr langsam, darum sollte man größere Mengen nicht auf den Komposthaufen geben. Besser ist es, die Blätter mit etwas Erde zu mischen und in Drahtkompostern oder großen Müllsäcken (kleine Löcher in die Folie stechen) zu lagern. Laubkompost eignet sich gut zum Belüften schwerer, toniger Böden.

## Pilzsubstrat

Gebrauchtes Substrat aus dem kommerziellen Pilzanbau enthält noch relativ viele Nährstoffe, ist aber meist alkalisch und darum für kalkhaltige Böden weniger geeignet.

## Organische und anorganische Dünger

Düngemittel enthalten Nährstoffe in konzentrierterer Form als Kompost und Stallmist. Organische Dünger werden aus pflanzlichen oder tierischen Rohstoffen hergestellt und durch Boden-Mikroorganismen zersetzt. In diese Gruppe gehören Knochenmehl, Blutmehl, Fischmehl, Hornspäne, Algenextrakte und Mischprodukte. Anorganische Dünger werden aus Mineralien gewonnen oder auf chemischem Wege erzeugt. Sie werden gelöst absorbiert, also nicht mithilfe von Bodenorganismen. Die wichtigsten Boden-Nährstoffe sind Stickstoff (N), Phosphor (P) und Kalium (K) sowie Spurenelemente wie Bor, Magnesium, Mangan und Molybdän. Die meisten Düngemittel enthalten einige oder alle davon, jedoch in unterschiedlichen Zusammensetzungen.

(links) **Kompostieren Sie** alle Pflanzenabfälle – außer kranken Pflanzenteilen, mehrjährigem Unkraut und einjährigem Unkraut, das Samen gebildet hat.

(rechts, von oben nach unten) **Dünger und Bodenverbesserer:** Stallmist, Gartenkompost, Laubkompost, Pilzsubstrat.

# Die wichtigsten Werkzeuge

Es ist erstaunlich, wie wenig Werkzeug man wirklich braucht. Wer Spaß daran hat, kann eine Menge guter Dinge zur Arbeitserleichterung erwerben.

Mein Rat: Kaufen Sie wenig, aber kaufen Sie allerbeste Qualität. Pflegen Sie Ihr Werkzeug und es wird Ihnen lange Freude machen.

1 **Grabgabel**
Die meisten Grabgabeln haben vier Zinken von ca. 30 cm Länge. Der Querschnitt der Zinken ist meist quadratisch, nur spezielle Gabeln für Kartoffeln haben flache Zinken, manchmal mit abgerundeten Spitzen. Griffe gibt es in D-, Y- und T-Form. Es gibt auch schmalere, handlichere Grabgabeln, die weniger wiegen, und für Arbeiten zwischen Pflanzen und zarte Hände praktisch sind.

2 **Spaten**
Das rechteckige Blatt eines normalen Spatens ist etwa 20 cm breit und 28 cm lang. »Damenspaten« mit einem Blatt von 15×23 cm Größe sind handlicher und leichter. Einen Spaten braucht man unbedingt zum gründlichen Umgraben.

3 **Rosenschere**
Gute Rosenscheren sind nicht ganz preiswert, aber die Investition lohnt sich, weil man sie ständig benutzt – zur Pflege der Pflanzen und sogar für die Ernte. Achten Sie darauf, dass die Schere sauber und scharf ist, damit sie schneidet statt zu quetschen und keine Krankheiten überträgt.

**4 Zughacke**
Das Blatt an dem kurzen Schwanenhals-Stiel wird mit kurzen, ruckartigen Bewegungen gezogen, um Unkraut abzuschneiden. Die Hacke ist auch praktisch zum Anhäufeln (Kartoffeln) oder Ziehen von Saatrillen. Das kleinere Modell mit kurzem Stiel nennt man auch Zwiebelhacke.

**5 Harke**
Standard-Harkenköpfe sind etwa 30–38 cm breit und haben 12–16 Zinken. Zum rückenschonenden Arbeiten sollte der Stiel mindestens 1,5 m lang sein. Man braucht die Harke zum Glätten des Bodens und zum Zerkrümeln größerer Erdbrocken vor der Aussaat und Pflanzung. Breitere Harken mit Holz-, Plastik- oder Drahtzinken benutzt man zum Zusammenrechen von Laub und Heu.

**6 Holländerhacke**
Dies ist ein außerordentlich praktischer Hackentyp. Das flache, abgewinkelte Blatt kann man vorwärts und rückwärts ziehen oder schieben, um Unkraut knapp unter der Erdoberfläche abzuschneiden.

**7 Handschaufel und -forke**
Eine kleine Schaufel braucht man dauernd, vor allem aber zum Graben kleiner Löcher und zum Auspflanzen. Es gibt Blätter in unterschiedlichen Breiten. Die Handforke benutzt man zum Lockern des Bodens beim Jäten und Ernten. Beide Werkzeuge gibt es auch mit langem Stiel.

**8 Astschere und Astsäge**
Was für die Rosenschere zu dick ist, schneidet eine Astschere mit langen Hebelgriffen. Viele Modelle schneiden Zweige bis 4 cm Stärke. Für dickere Zweige benutzt man eine Astsäge. Manche Modelle mit gekrümmtem Sägeblatt schneiden nur auf Zug, nicht auf Schub.

**9 Kartoffelhäufler**
Dieses Werkzeug ähnelt einer Hacke, das Blatt ist aber nicht flach, sondern wie eine umgekehrte Pflugschar geformt. Man geht rückwärts und zieht das Blatt durch den Boden. Dabei entsteht eine Rille mit Erdwällen zu beiden Seiten.

**10 Handschuhe**
Hochwertige, stabile Gartenhandschuhe brauchen Sie, um im Winter warme Finger zu haben und um sich beim Beschneiden von Pflanzen nicht zu verletzen. Für den Winter empfiehlt sich Leder oder Wildleder, für den Sommer genügt fester Baumwollstoff – und beim Arbeiten mit Dornen oder Stacheln Handschuhe mit festem Gummi-Überzug.

**11 Netze**
Netze mit mittelgroßen Maschen halten Vögel von Gemüse und Obststräuchern fern. Feinmaschige Netze hindern Insekten wie Kohlmotten und Schmetterlinge an der Eiablage.

**12 Pflanzholz**
Ein Dibber oder Pflanzholz wird benutzt, um Löcher zum Säen oder Pflanzen von Sämlingen in den Boden zu stechen. Gute Modelle laufen spitz zu und haben eine Skala zum Ablesen der Lochtiefe.

**13 Gießkanne**
Eine gute Gießkanne lässt sich auch in vollem Zustand angenehm tragen. Ist der Weg von der Regentonne zum Beet weit, empfehlen sich leichte Kannen aus Plastik. Eine Kanne mit langer Tülle und feiner Brause ist praktisch zum Gießen kleiner Sämlinge. Dreht man die Brause nach oben, ist der »Regen« besonders weich.

## 14 Tunnel

Tunnel setzt man über Pflanzreihen, um sie vor Insekten, Vögeln oder dem Wetter zu schützen. Es gibt Typen aus Plastikfolie und Drahtbügeln, aber auch stabilere aus biegsamen Kunststoffplatten. Die Enden kann man schließen, um die Wärme innen zu halten, oder auch zur Belüftung öffnen.

## 15 Glocken

Glocken schützen zarte Jungpflanzen vor Frost oder erwärmen den Boden, damit Samen keimen und Pflanzen heranwachsen. Es gibt verschiedene Modelle aus Glas und Plastik, manche davon sind ausgesprochen dekorativ. Praktisch ist, dass man die Glocken leicht umstellen kann.

## 16 Bambuskörbe

Trotz der grobmaschigen Oberfläche erzeugen Bambuskörbe vorteilhaftes Mikroklima und schützen Pflanzen vor Wind und leichtem Frost. Außerdem halten sie Tauben und andere hungrige Vögel von Erbsen, Kohl und anderen Pflanzen fern.

## DAS KÖNNTEN SIE NOCH GEBRAUCHEN:

**Spritze**
Druckspritzen benutzt man für flüssige Dünger, Unkrautgifte und Pestizide – und zwar für jedes dieser Produkte eine separate Spritze, die deutlich beschriftet sein sollte.

**Schubkarre**
Falls Ihr Garten nicht winzig ist, leisten Sie sich eine gute Bau-Schubkarre mit einem aufblasbaren Reifen und einer geräumigen Wanne aus Metall, die alle Lasten trägt, die Sie ihr zumuten.

**Kultivator**
Einen Kultivator mit drei oder fünf Zinken braucht man zum Zerkleinern frisch umgegrabener Erde, zum Lockern von Unkraut und zum Einarbeiten von Dünger oder Kompost, der auf den Boden gestreut wurde.
Es gibt Modelle mit langen und kurzen Stielen.

# Der Garten-kalender

Der Erfolg im Nutzgarten hängt hauptsächlich von dem Wissen ab, was wann zu tun ist. Wenn man zur falschen Zeit sät, pflanzt oder Pflanzen beschneidet, kann man sich noch so viel Mühe geben: Die Ernte wird mager ausfallen. In unserem Gartenkalender, können Sie jeden Monat nachlesen, was gerade zu säen oder zu pflanzen ist, was geerntet wird, welche Arbeiten im Garten anstehen und auf welche Krankheiten und Schädlinge Sie achten sollten.

Allerdings können wir hier nur allgemeine Ratschläge geben. Das exakte Timing hängt auch von Ihrer Wohnregion ab, vom Mikroklima am Standort der Pflanzen und von den natürlichen Schwankungen der Witterung von Jahr zu Jahr. Milde Regionen mit warmem Frühjahr und heißem Sommer haben manchmal bis zu vier Wochen Vorsprung, während Sie sich in kalten Gegenden mit spätem Frühling und bewölkten, regnerischen Sommern vielleicht einen Monat länger gedulden müssen. Bei örtlichen Gärtnern, Gartenbauvereinen oder Landratsämtern nach den regionalen Erfahrungen zu fragen kann also nicht schaden.

**In den Hochsommermonaten** Juli und August reift so viel gleichzeitig heran, dass man täglich etwas Frisches aus dem Garten ernten kann.

# Januar

Im Januar wird es Sie nur an ganz milden Tagen in den Garten ziehen. Aber das macht nichts. Nassen, harten Boden soll man nicht umgraben, dabei wird er nur unnötig verdichtet. Bleiben Sie lieber drinnen. Bestellen Sie Saatgut für das kommende Jahr und säen Sie schon etwas in einem beheizten Anzuchtkasten aus. Besorgen Sie Pflanzkartoffeln und legen Sie sie zum Vorkeimen in einen kühlen, aber hellen Raum. Kaufen Sie Steckzwiebeln und -schalotten, die im Februar oder März gepflanzt werden. Und zeichnen Sie auf einer Skizze ein, was Sie im folgenden Sommer wo pflanzen wollen.

**Winterharte Kohlsorten** überstehen auch strengen Frost. Selbst bei Eis und Schnee können sie im Boden bleiben, bis sie verwertet werden sollen. Eine leichte Schicht Stroh ist nützlich.

## Das ist zu tun im Januar

- **Eventuell winterhartes** Gemüse ernten: Kohl, Blumenkohl und andere Kohlsorten, Porree, Sellerie und Wurzelgemüse wie Pastinaken, Steckrüben und Winterrettich.
- **Verrotteten Stallmist** oder Kompost auf leeren Beeten verteilen.
- **Saatbeete** mit schwarzer Folie, alter Auslegeware oder Pappe abdecken, um sie zu erwärmen.
- **Pflanzkartoffeln** kaufen und vorkeimen.
- **Winterschnitt** an älteren Apfel- und Birnbäumen.
- **Obstnetze** nach starkem Schneefall auf Schäden kontrollieren.
- **Den Aussaat- und Pflanzplan** für das kommende Jahr notieren.

# Gemüse und Salat

1 **Winter-Kohl**
Winterharte Kohlsorten liefern frische Vitamine und können im Boden bleiben, bis sie verwertet werden sollen. Netze schützen sie vor hungrigen Tauben.

2 **Steckrüben**
Steckrüben sollten Sie ernten, bevor sie zu groß und holzig werden. Sie lassen sich gut lagern (siehe S. 190–191).

3 **Knollensellerie**
Sellerie wird nach Bedarf geerntet. Eine Schicht Stroh um die Wurzeln verteilen und die Pflanzen noch 1–2 Monate im Boden lassen.

4 **Pastinaken**
Pastinaken vertragen einige Minusgrade problemlos und schmecken sogar noch süßer, wenn sie Frost bekommen haben.

5 **Porree**
Porree lässt sich nicht gut lagern und wird darum nach Bedarf geerntet. Gründlich waschen, um Erdreste zwischen den Blättern zu entfernen.

6 **Endivie**
Glatte Endivien (siehe Foto) und krause Endivien überstehen den Winter eventuell, wenn sie mit Frühbeetkästen oder Glocken vor allzu schlechtem Wetter geschützt werden.

7 **Rosenkohl**
Die Röschen werden von unten nach oben geerntet, wenn sie heranreifen. Lassen Sie sie nicht zu groß werden.

8 **Grünkohl**
Alle Grünkohlsorten sind frosthart und können den ganzen Winter über geerntet werden. Rotblättrige Sorten (siehe Foto) sehen im ansonsten leeren Gemüsegarten besonders eindrucksvoll aus.

9 **Winterrettich**
Sofern es keinen strengen Frost gab, können Sie noch die letzten Winterrettiche ernten. Sie schmecken roh im Salat oder wie Rüben gekocht.

10 **Topinambur**
Die Knollen erst ausgraben, wenn sie verbraucht werden sollen. Im Gegensatz zu Kartoffeln lassen sie sich nicht gut lagern. Gründlich säubern, dann kochen oder braten.

11 **Brokkoli**
Winterharte, violette Brokkolisorten, die im vorherigen Sommer gesät wurden, können in milden Gegenden bis ins Frühjahr geerntet werden.

12 **Winter-Blumenkohl**
Im Januar ist der erste Winter-Blumenkohl erntereif, der am Ende des vorigen Sommers gesät wurde. Die Köpfe überstehen Frost besser, wenn man die äußeren Blätter über ihnen zusammenbindet.

## AUCH ERNTEREIF

**Winter-Blattsalate**
Feldsalat (siehe S. 252), Gartenkresse und Winterportulak (siehe S. 256) gehören zu den wenigen Salaten, die auch im Winter geerntet werden können. Sie müssen aber gut abgedeckt werden.

**Chicoree**
Wenn Sie Chicoree im letzten Herbst ausgegraben und im Dunkeln eingepflanzt haben, können Sie im Januar die ersten gebleichten Köpfe ernten (siehe S. 183).

**Dicke Bohnen,** gekauft oder von der vorigen Ernte aufbewahrt, können jetzt in Töpfen gesät werden. Jeweils ein Korn 5 cm tief in einen 9-cm-Topf legen und im Haus aufstellen. Im mittleren Frühling können die Sämlinge ausgepflanzt werden.

# Säen und pflanzen im Januar

In den allermeisten Regionen ist es in diesem Monat zu nass und zu kalt, um im Freien zu säen. Die Samen werden faulen oder einfach nicht keimen. Die einzige Ausnahme mögen Dicke Bohnen im Frühbeet oder unter Folie sein. Ansonsten warten Sie lieber ein, zwei Monate. Im Anzuchtkasten in Haus oder in einem geheizten Gewächshaus dagegen können Sie jetzt durchaus Pflanzen vorziehen.

## Dicke Bohnen

Wer Dicke Bohnen nicht im vorigen Herbst ins Freiland gesät hat, kann es jetzt tun, sofern der Boden nicht gefroren ist. Alternativ die Samen im Haus in Töpfen vorziehen oder auf etwas wärmeres Wetter warten.

## Obstbäume und -sträucher

Wurzelnackte Sträucher und Bäume werden während der Winterruhe gepflanzt. Den Boden frühzeitig vorbereiten: Unkraut entfernen und reichlich verrotteten Stallmist oder Kompost untergraben. Wenn es sehr kalt oder nass ist, die Pflanzen bis zum nächsten Monat an einem geschützten, frostfreien Platz lagern, z. B. im Schuppen.

## Knoblauch

Nur in milden Gegenden pflanzen, wenn der Boden nicht gefroren oder nass ist. Ansonsten bis Februar oder März warten.

## Zwiebeln und Porree

Damit Zwiebeln und Porree reichlich Zeit zum Wachsen haben, in Saatkästen mit frischem Anzucht- oder Universalsubstrat aussäen und unter Schutz mindestens 10 °C aufstellen. Im März oder April ins Freiland auspflanzen.

## Zwiebeln in Gruppensaat

Vier oder fünf Zwiebelsamen, im Haus in Saatkästen vorgezogen, bilden eine Gruppe und werden später gemeinsam ausgepflanzt.

**GEMÜSE** ZUR AUSSAAT IM HAUS

- Dicke Bohnen
- Blumenkohl
- Porree
- Zwiebeln
- Erbsen
- Radieschen
- Blattsalate
- Spinat

## Erbsen

Wer extrafrüh – mit etwas Glück schon im Mai – Erbsen ernten will, sät sie im Haus in Töpfen oder Saatkästen aus und härtet sie vor dem Auspflanzen im März oder April einige Tage ab.

## Radieschen

Radieschen keimen und wachsen schnell. Wer schon im zeitigen Frühling ernten will, sät sie in Töpfen oder Saatkästen im Haus oder an einem Platz, an dem es nachts nicht kälter als 5 °C wird.

## Rhabarber

Rhabarber kann jederzeit im Winter neu gepflanzt oder geteilt werden. Die Pflanzen vertragen Kälte problemlos, nehmen Staunässe aber übel.

**Salatsämlinge,** herangezogen im Haus in ausgelegten Holz- oder Weinkisten (oben) bilden jetzt die ersten echten Blätter. Jetzt ausdünnen, damit die kräftigsten Pflänzchen genug Platz zum Wachsen haben.

## Winter-Blattsalate

Frischen Blattsalat kann man ganzjährig ernten, wenn man ihn aus Samen unter Schutz bei gutem Licht zieht, etwa in einem Wintergarten, beheiztem Gewächshaus oder, in milden Gegenden, im Frühbeet. Als Pflanzkästen eignen sich Pilzkisten aus Kunststoff, Styroporkisten oder Holzkästen, die mit einer Folieneinlage wasserdicht werden. Dränagelöcher stechen, Universalsubstrat einfüllen und großzügig säen. Probieren Sie Kopfsalat, Rauke, Spinat und asiatische Blattsalate. Jungpflanzen von Mangold und Grünkohl können ebenfalls als Salat gegessen werden. Denken Sie auch an Kräuter. Nach etwa einem Monat können die Blätter geschnitten werden, danach treiben sie – wie Schnittsalat – oft noch drei bis vier Monate lang aus.

**Vier oder fünf Zwiebelsamen** können gemeinsam in kleinen Töpfen ausgesät und später zusammen ausgepflanzt werden. Sie wachsen dann als kompakte Gruppe heran.

### **SÄEN** UND PFLANZEN IM FREILAND

- Dicke Bohnen
- Obstbäume und -sträucher
- Knoblauch
- Rhabarber

# Apfel- und Birnbäume schneiden

Der Baumschnitt erscheint wie eine geheimnisvolle Kunst, die nur Experten beherrschen. Dabei ist er so einfach wie andere Routinearbeiten.

Apfel- und Birnbäume werden während der Ruhezeit von November bis Februar geschnitten. Überlegen Sie vor dem ersten Schnitt, was Sie erreichen wollen. Zuerst alles tote, kranke und beschädigte Holz entfernen. Dann ausschneiden, was sich kreuzt, aneinander reibt oder zu dicht steht. Und zuletzt gilt es, die Fruchtbildung für das kommende Jahr anzuregen, also zu lange Triebe einzukürzen und eventuell altes Holz zu entfernen.

Bäume, die als Säulen-, Fächer- oder Spalierobst kultiviert werden, schneidet man natürlich in Form, dazu gehört tatsächlich etwas Übung.

(links) **Mit Stahlwolle** getrockneten Pflanzensaft von den Klingen der Schere reiben, damit sie leicht gleiten. (rechts) **Das Sägeblatt** mit Schmieröl einreiben, um es zu schützen.

»Baumschnitt ist keine Magie, sondern eine Routinearbeit.«

1 **Äste,** die zur Kronenmitte wachsen, werden mit einer Astsäge dort abgesägt, wo sie vom Hauptstamm abzweigen. Die Krone soll offen sein, damit die Luft dort gut zirkulieren kann.

2 **Zu lange Zweige** auf die Hälfte oder ein Drittel einkürzen, und zwar immer bis zu einem Seitentrieb, der nach außen (nicht nach innen) gerichtet ist. Zuerst den Zweig von unten bis zur Mitte einsägen, dann von oben zum ersten Schnitt hin sägen.

3 **Alle Sägeschnitte** sollten schräg abwärts verlaufen, sodass Regenwasser gut abfließen kann und die Schnittwunden nicht faulen.

4 **Sägen Sie möglichst glatt** und sauber. Ausgerissene und zackige Kanten werden begradigt. Im Winter, während der Ruhezeit des Baums, ist die Infektionsgefahr recht gering.

5 **Alte, erschöpfte Äste** entfernen und einige jüngere Zweige bis zu kürzeren, nach außen gerichteten Seitentrieben oder kurzen Spornen kürzen. Dadurch wird zu enger Wuchs verhindert und frische Triebe haben Platz.

6 **Triebe,** die sich an Rändern früherer Schnittstellen gebildet haben, abschneiden. Sie tragen normalerweise keine Früchte.

## TIPPS FÜR DEN BAUMSCHNITT

- **Gartenschere, Baumschere und Säge** müssen sauber sein, um den Baum nicht zu schädigen oder Krankheiten zu übertragen.
- **Die Klingen der Gartenschere** mit Stahlwolle abreiben, um getrockneten Pflanzensaft zu entfernen.
- **Das Sägeblatt** nach der Reinigung mit etwas Schmieröl einreiben, damit es nicht rostet.
- **Robuste Arbeitshandschuhe** schützen die Finger.
- **Wenn zwei Äste** aneinander reiben, entfernen Sie den schwächeren.
- **Dicke Äste,** die beim Schneiden abbrechen könnten, sollte ein Helfer stützen. Alternativ sägen Sie sie in Etappen ab.
- **Schauen Sie sich regelmäßig** den Baum aus etwas Abstand an. Achten Sie darauf, eine gleichmäßige, gute Kronenform zu erhalten.
- **Nicht zu radikal schneiden,** sonst steckt der Baum mehr Energie in die Bildung von Blättern als in die Fruchtbildung.

# Arbeiten im Januar

Sehr viel ist im Januar nicht zu tun. Bringen Sie Routinearbeiten zu Ende, die Sie im Vorjahr nicht abschließen konnten – Umgraben der Beete, Einarbeiten von Kompost, Schnitt der Obstgehölze und so weiter. Bei sehr schlechtem Wetter bleiben Sie lieber drinnen, stellen Sie den Pflanzplan für die kommende Saison auf und notieren Sie Ihren Ernte-Wunschzettel.

## Umgraben

Wenn der Boden nicht gefroren oder zu nass ist, graben Sie freie Flächen im Nutzgarten um. Dabei wird der Boden belüftet und fein zerkrümelt. Tonige Böden sind bei feuchter Witterung aber oft zu schwer. Wenn der Boden beim Betreten an Ihren Schuhsohlen kleben bleibt, verschieben Sie das Umgraben auf den nächsten Monat.

## Kompost oder Stallmist verteilen

Führen Sie dem Boden mit Kompost oder Stallmist Nährstoffe zu. Sie können ihn beim Umgraben unterarbeiten oder einfach auf den Beeten verteilen und von Bodenlebewesen einarbeiten lassen.

## Pflanzkartoffeln vorkeimen

Kaufen Sie Pflanzkartoffeln von guter Qualität. Im Gegensatz zu Kartoffeln aus der letzten eigenen Ernte ist bei kommerziell kultivierten Pflanzkartoffeln das Krankheitsrisiko geringer. Zu Hause legen Sie sie nebeneinander in Eierkartons oder Anzuchtschalen und stellen sie an einen kühlen, hellen Platz. Nach einigen Wochen werden sich Keime bilden.

(links, von oben nach unten) **Pflanzkartoffeln** keimen an einem kühlen, hellen Platz. **Chicoree,** im Haus getrieben, ist eine leckere Zutat zu Wintersalaten. **Blumenkohlblätter** über die Köpfe binden, um sie vor Frost zu schützen.

(rechts) **Verrotteter Stallmist** versorgt den Boden mit Nährstoffen und verbessert seine Struktur. Verteilt man ihn auf der Beetoberfläche, arbeiten Regenwürmer ihn allmählich in den Boden ein.

## Chicoree treiben
Chicoree-Wurzeln, die ausgegraben, abgeschnitten, wieder eingegraben und zum Bleichen mit Töpfen abgedeckt werden, liefern wertvollen Wintersalat (siehe S. 182–183).

## Blumenkohl vor Frost schützen
Um Blumenkohl vor Kälte und Licht zu schützen, legt man die großen äußeren Blätter locker über die Köpfe und bindet sie mit einem Stück Schnur zusammen. In milden Wintern reicht das.

## Winterschnitt an Obstbäumen
Wenn es nicht eisig kalt ist, kann während der Winterruhe altes Holz aus Obstbäumen wie Äpfeln und Birnen entfernt werden.

## Winterschnitt an Beerensträuchern
Stachelbeeren und Johannisbeeren können jetzt auch noch geschnitten werden (siehe S. 184).

## Weinreben schneiden
Letzte Gelegenheit zum Beschneiden von Weinreben (siehe S. 194). Im nächsten Monat beginnt der Saft zu steigen und Schnittwunden »bluten«. Dann ist es für den Schnitt zu spät.

## Drähte und Stützen kontrollieren
Kontrollieren Sie Stützen, Baumbinder und andere Befestigungen. Ersetzen Sie Schadhaftes und stellen Sie sicher, dass alle anderen die werdenden Zweige und Triebe nicht abschnüren.

## RHABARBER TREIBEN

Ab Jahresbeginn kann man Rhabarber antreiben. Deckt man die Krone der Pflanze ab, sodass sie kein Licht bekommt, treibt sie einige Wochen früher als normal aus.

1 Die Pflanze mit einem speziellen Treibtopf, einen umgestülpten Blumenkübel oder einem Berg Stroh abdecken, ehe sie die ersten Blätter bildet.

2 Wenn nach etwa vier Wochen die Blätter am Topf anstoßen oder aus dem Stroh schauen, die Abdeckung abnehmen.

## Töpfe und Aussaatschalen säubern

Nutzen Sie den ruhigen Monat, um alle Töpfe und Aussaatschalen gründlich mit Haushaltsreiniger und einer harten Bürste zu reinigen. So vermeiden Sie die Übertragung von Krankheitserregern aus dem Vorjahr auf die neuen Sämlinge, die Sie ziehen wollen.

**Plastiktöpfe und Aussaatschalen,** gründlich gereinigt, nach Größe sortiert und ordentlich aufgestapelt, warten auf die Aussaat unter Dach.

»Halten Sie Töpfe und Schalen sauber, damit Ihre Sämlinge kräftig und gesund werden.«

# Januar: Krankheiten & Schädlinge

## Gemüse

■ **Schnecken** können sogar im Winter lästig sein. Die äußeren Blätter von Kohl und Blumenkohl kontrollieren.

■ **Netze** über Winterkohl, Blumenkohl und Brokkoli kontrollieren. Sie müssen im Winter gespannt bleiben, sonst ernten die Tauben alles. Vogelfreunde lassen einige Köpfe frei. Löcher reparieren und nach starkem Schneefall prüfen, ob sich die Befestigung gelöst hat.

■ **Abgestorbene Blätter** von Rosenkohl und Kopfkohl entfernen. Bleiben sie an den Pflanzen, drohen Schimmel und Mehltau.

■ **Eingelagertes Gemüse** wie Kartoffeln, Steckrüben, Kürbisse, Zwiebeln, Schalotten und Knoblauch auf Fäulnis kontrollieren. Achten Sie auch auf Spuren von Ratten und Mäusen.

## Obst

■ **Kirschen, Pflaumen,** Johannisbeeren und Stachelbeeren auf Blattlausbefall kontrollieren. In milden Wintern können sich ab Februar die ersten Blätter zeigen, die für frühe Angreifer sehr verführerisch sind. Die Läuse beim ersten Anzeichen bekämpfen, ehe sie überhandnehmen.

■ **Obstbäume** zur Vorbeugung gegen Blattläuse, Milben, Schildläuse und Frostspanner mit einem Produkt auf Pflanzenölbasis spritzen. Einige Wochen später die Behandlung wiederholen.

■ **Apfel- und Birnbäume** auf Kernobstfäule kontrollieren. Kranke Äste ausschneiden.

■ **Leimringe** an den Stämmen von Obstbäumen bei Bedarf erneuern.

■ **Stachelbeeren** mit Netzen bedecken, um die Knospen vor Buchfinken und anderen Vögeln zu schützen.

■ **Pfirsiche** und Nektarinen als Vorbeugung gegen die Kräuselkrankheit mit einem Fungizid auf Kupferbasis spritzen – im Idealfall, wenn die Knospen anwachsen, sich aber noch nicht öffnen. Ein Regenschutz kann den Kontakt mit den Sporen der Kräuselkrankheit verhindern.

■ **Eingelagerte Äpfel** und Birnen auf Anzeichen von Fäulnis kontrollieren. Faule oder beschädigte Früchte wegwerfen.

(von oben nach unten) **Schnecken** machen sich gern über Winterkohl her. **Netze** schützen Winterkohl vor Tauben. **Kranke Äste** aus Obstbäumen heraussägen. **Welke Blätter** vom Rosenkohl entfernen, um Krankheitsausbreitung zu verhindern.

# Februar

Der Februar ist ein Monat der Extreme. Graue Tage mit dicker Bewölkung, Dauerregen, Graupel oder Schnee lassen den Winter endlos scheinen, doch dann kann eine Periode von Sonnentagen mit klarer Luft und frischem Wind den Frühling ankündigen. Viel Sinnvolles gibt es jetzt im Nutzgarten aber noch nicht zu tun. Wenn der Boden nicht gefroren oder zu nass ist, graben Sie die letzten Beete um und bringen dabei reichlich Kompost oder anderes Strukturmaterial aus. Sie können es untergraben oder es den Würmern überlassen, das Material allmählich in den Boden zu ziehen. Um Saatbeete für die Aussaat und Pflanzung vorzubereiten, decken Sie sie mit dicker Folie, altem Teppich oder Pappe ab.

**Anschwellende Knospen** und erste Blättchen in hellem Grün, die sich an Bäumen und Sträuchern entfalten, sind ein untrügliches Zeichen, dass der Frühling nicht mehr weit ist.

## Das ist zu tun im Februar

- **Ernte** von Kohl, Blumenkohl, Rosenkohl und Grünkohl, außerdem Knollensellerie, Pastinaken und Steckrüben für herzhafte Wintereintöpfe.
- **Aussaat** im Haus, um Sämlinge später auszupflanzen. Im Freiland keimen jetzt nur wenige Sorten.
- **Schalotten und Knoblauch** pflanzen.
- **Pflanzkartoffeln** vorkeimen.
- **Umgraben** der Nutzbeete, dabei reichlich gut verrottete organische Substanz einarbeiten.
- **Saatbeete** mit dicker Folie, altem Teppich oder Pappe abdecken, um den Boden zu erwärmen.
- **Rhabarber und Chicoree** antreiben.

# Gemüse und Salat

**1 Wintersalate**
Verschiedene Salatsorten können, wenn man sie mit Frühbeeten oder Folientunneln vor Frost schützt, auch im Winter im Freiland kultiviert werden, beispielsweise asiatische Kohlsorten wie Mizuna (siehe Foto).

**2 Grünkohl**
Alle Grünkohlsorten vertragen Frost und überdauern selbst strenge Winter gut. Die Blätter können gekocht, gedünstet oder für Pfannengerichte und deftige Wintereintöpfe verwendet werden.

**3 Chicoree**
Angetriebener Chicoree ist ein wertvoller Wintersalat. Man gräbt die Pflanzen im Herbst aus, pflanzt sie in Kästen und stellt sie an einen frostfreien, komplett dunklen Platz, um die frischen, blassen Blätter zu ernten (siehe S. 183).

**4 Steckrüben**
Im Februar sollten Sie die letzten Steckrüben ernten. Sie sind zwar nahezu unverwüstlich, werden aber mit zunehmendem Alter holzig.

**5 Winter-Blumenkohl**
Blumenkohl hält sich nach der Ernte noch eine Weile an einem kühlen Platz, vor allem, wenn man einige der äußeren Blätter um die Köpfe legt.

**6 Porree**
Porree übersteht auch stärkeren Frost. Weil er sich nicht gut lagern lässt, erntet man ihn immer dann, wenn er gleich verbraucht werden soll.

**7 Rosenkohl**
Wer im Juni oder Juli des Vorjahres Rosenkohl gesät hat, kann jetzt noch ernten. Die Röschen pflücken, wie sie reifen oder die ganze Pflanze aus der Erde ziehen und nach Bedarf verwerten.

8 **Brokkoli**
Frühe, violette Brokkolisorten werden im Sommer des Vorjahres gesät und können zeitig im folgenden Frühling geerntet werden. Die Köpfe regelmäßig ernten, um die Bildung neuer Triebe anzuregen.

9 **Pastinaken**
Wenn es sehr kalt wird, decken Sie Pastinaken mit einer 15 cm dicken Schicht Stroh oder Tannengrün ab. Sie können noch bis März geerntet werden.

10 **Endivien**
Ganze Köpfe oder einzelne Blätter sogenannter winterharter Endivien können nach Bedarf geerntet werden. In Frühbeeten und unter Folie vertragen die Pflanzen einige Minusgrade.

11 **Winterkohl**
Kohlköpfe können bis zum Verbrauch im Beet bleiben. Alternativ kann man sie ernten und kopfüber an einem kühlen Platz aufhängen.

12 **Knollensellerie**
Die Knollen nach Bedarf ernten, gründlich säubern. Blattwerk und Wurzeln entfernen, weil sich darin gern Nacktschnecken verstecken. Sellerie schmeckt gekocht, gebraten und als Püree sehr gut.

## AUCH ERNTEREIF

**Topinambur**
Sie sollten jetzt die letzten Knollen ausgraben. Knollen, die über das Ende dieses Monats im Boden bleiben, treiben neu aus.

# Säen und pflanzen im Februar

Im Februar kann es je nach Region extrem kalt werden, kälter sogar als im Dezember und Januar. Das stellt Sie im Garten vor ein Dilemma. Wer früh sät und pflanzt, kann einen Vorsprung gewinnen, riskiert aber auch, dass die Saat nicht keimt oder die Sämlinge durch Nässe oder Kälte absterben. Sollte man sich also besser gedulden, bis es wärmer wird und sich mit einer etwas späteren Ernte abfinden? Am besten tut man von beidem etwas.

## Dicke Bohnen

Wenn der Boden nicht gefroren ist, direkt ins Beet säen. Ist es sehr kalt, im Haus in Töpfen vorziehen.

## Rosenkohl, Kohlrabi und Brokkoli

Die ersten frühen Sorten können in diesem Monat im Haus in tiefen Töpfen gesät werden. Ausgepflanzt werden sie im April oder Mai.

## Obstbäume und -sträucher

Junge, wurzelnackte Sträucher und Bäume, die sich in Winterruhe befinden, können in diesem Monat gepflanzt werden, sofern der Boden nicht gefroren oder zu nass ist. Die Pflanzstelle frühzeitig vorbereiten. Ein ausreichend großes und tiefes Loch ausheben, damit sich die Wurzeln ausbreiten können. Nach dem Pflanzen dick mulchen, um Feuchtigkeit im Boden zu halten.

### **SÄEN** UND PFLANZEN IM FREILAND

- Dicke Bohnen
- Obstgehölze
- Knoblauch
- Weinreben
- Topinambur
- Erbsen
- Rhabarber-Jungpflanzen
- Steckschalotten
- Rüben

### SCHALOTTEN STECKEN

Aus jeder kleinen Steckzwiebel wachsen bis zu zehn Schalotten.

1 Den Boden mit der Harke lockern und eine flache Rille ziehen. Die Steckzwiebeln in Abständen von 18 cm in den Boden drücken, sodass die Spitzen gerade hervorschauen. Angießen und unkrautfrei halten.

2 Wenn im Hoch- bis Spätsommer das Laub abwelkt, die Schalotten vorsichtig ausgraben und gut abtrocknen lassen.

1

2

## Knoblauch

Knoblauch wird jetzt gepflanzt, wenn der Boden nicht gefroren oder nass ist. Ansonsten lieber bis März warten.

## Artischocken

In Töpfe säen und bis zur Keimung in einen Anzuchtkasten bei mindestens 18 °C stellen. Vorerst im Haus halten, im April oder Mai abhärten und auspflanzen.

## Topinambur

Die Knollen in einer Reihe direkt im Freiland an einem Platz pflanzen, an dem sie keinen Schatten auf anderes Gemüse werfen werden. Bei strenger Kälte mit Tunneln oder Glocken schützen.

## Salat

Sorten, die im Mai und Juni geerntet werden sollen, jetzt im Haus in Töpfen oder kompostierbaren Saatkästen säen. Später die Sämlinge verziehen und im März unter Folie, Glocken, Vlies oder im Frühbeet auspflanzen.

## Zwiebeln und Porree

Samen im Haus bei mindestens 10 °C in Saatkästen säen, um einen Zeitvorsprung zu gewinnen. Im März oder April ins Freiland pflanzen.

## Erbsen

In milden Gegenden können einige Erbsen im Freiland unter Schutz gesät werden, wenn der Boden vorher abgedeckt wurde, um ihn zu erwärmen.

(oben, von links nach rechts) **Traditionelle Glocken** aus Metall und Glas haben Deckel, die sich zur Belüftung drehen lassen. **Wurzelnackte Bäume** ausreichend tief pflanzen. Den Spaten oder einen Bambusstab über das Pflanzloch legen, um die Tiefe zu prüfen. **Tunnel,** aus Vlies oder Folie über Drahtbügeln, schützen Jungpflanzen vor Nachtfrost.

### WAS MAN **»DRINNEN«** SÄT

- Dicke Bohnen
- Rosenkohl
- Artischocken
- Kohlrabi
- Porree
- Salate
- Zwiebeln
- Erbsen
- Radieschen und Rettich
- Rhabarber
- Blattsalate
- Spinat
- Brokkoli
- Tomaten

### Radieschen und Rettiche

Im Haus in Töpfen oder Saatkästen säen, alternativ im Freiland unter Schutz, sofern die Nachttemperaturen nicht unter 5 °C fallen.

### Rhabarber

Rhabarber kann aus Samen gezogen werden: jetzt aussäen und im Mai umpflanzen. Einfacher ist es aber, Jungpflanzen zu kaufen oder – jederzeit über Winter – alte Pflanzen zu teilen und junge Teilstücke neu einzupflanzen.

### Spinat

Schnell wachsende Sorten für die frühe Ernte jetzt im Haus aussäen und im März auspflanzen.

### Tomaten und Gurken

Pflanzen zur Weiterkultur in Gewächshaus und Folientunnel können jetzt im Haus gesät werden. Optimal ist ein beheizter Anzuchtkasten mit einer Mindesttemperatur von 21 °C.

### Rüben

Frühe Sorten im Freiland unter Schutz säen.

### Wintersalate

Rauke, Spinat, Kohl, Mangold, Senf und asiatische Blattsalate können weiterhin im Gewächshaus oder je nach Region ins Frühbeet ausgesät werden (siehe S. 33).

»Wer braucht schon Erbsen in Anzuchtkästen, wenn er alte Dachrinnen übrig hat!«

## ERBSEN IN DACHRINNEN SÄEN

Reste von Kunststoff-Dachrinnen sind praktisch zum Vorziehen von Erbsen. So werden die Wurzeln beim späteren Umpflanzen kaum gestört.

1 Ein Stück Kunststoff-Dachrinne zur Hälfte mit gutem Aussaatsubstrat füllen.

2 Die Samen in Abständen von 5 cm in einer Reihe oder in zwei versetzten Reihen säen. Mit Substrat auffüllen und an einem hellen Platz im Haus aufstellen.

3 Wenn die Sämlinge etwa 8 cm hoch sind, im Beet eine flache Rille ziehen und den kompletten Inhalt der Dachrinne vorsichtig in die Rille schieben. Andrücken und gießen.

# Der Boden-Gesundheitscheck

Wenn der Boden nicht gefroren ist, sollten Sie ihn im Februar unter die Lupe nehmen und ihm vor der Gartensaison etwas Pflege zukommen lassen. Ist Ihr Boden leicht oder schwer? Und wie steht es mit der Chemie: Ist er sauer, alkalisch oder neutral? Wie der Boden auch beschaffen ist, es gibt viele Möglichkeiten, Fruchtbarkeit und Struktur zu verbessern.

## Sauer oder basisch?

Boden kann sauer, alkalisch oder – was meist der Fall ist – neutral sein. Normalerweise spielt die Chemie keine so große Rolle, weil die meisten Obst- und Gemüsearten recht tolerant sind und allenfalls ein schwach saures Milieu bevorzugen. Nur in Extremfällen kann es problematisch werden. Wenn der Boden ausgesprochen sauer oder alkalisch ist, können die Bedingungen manchen Pflanzen das Leben schwer machen.

Saure Böden enthalten wenig Kalk. Sie werden alkalischer, wenn man Kalk oder ein kalkhaltiges Material wie Pilzsubstrat einsetzt. Alkalische Böden enthalten viel Kalk, was schwieriger zu ändern ist. Der Einsatz von kompostiertem Sägemehl, Kiefernrinde oder Kiefernnadeln lohnt einen Versuch.

## Den pH-Wert bestimmen

Kaufen Sie im Gartenfachhandel ein pH-Test-Set und prüfen Sie Proben aus verschiedenen Teilen Ihres Gartens.

**Die pH-Wert-Skala**

| | |
|---|---|
| 1–5 | stark sauer |
| 6 | sauer |
| 6,5 | schwach sauer |
| 7 | neutral |
| 7,5 | schwach alkalisch |
| 8 | alkalisch |
| 9–14 | stark alkalisch |

Den Boden zur Lösung im Teströhrchen geben, schütteln und die Färbung mit der Farbkarte vergleichen.

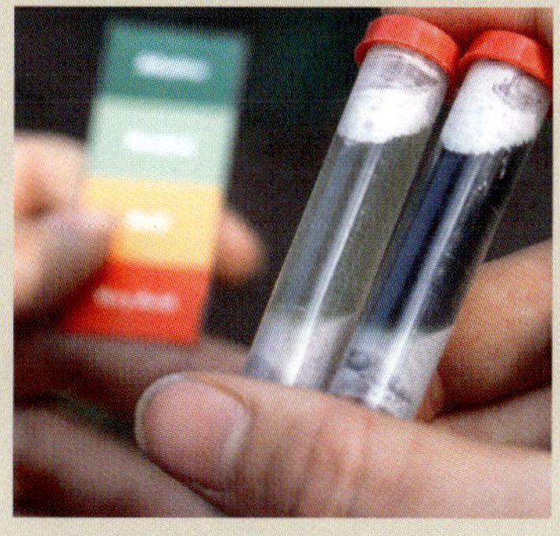

### DIE BODENSTRUKTUR

Boden besteht aus Partikeln verschiedener Größe. Schwerer, klebriger Tonboden enthält sehr kleine Partikel. Sandboden aus größeren Partikeln lässt sich leichter bearbeiten, hält Wasser aber nur schlecht.

1 **Toniger Boden** Schwerer, toniger Boden ist kompakt und klebrig. Er lässt sich kneten und zu einer Kugel formen.

**Tonigen Boden verbessern**

- Jedes Jahr eine Schicht aus organischer Substanz und grobem Sand verteilen und oberflächlich einarbeiten, um den Boden zu lockern.
- Vor allem bei Nässe nicht auf den Boden treten, sondern Bretter verlegen, um das Gewicht zu verteilen.
- Eventuell Hochbeete anlegen.

2 **Sandiger Boden** Leichter, sandiger Boden fühlt sich körnig an und lässt sich leicht zerkrümeln.

**Sandigen Boden verbessern**

- Regelmäßig reichlich verrotteten Stallmist, Kompost oder Laubkompost einharken.
- Organische Dünger wie Algenextrakt, Hornspäne oder Knochenmehl einsetzen.
- Im Sommer mulchen.

# Arbeiten im Februar

Im Februar fallen vor allem Vorarbeiten für die kommende Saison an. Um den Boden für Pflanzung und Aussaat vorzubereiten, graben Sie reichlich organische Substanz unter und erwärmen ihn, indem Sie ihn mit Tunneln, Folie, altem Teppich oder Pappe abdecken. Die letzten Obstgehölze müssen nun geschnitten werden, sonst erwachen sie aus der Winterruhe, und es ist zu spät für Schnittmaßnahmen.

## Umgraben

Beim Umgraben wird der Boden belüftet und Sie können Unkraut entfernen. Wenn der Boden sehr nass ist, legen Sie Bretter aus, um Ihr Körpergewicht zu verteilen und eine zu starke Verdichtung des Bodens zu verhindern.

## Kompost ausbringen

Noch kann der Boden mit Kompost oder verrottetem Stallmist versorgt werden. Arbeiten Sie ihn ein oder verteilen Sie ihn auf der Oberfläche, sodass die Würmer ihn unter die Erde ziehen können.

## Komposthaufen umsetzen

Ein neuer, im Vorjahr angelegter Komposthaufen sollte mit einer Grabgabel gelockert und belüftet werden. Wenn er trocken aussieht, gießen Sie ihn. Dann wieder abdecken, denn durch die Wärme wird die Verrottung beschleunigt.

## Saatbeete anwärmen

Wenn Sie im Herbst Beetflächen mit dicker Folie abgedeckt haben, dürfte der Boden darunter jetzt trocken und relativ warm sein, sodass Sie im Februar oder März die ersten Samen legen können. Selbst gebaute Tunnel aus

## EIN GRABEN FÜR STANGENBOHNEN

Weil Stangenbohnen so hoch werden, brauchen sie viele Nährstoffe. Traditionell hebt man einen Graben aus, der mit Kompost oder Stallmist gefüllt wird, um ihnen optimale Bedingungen zu bieten.

1 Die Position der Reihe anzeichnen und einen Graben von 60 cm Tiefe und Breite ausheben. Den Boden am Grund mit der Grabgabel lockern.

2 Stallmist und Küchen- oder Gartenabfälle in den Graben geben, Erdreich auffüllen und pelletierten Geflügeldung aufstreuen. Alles gut verrotten lassen.

Drahtbügeln und Vlies oder transparenter Folie schützen Saaten und Sämlinge.

### Pflanzkartoffeln vorkeimen

Bis Ende Februar sollten alle Pflanzkartoffeln eingekauft sein und in Eierkartons an einem kühlen hellen Platz liegen, damit sie keimen können (siehe S. 36). Wenn die Keime blass und dürr aussehen, ist es wahrscheinlich zu warm oder zu dunkel.

### Rhabarber und Chicoree treiben

Rhabarberpflanzen abdecken, um schon im März die ersten Stängel zu ernten (siehe S. 38). Umgepflanzte, gebleichte Blätter von Chicoree liefern um diese Jahreszeit wertvollen, frischen Salat (siehe S. 183).

(von links nach rechts) **Kompost** in den Boden einarbeiten, um Nährstoffgehalt und Struktur zu verbessern und den Pflanzen gute Startbedingungen zu bieten. Den **Komposthaufen umsetzen,** um die Belüftung zu verbessern, damit die Mikroorganismen das Pflanzenmaterial in Kompost verwandeln können. **Saatbeete** mit Tunneln aus Drahtbügeln und Folie vorbereiten. Die transparente Folie schützt den Boden vor Kälte und Nässe, lässt aber Licht durch.

### Blumenkohl vor Frost schützen

Überwinterten Blumenkohl weiterhin vor Frost und vor Licht schützen, indem Sie die äußeren Blätter um die Köpfe binden (siehe S. 37).

### Spargelpflanzen bestellen

Spargel pflanzt man am besten im März oder April, also sollten Jungpflanzen jetzt bestellt werden. Weil Spargel mehrjährig ist, überlegen Sie sich gut, wohin Sie ihn pflanzen möchten. Graben Sie den Boden frühzeitig um und arbeiten Sie reichlich gut verrotteten Kompost ein, um ihn zu lockern.

### Winterschnitt an Obstbäumen

Der Schnitt von Apfel- und Birnbäumen muss bis Ende Februar abgeschlossen sein (siehe S. 34–35). Die Bäume erwachen langsam aus der Winterruhe, und wenn man zu spät schneidet, können die Schnittwunden »bluten«.

### Winterschnitt an Beerensträuchern

Stachelbeeren und Johannisbeeren können noch geschnitten werden (siehe S. 184). Auch älteren Heidelbeersträuchern bekommt ein Rückschnitt.

## Himbeeren schneiden

Sommer- und Herbsthimbeeren werden unterschiedlich geschnitten. Sommerhimbeeren schneidet man nach der Ernte im Juli oder August. Im Februar nur lange Ruten kappen, sodass sie knapp über ihre Stützen hinausstehen oder umbiegen und bogenförmig anbinden. Herbsthimbeeren werden im Februar knapp über dem Boden abgeschnitten. Sie fruchten an den neuen Trieben, die sich im Sommer bilden.

## Stützen kontrollieren

Alle Stützen, Drähte und Bindestellen werden kontrolliert und repariert, ehe der neue Austrieb einsetzt. Wenn Bäume und Sträucher Blätter tragen, sind Schäden kaum zu sehen und schwer zu beheben.

## Obstgehölze düngen und mulchen

Den Boden um junge Obstbäume und -sträucher mit kaliumreichem Dünger oder einer organischen Mischung aus Hornspänen, Knochenmehl oder Algen anreichern. Falls möglich, darauf verrotteten Stallmist verteilen, um Unkraut zu unterdrücken und Feuchtigkeit im Boden zu halten.

## Pfirsiche, Aprikosen und Nektarinen schützen

Aprikosen, Pfirsiche und Nektarinen, die am Spalier an einer geschützten Südwand wachsen, können schon im Februar blühen. Decken Sie sie zum Schutz vor Regen und Frost ab. Eventuell müssen die Blüten von Hand bestäubt werden.

(links) **Abgestorbene und kranke Triebe** von Schwarzen Johannisbeeren entfernen. Dann schwache und dünne Triebe abschneiden, die nur wenige Früchte tragen.

(rechts) **Herbsthimbeeren** schneidet man erst im Spätwinter knapp über dem Boden ab. Sie tragen Früchte an den neuen Trieben, die sich im Sommer bilden.

# Februar: Krankheiten & Schädlinge

## Gemüse

■ **Schnecken** treten auch im Spätwinter auf. Die äußeren Blätter von Kohl und Blumenkohl kontrollieren.

■ **Netze** über Kohlköpfen kontrollieren. Tauben finden um diese Zeit nicht viel Nahrung und machen sich gern über Gemüsebeete her. Das muss man mögen. Sonst: Netze gespannt lassen.

■ **Abgestorbene Blätter** von Rosenkohl und Kohlköpfen entfernen. Wenn sie an den Pflanzen faulen, drohen Schimmel und Mehltau.

■ **Eingelagertes Gemüse** wie Kartoffeln, Steckrüben, Kürbisse, Zwiebeln, Schalotten und Knoblauch auf Fäulnis kontrollieren. Was befallen ist, kann kompostiert werden.

## Obst

■ **Kirschen,** Pflaumen, Johannisbeeren und Stachelbeeren auf Blattlausbefall kontrollieren. In milden Wintern können sich im Februar die ersten Blätter zeigen, die für frühe Schädlinge sehr verführerisch sind. Die Läuse beim ersten Anzeichen bekämpfen, ehe sie überhandnehmen.

■ **Obstbäume** zur Vorbeugung gegen Blattläuse und Milben mit einem Produkt auf Pflanzenölbasis (Fachhandel) spritzen. Nach dem Ende der Winterruhe ist diese Spritzung nicht mehr sinnvoll.

■ **Apfel- und Birnbäume** auf Kernobstfäule kontrollieren. Kranke Äste ausschneiden.

■ **Stachelbeeren** mit Netzen bedecken, um die Knospen vor Buchfinken und anderen Vögeln zu schützen.

■ **Schwarze Johannisbeeren** auf verdickte Knospen kontrollieren. Sie sind ein Indiz für den Befall mit der Johannisbeergallmilbe.

■ **Pfirsiche und Nektarinen** als Vorbeugung gegen die Kräuselkrankheit mit einem Fungizid auf Kupferbasis spritzen, falls das nicht im Januar geschehen ist. Ein Regenschutz kann den Kontakt mit den Sporen der Kräuselkrankheit verhindern.

(von oben nach unten) **Tauben** sind lästig für den sorgsam angebauten Winterkohl. Netze bieten Schutz. Die **Kräuselkrankheit** ist ein Pilz, der durch Wind und Regen verbreitet wird. Befallene Blätter verkrüppeln. Die **Johannisbeergallmilbe** stört die Blattbildung. Die winzigen weißen Schädlinge sitzen in den unnatürlich angeschwollenen Knospen.

# März

Wenn der Winter den Rückzug antritt, können Aussaat und Pflanzung im Freien beginnen. Kartoffeln, Zwiebeln, Schalotten, Topinambur und Rhabarber dürfen in die Erde. Auch einige Saaten keimen bei recht niedrigen Temperaturen: Dicke Bohnen, Brokkoli, Kohl, Porree, Pastinaken, Erbsen und Spinat. Die meisten anderen müssen aber im Haus oder in schützenden Folientunneln und Frühbeeten gesät werden. Freie Zeit nutzen Sie jetzt am besten, indem Sie die Beete für die Aussaat im April und Mai vorbereiten. Unkraut, das den Winter überstanden hat, beseitigen, den Boden glatt harken und Dünger – organischen oder anderen – ausbringen.

**Früher Rhabarber** ist ein hübscher Farbtupfer im Nutzgarten. Die Stangen können geerntet werden, wenn sie etwa 30 cm hoch sind.

## Das ist zu tun im März:

- **Ernte** des ersten Rhabarbers und der letzten Exemplare von Rosenkohl, Knollensellerie, Pastinaken und Steckrüben.
- **Aussaat** erster Pflanzen ins Freiland, wenn die Beete abgedeckt und aufgewärmt wurden. Anderenfalls im Haus, im Frühbeet oder in Tunneln aussäen.
- **Frühkartoffeln,** Schalotten und Knoblauch gegen Ende des Monats pflanzen.
- **Wurzelnackte Obstgehölze** spätestens jetzt pflanzen. Nächsten Monat ist es zu spät, weil dann die Winterruhe endet.
- **Letzter Rückschnitt** an Stachelbeeren, Schwarzen Johannisbeeren, Heidelbeeren und Herbsthimbeeren.
- **Dünger** ausbringen, um den Nährstoffgehalt des Bodens vor Aussaat und Pflanzung zu erhöhen.

# Gemüse und Salat

**1 Mangold**
Der erste Mangold, im vorigen Sommer ausgesät und überwintert, kann jetzt geerntet werden.

**2 Pastinaken**
Die letzten Pastinaken aus dem Boden nehmen und verbrauchen. Sie halten sich nicht viel länger.

**3 Salat**
Wintersalat, der im vorigen September gesät und im Frühbeet oder Folientunnel überwintert wurde, wird jetzt allmählich erntereif.

**4 Brokkoli**
Winterharte, frühe violette Sorten, die im Vorsommer gesät und überwintert wurden, können jetzt geerntet werden.

**5 Früher Blumenkohl**
Winterharter Blumenkohl, der im vorigen Spätsommer ausgepflanzt und vor strengem Frost geschützt wurde, ist erntereif.

**6 Porree**
Die Stangen mögen nach einem Winter im Freien etwas mitgenommen aussehen, können aber im März und April noch geerntet werden. Frisch verbrauchen, nicht einlagern.

**7 Grünkohl**
Dies ist ein sehr robustes Gemüse, das auch strengere Winter übersteht und bis März/April geerntet werden kann. Die klein geschnittenen, gedünsteten Blätter schmecken köstlich mit Meerrettich.

**8 Rhabarber**
Im März beginnt eventuell schon die Rhabarbersaison. Wer die Pflanzen abdeckt und antreibt (siehe S. 38), kann jetzt zuverlässig zarte Stiele ernten.

**9 Feldsalat**
Der zarte Feldsalat kann ganzjährig geerntet werden, muss aber mit Folientunneln oder Frühbeeten vor Frost geschützt werden.

10 **Rosenkohl**
Späte Sorten, sowohl grüne als auch die ungewöhnlicheren roten, die hier abgebildet sind, können bis Ende März geerntet werden. Am Ende der Saison kann man auch die obersten Blätter und Triebspitzen abschneiden und als Gemüse dünsten.

11 **Frühlingszwiebeln**
Wer im vorigen August oder September gesät und die Sämlinge im Beet überwintert hat, kann jetzt die ersten Frühlingszwiebeln ernten.

12 **Frühlingskohl**
Im März holt man den letzten Winterkohl und den ersten Frühlingskohl aus der Erde. Die Köpfe ernten, solange die Blätter noch locker stehen und keine festen Köpfe gebildet haben.

13 **Chicoree**
Nutzen Sie die letzte Chance in diesem Jahr, um Blätter von angetriebenem Chicoree zu ernten.

## AUCH ERNTEREIF

**Knollensellerie**
Die letzten Knollen sollten Ende dieses Monats geerntet werden.

**Endivien**
Die letzten Köpfe ernten, die in Frühbeeten und Tunneln überwintert wurden. Sie brauchen die Abdeckungen jetzt für die neuen Jungpflanzen.

# Säen und pflanzen im März

Im März läuft die Aussaat auf Hochtouren. Außer in sehr kalten Gebieten können jetzt kälteverträgliche Arten wie Porree, Pastinaken, Erbsen, Spinat und Kohl direkt ins Freiland gesät werden, brauchen aber vielleicht noch den Schutz von Tunneln. Empfindliches Gemüse, wie Auberginen, Paprika und Tomaten, wird im Haus oder beheizten Gewächshaus gesät. So haben sie genug Zeit, um sich zu entwickeln, bis es draußen wärmer wird.

(von oben nach unten) **Spargel** ist mehrjährig. Kaufen sie drei- oder vierjährige pflanzfertige Wurzelableger von guter Qualität. Einen Graben mit Wall am Grund ausheben und die Wurzeln darauf ausbreiten. **Auberginen** keimen an einem warmen Platz im Haus schnell.

## Spargel

Spargel kann man prinzipiell aus Samen ziehen, aber einfacher ist es, pflanzfertige Produkte zu kaufen, die im März oder April in vorbereitete Gräben gepflanzt werden.

## Auberginen, Chili-Paprika und Gemüse-Paprika

Diese Gemüse stammen aus heißem Klima und tragen im Sommer Früchte. Sie brauchen eine möglichst lange Reifezeit und sollten in diesem Monat im Haus ausgesät werden.

## Brokkoli und Kohl

Brokkoli, Rotkohl sowie helle Sommer- und Winter-Kohlsorten im Haus oder, wenn es nicht zu kalt ist, im Freiland aussäen. Früher, im Haus aus Samen vorgezogener, Blumenkohl kann ausgepflanzt werden, braucht bei Kälte aber noch Schutz (Tunnel, Frühbeet).

### **SÄEN** UND PFLANZEN IM FREILAND

- Dicke Bohnen
- Kohl (Sommer- und Herbsternte, Rotkohl)
- Brokkoli
- Porree
- Salat
- Zwiebeln
- Pastinaken
- Erbsen
- Spinat
- Frühlingszwiebeln

## Obstbäume und -sträucher

Im März ist die letzte Gelegenheit junge, wurzelnackte Apfel- und Birnbäume, Heidelbeeren, Himbeeren, Brombeeren und deren Hybridsorten, Stachelbeeren und Johannisbeeren zu pflanzen. Ab April wachsen und fruchten nur noch Jungpflanzen, die in Containern verkauft werden.

### SÄEN UND PFLANZEN UNTER SCHUTZ

- Rote Bete
- Karotten
- Gurken
- Salat
- Asiatische Salate
- Sommerrettich
- Rucola
- Pflücksalate
- Sommerportulak
- Rüben

## Knoblauch

Der März ist die allerletzte Gelegenheit, um Knoblauch für die diesjährige Ernte zu pflanzen.

## Kräuter

Gegen Ende des Monats werden Kräuter wie Schnittlauch, Koriander, Dill, Fenchel, Oregano und Petersilie gesät. Sie vertragen kühle Temperaturen, müssen aber mit Vlies vor Nachtfrost geschützt werden. Pflanzen wie Minze, Rosmarin oder Thymian, die Sie in der Gärtnerei gekauft haben, können ausgepflanzt werden.

## Salat

Salat wird unter Dach oder im Freiland – bei Bedarf mit Schutz – gesät. Frühlingszwiebeln, Radieschen, Salatmischungen, Rucola, Sommerportulak und asiatische Salate im Frühbeet oder Tunnel säen.

### KOHL SÄEN

Wer früh Kohl ernten will, sät ihn im Haus und pflanzt ihn aus, wenn keine Frostgefahr mehr besteht.

1 In eine Aussaatschale Anzuchtsubstrat füllen und mit einem Brett oder einer Schale gleicher Größe gut andrücken. Anfeuchten, am besten mit einer Kanne mit feiner Brause, und abtrocknen lassen.

2 Die Samen gleichmäßig auf dem feuchten Substrat verteilen – nicht zu dicht, damit die Sämlinge später genug Platz haben.

3 Mit einem Sieb, das Klumpen und Rindenstücke zurückhält, Substrat über den Samen verteilen und behutsam mit den Händen andrücken.

**Steckzwiebeln** in Abständen von 5–10 cm etwa 2,5 cm tief pflanzen. Die Spitzen sollen noch aus der Erde schauen.

## Zwiebeln und Schalotten

Noch können Zwiebeln im Freiland gesät werden, aber günstiger ist die Pflanzung von Steckzwiebeln. Schalotten können im Februar und März gesteckt werden, normale Zwiebeln im März oder April.

## Erbsen und Dicke Bohnen

Erbsen und Dicke Bohnen können im Freiland gesät werden, bei kaltem Wetter anfangs aber im Frühbeet oder Folientunnel, damit sich der Boden noch erwärmen kann.

## Kartoffeln

Wenn Sie frühzeitig mit dem Vorkeimen begonnen haben und der Boden nicht mehr gefroren ist, können Sie schon Kartoffeln pflanzen.

## Wurzel- und Sprossgemüse

Karotten und Speiserüben können im Frühbeet oder Folientunnel gesät werden. Knollen- und Stangensellerie, Kohlrabi und Fenchel sind kälteempfindlicher. Wer sie jetzt säen will, sollte es im Haus oder im geheizten Gewächshaus tun.

### **GEMÜSE** SÄEN UNTER SCHUTZ

- Auberginen
- Rosenkohl
- Kohl (Sommer- und Herbsternte, Rotkohl)
- Knollensellerie
- Stangensellerie
- Paprika
- Gurken
- Gemüsefenchel
- Artischocken
- Kohlrabi
- Salat
- Brokkoli
- Süßkartoffeln
- Tomaten

**Pflanzkartoffeln** können jetzt in vorbereiteten Boden gelegt werden. Einen ca. 15 cm tiefen Graben ausheben und die Kartoffeln in Abständen von 30 cm hineinlegen. Die Keime müssen nach oben zeigen.

**Asiatischer Senfkohl** (hier mit Mizuna und Schnittlauch) kann im März im Frühbeet oder unter Folie gesät werden. Er ist unkompliziert und die jungen Blätter können etwa fünf Wochen lang geschnitten werden.

## Erdbeeren

Gekaufte, kalt gelagerte Jungpflanzen werden gepflanzt, sobald sie auf den Markt kommen. Sie tragen schon im ersten Jahr.

## Tomaten und Gurken

Pflanzen, die später im Freiland wachsen sollen, können Ende März im Haus gesät werden – aber nicht früher, sonst sind sie für ihre Töpfe zu groß, bevor sie Ende Mai oder Anfang Juni ausgepflanzt werden dürfen.

### GEMÜSE PFLANZEN IM FREILAND

- Spargel
- Dicke Bohnen
- Blumenkohl (frühe Sommersorten)
- Knollenziest
- Knoblauch
- Topinambur
- Steckzwiebeln
- Erbsen
- Kartoffeln
- Rhabarber-Jungpflanzen
- Steckschalotten
- Spinat

### OBST PFLANZEN IM FREILAND

- Apfel- und Birnbäume
- Brombeeren
- Cranberrys
- Stachelbeeren und Johannisbeeren
- Weinreben
- Himbeeren
- Erdbeeren

# Arbeiten im März

Wer nicht in einer sehr kalten Region wohnt, kann jetzt vorsichtig mit der Freiland-Aussaat beginnen. Bereiten Sie Saatbeete vor, erwärmen Sie den Boden unter Tunneln und Frühbeeten. Jäten und harken Sie, damit der Boden locker und feinkrümelig ist und die Samen leichter keimen. Obstgehölze erwachen aus der Winterruhe, darum ist jetzt der letzte Termin zum Schneiden, Düngen und Mulchen. Frühe Blüten sollten Sie vor Frost schützen.

## Saatbeete vorbereiten

Entfernen Sie Folien oder andere Abdeckungen von Saatbeeten und harken Sie den Boden, um Klumpen zu zerkleinern und eine feinkrümelige Struktur zu erhalten. Erfahrene Gärtner legen großen Wert auf solchen krümeligen Boden ohne Steine und Erdklumpen, weil Samen darin am besten keimen. Ist er trocken und staubig, wird er gegossen. Klebt er an den Stiefeln, muss er noch etwas abtrocknen.

## Düngen

Eine Düngergabe vor der Aussaat oder Pflanzung bekommt jedem Boden gut. Jetzt ist der Zeitpunkt günstig. Sie haben die Wahl zwischen organischen Düngern tierischen oder pflanzlichen Ursprungs, z.B. Algen, Geflügelmist oder etwa Knochenmehl. Sie können auch anorganische Dünger verwenden, die aus Mineralien gewonnen oder chemisch hergestellt werden.

## Überwintertes Gemüse düngen

Zwiebeln, Grünkohl, Frühlingskohl, Blumenkohl und winterharte Salate, die im Beet überwintert haben, sehen jetzt vielleicht etwas mitgenommen aus. Sie danken es, wenn ringsum ein organischer Dünger aus Algen, Geflügelmist oder Knochenmehl aufgestreut wird.

## Jäten

Wenn die Temperatur steigt und der Boden sich erwärmt, keimt auch das Unkraut. Mehrjährige Arten wie Ackerwinde und Quecke ausgraben. Einjähriges Unkraut regelmäßig hacken.

## Gräben für Stangenbohnen und Sellerie ausheben

Stangenbohnen und Knollensellerie brauchen fruchtbaren, nährstoffreichen Boden. Heben Sie Gräben von 60–90 cm Breite und 30 cm Tiefe aus, die Sie in den nächsten Wochen mit frischem Kompostmaterial füllen. Bis zur Pflanzung im Mai oder Juni ist es ausreichend verrottet.

## Rhabarber abdecken

Mit etwas Glück können Sie getriebenen Rhabarber schon jetzt ernten.

## Kräuter schneiden und teilen

Mehrjährige Kräuter wie Rosmarin und Salbei werden jetzt geschnitten. Ältere Pflanzen von Schnittlauch und Minze ausgraben, teilen und junge Teilstücke wieder einpflanzen.

## Erdbeeren abdecken

Ältere, überwinterte Pflanzen mit Glocken oder Tunneln abdecken, um die frühe Blüte (und Fruchtbildung) anzuregen. Sobald sich Blüten zeigen, an warmen Tagen den Schutz abnehmen, um bestäubenden Insekten Zugang zu verschaffen.

(von links nach rechts) **Abdeckungen** zur Erwärmung des Bodens von den Saatbeeten nehmen. Den **Boden** mit Dünger anreichern, aber die empfohlenen Mengen nicht überschreiten. **Kohl** mit Dünger versorgen, der unter den äußeren Blättern auf den Boden gestreut wird.

(von oben nach unten) **Erdbeerpflanzen** mit klaren Glocken vor Kälte schützen, damit sie früher blühen. **Heidelbeeren** bis auf kräftige, gesunde Triebe zurückschneiden. Beschädigte und kranke Zweige entfernen.

## Winterschnitt an Stachelbeeren, Schwarzen Johannisbeeren und Heidelbeeren

Letzter Termin, um den Winterschnitt an diesen Obststräuchern zu erledigen (siehe S. 184). Im April ist es zu spät.

## Himbeeren schneiden

Letzte Chance, die vorjährigen Ruten der Herbsthimbeeren direkt über dem Boden zurückzuschneiden (siehe S. 50), wenn Sie es nicht schon im vorigen Monat erledigt haben. Die Pflanzen fruchten an den neuen Ruten, die bald austreiben werden.

## Obstgehölze düngen und mulchen

Alle Obstgehölze erwachen im März aus der Winterruhe und beginnen einen Wachstumsschub. Da können Sie eine Portion kaliumreichen Dünger oder eine organische Düngermischung gut gebrauchen. Um den Stamm aufstreuen, gut wässern und mit einer Schicht verrottetem Stallmist mulchen.

## Kirschen, Aprikosen, Pfirsiche und Nektarinen schützen

Wenn diese Bäume schon blühen, sollten Sie die Blüten mit Vlies oder Folie vor Frost schützen.

## Aprikosen, Pfirsiche und Nektarinen bestäuben

Wenn es kühl ist, fliegen nur wenig bestäubende Insekten. Dann müssen wir Menschen etwas nachhelfen. Übertragen Sie den Pollen mit einem weichen Pinsel von einer Blüte zur anderen.

(von links nach rechts) **Kirschblüten** sehen hinreißend aus, sind aber frostempfindlich. Nachts mit Folie, Vlies oder Netzen zudecken, tagsüber abdecken. **Handbestäubung** mit einem weichen Pinsel kann bei Pfirsichen nötig sein, wenn es kalt ist und keine Insekten fliegen.

# März: Krankheiten & Schädlinge

(von links nach rechts) Ein **Netzkäfig** schützt Kohl und Rosenkohl wirkungsvoll vor Tauben. **Schnecken** mögen auch Kohlgewächse. **Rosenkohlblätter** entfernen, wenn sie gelb werden und faulen könnten.

## Gemüse

- **Schnecken** können schon im zeitigen Frühling lästig sein. Fallen aufstellen oder Schneckenkorn legen.
- **Tauben** müssen von Winterkohl, Blumenkohl und Brokkoli ferngehalten werden. Vogelscheuchen durchschauen sie schnell, Netze sind effektiver.
- **Abgestorbene Blätter** von Kohl und Rosenkohl entfernen. Wenn sie zu faulen beginnen, kann sich Mehltau ausbreiten und Nachbarpflanzen befallen.
- **Kohlweißling und Kohleule** können schon im März unterwegs sein, wenn der Winter mild war. Die äußeren Blätter regelmäßig kontrollieren und Insekten absammeln, ehe sie sich in die Köpfe fressen können.

## Obst

- **Beerensträucher** regelmäßig auf Läuse kontrollieren und frühzeitig bekämpfen, ehe sie sich stark vermehren.
- **Äpfel und Birnen** gegen Schorf, Birnen außerdem gegen Birnen-Gallmücken spritzen, bevor sich die Knospen öffnen.
- **Stachelbeeren** mit Netzen vor Buchfinken schützen. Falls früher Stachelbeermehltau aufgetreten ist, vorbeugend mit einem Fungizid spritzen.
- **Schwarze Johannisbeeren** weiterhin auf verdickte Knospen kontrollieren, in denen Gallmilben sitzen.
- **Pfirsiche und Nektarinen** am Spalier mit wasserdichter Folie vor der Übertragung der Sporen der Kräuselkrankheit schützen.
- **Obstbäume und -sträucher** nicht spritzen, wenn sie in Blüte stehen.

# April

Abgesehen von Spargel gibt es im April wenig zu ernten. April und Mai galten früher als magere Monate, weil um diese Zeit frisches Gemüse und Salate im Garten noch knapp waren. Heute wird uns das kaum noch bewusst, denn man bekommt im Supermarkt Obst und Gemüse jederzeit aus aller Welt. Wer aber lieber Einheimisches essen möchte, muss sich hauptsächlich mit Kohl, Blumenkohl, Brokkoli und deren Verwandten zufriedengeben. Aber frisch ans Werk: Im April wird vieles im Haus ausgesät. Auch im Freiland ist die Aussaat und Pflanzung in Frühbeeten und Folientunneln möglich, und wenn der Boden frühzeitig abgedeckt und aufgewärmt wurde, können manche Pflanzen sogar direkt ins Beet gesät werden.

**Zarte Frühlingsblüten** einer Schattenmorelle. Sauerkirschen sind zu herb, um sie roh zu essen, eignen sich aber hervorragend für Desserts, Kuchen und Eingemachtes. Sie können als freistehender Baum oder am Spalier gezogen werden.

## Das ist zu tun im April

- **Ernte** des ersten Spargels. Frühlingskohl, Blumenkohl und Brokkoli sowie der letzte Porree und Grünkohl vom Winter können geerntet werden.
- **Aussaat** im Freiland, wenn der Boden warm genug ist – ansonsten im Haus oder unter Schutz.
- **Pflanzung** von mittelfrühen und späten Kartoffeln und den letzten Steckzwiebeln.
- **Frühkartoffeln** anhäufeln.
- **Saatbeete** vorbereiten. Gründlich jäten und feinkrümelig harken.
- **Kirschen und Pflaumen** schneiden, sobald sich Blätter gebildet haben.

# Gemüse und Salat

**1 Frühlingszwiebeln**
Frühe Sorten, die im vorigen Herbst gesät und im Beet überwintert wurden, sind jetzt erntereif. Salate jung ernten, ehe sie zu groß werden und zu scharf schmecken.

**2 Pflücksalate**
Junge Blätter von Pflücksalat, der früher im Jahr gesät wurde, weiterhin ernten. Feldsalat, Rucola und verschiedene asiatische Salatsorten (hier Mizuna) gedeihen, wenn sie durch Frühbeete oder Tunnel vor Frost geschützt werden.

**3 Frühlingskohl**
Manche frühen Kohlsorten bilden spitz zulaufende Köpfe. Sie können warten, bis sich Köpfe bilden oder die jungen, noch lockeren Blätter ernten.

**4 Spinat**
Wenn Sie sehr früh im Haus gesät und im vorigen Monat ausgepflanzt haben, können Sie jetzt schon den ersten Spinat der neuen Saison ernten. Ganz junge Blätter schmecken auch in Salaten sehr gut.

**5 Porree**
Im April wird der letzte Porree geerntet. Die äußeren, vom Wetter geschundenen Blätter müssen Sie entfernen, um an das zarte Innere zu gelangen. Bis zum Monatsende sollten die Stangen geerntet sein, um den Platz für anderes Gemüse frei zu machen.

**6 Rhabarber**
Rhabarberstangen mit einer Hand festhalten und drehen. Ein Messer sollte zur Ernte nicht nötig sein.

**7 Spargel**
Es ist eine Freude, wenn sich im April die ersten grünen Spargelstangen ans Licht drängen. Geschnitten werden sie, wenn sie etwa so dick wie ein kleiner Finger sind.

1

2

4

7

10

11

8 **Kopfsalat**
Manche kleinen Sorten mit lockeren Köpfen vertragen leichten Frost. Sät man sie im Herbst und schützt sie über Winter, kann man im folgenden April ernten.

9 **Früher Blumenkohl**
Die Saison für überwinterten Blumenkohl endet im April. Die Köpfe abschneiden, solange sie noch fest sind, und ehe sie beginnen, sich zu verfärben.

10 **Mangold**
Mangold gibt es in verschiedenen Sorten, darunter auch mit roten Stielen und Blattrippen (siehe Foto). Wenn die Stiele hart sind, die Blätter abstreifen und wie Spinat zubereiten.

11 **Brokkoli**
Jetzt kann der letzte im Vorjahr gesäte Brokkoli geerntet werden. Wer aber früh im Jahr im Haus Pflanzen vorgezogen und im März unter Schutz ausgepflanzt hat, muss nicht lange auf die nächste Ernte warten.

12 **Rucola**
Rucola kann gepflückt werden, wenn die Blätter so lang wie ein Daumen sind. Wenn fortlaufend gepflückt wird, wachsen die Blätter nach.

13 **Grünkohl**
Der letzte Grünkohl sollte jetzt geerntet werden, um den Platz für anderes Gemüse zu nutzen. Im nächsten Jahr Grünkohl an eine andere Stelle pflanzen.

# Säen im April

Im April ist die Versuchung groß, all die neuen Samentütchen aufzumachen, um endlich zu starten. Aber im Freiland ist das noch riskant. Wenn der Frühling nicht ausgesprochen mild ist, reichen die Temperaturen für eine zuverlässige Keimung der Samen nicht aus. Oft ist es besser, vorerst ein paar Samen in Töpfen oder Saatkästen auf der Fensterbank oder im beheizten Gewächshaus vorzuziehen, die Pflanzen im Mai abzuhärten und im Juni auszupflanzen. Wenn es wärmer wird, können Sie immer noch direkt ins Freiland säen.

**GEMÜSE** SÄEN UNTER DACH

- Auberginen
- Kohl (Rotkohl, Sommer- und Winterkohl)
- Blumenkohl (Sommer- und Herbstsorten)
- Knollensellerie
- Stangensellerie
- Friseesalat und Radicchio
- Paprika
- Zucchini und Sommerkürbis
- Gurken
- Endivien
- Gemüsefenchel
- Buschbohnen
- Einlegegurken
- Grünkohl
- Kohlrabi
- Markkürbis
- Winterkürbis
- Stangenbohnen
- Brokkoli
- Mais
- Süßkartoffeln
- Tomaten

## Auberginen und Tomaten

April ist der letzte Termin zur Aussaat dieser wärmeliebenden Pflanzen im Haus, um später ins Freiland gepflanzt zu werden. Bei späterer Saat haben die Früchte eine zu kurze Pflanzperiode, um auszureifen.

## Brokkoli, Kohl und ihre Verwandten

Rosenkohl, Brokkoli, Sommer- und Herbstblumenkohl sowie sogenannten Kopfkohl aller Sorten können jetzt ins Freiland gesät werden – entweder in Töpfen oder Saatkästen oder in einem Saatbeet, aus dem sie in einigen Monaten an ihren Platz umziehen.

## Karotten, Rote Bete und anderes Wurzelgemüse

Das meiste Wurzelgemüse wird im April ins Freiland gesät, für Pastinaken ist es sogar die letzte Gelegenheit. Rote Bete mit Tunneln schützen, wenn der Boden noch feucht und kalt ist.

## Stangensellerie, Chicoree, Endivie und Gemüsefenchel

Im Haus säen, um die Keimung sicherzustellen. Im Mai abhärten und im Juni auspflanzen.

## Paprika und Gurken

Sicherheitshalber im Haus aussäen. Im April keimen die Samen im Freiland auch unter Schutz oft nicht.

## Zucchini und Kürbis
Im Haus vorziehen und im Mai auspflanzen, wenn keine Frostgefahr mehr besteht.

## Busch- und Stangenbohnen
Einige Körner im Haus oder beheizten Gewächshaus aussäen, den Rest ab Mai ins Freiland.

## Kräuter
Die meisten Sorten können Sie jetzt ins Freiland säen und pflanzen.

## Blattgemüse
Spinat, Mangold und asiatische Blattgemüse wie Mizuna, Mibuna und Komatsuna werden im Freiland gesät und bei Kälte abgedeckt. Grünkohl zieht man am besten in Saatkästen im Haus vor.

## Porree und Zwiebeln
Porree direkt an Ort und Stelle in einem Saatbeet oder in Anzuchtkästen säen und später umpflanzen. Wer keine Steck-

### **GEMÜSE** SÄEN IM FREILAND UNTER SCHUTZ
- Rote Bete
- Feldsalat
- Gurken
- Kopfsalat
- Asiatische Blattgemüse
- Rucola
- Pflücksalate
- Sommerportulak
- Rüben

(von links nach rechts) **Blumenkohlsämlinge** in einer Aussaatschale bekommen ihre ersten echten Blätter. **Grünkohlsämlinge,** im Haus vorgezogen, tragen noch die Keimblätter, denen die echten Blätter folgen.

(oben) **Stangenbohnen** im April in Töpfe säen. Mit einem Hölzchen 5 cm tiefe Löcher stechen, die Samen hineinlegen und die Töpfe auf eine sonnige, warme Fensterbank stellen.

## **GEMÜSE** SÄEN IM FREILAND

- Dicke Bohnen
- Rosenkohl
- Kohl (Rotkohl, Sommer- und Winterkohl)
- Karotten
- Blumenkohl (Sommer- und Herbstsorten)
- Kohlrabi
- Gartenkresse
- Porree
- Kopfsalat
- Zwiebeln
- Asiatische Blattgemüse
- Pastinaken
- Erbsen
- Radieschen und Rettiche
- Spinat
- Frühlingszwiebeln
- Brokkoli
- Mangold
- Rüben

zwiebeln verwendet, kann jetzt auch Zwiebeln ins Freiland säen.

## Salat

Kopfsalat, Rucola, Gartenkresse, Sommerportulak, Feldsalat und andere Blattsalate im April ins Freiland säen. In kalten Regionen ist ein Kälteschutz nötig.

## Melonen

Ein Samenkorn pro Topf legen, mit einem Gefrierbeutel abdecken und an einem warmen Platz aufstellen. Nach der Keimung im Haus oder beheizten Gewächshaus an ein Fenster stellen.

## Erbsen und Dicke Bohnen

Erbsen und Dicke Bohnen weiterhin ins Freiland säen und bei Kälte mit Folientunneln schützen.

## Mais

Mais hat eine lange Reifezeit, darum sollte man ihn frühzeitig im Haus in Töpfen vorziehen.

(rechts) **Kopfsalat** wird im Freiland in flache Rillen gesät. Einige Körner zwischen Daumen und Zeigefinger nehmen und möglichst dünn säen.

(ganz rechts) **Erbsen** im Freiland in Abständen von mindestens 5 cm in versetzten Reihen in einer 4–5 cm breiten Rille säen.

# Ein Saatbeet vorbereiten

Als Saatbeet bezeichnet man eine Beetfläche, auf der Sämlinge herangezogen werden. Sie können auf dem Beet bleiben oder später an ihren endgültigen Platz umgepflanzt werden. Für die erfolgreiche Keimung und das gesunde Wachstum der kleinen Pflanzen spielen Qualität, Struktur und Zusammensetzung des Bodens eine wichtige Rolle.

## Nährstoffe

Reichlich organisches Material verteilt man am besten schon im Herbst auf dem Boden oder gräbt es unter. So kann es über Winter verrotten und sich mit dem Boden vermischen. Wer im Herbst keine Zeit hatte, kann jetzt noch vollständig verrotteten Kompost oder Stallmist verteilen und sorgfältig unterarbeiten.

## Wärme

Samen brauchen zur Keimung Wärme. Deckt man den Boden in den kalten Monaten mit Folie ab, ist er um einige Grad wärmer als anderswo, und Sie können frühzeitig säen. Folientunnel und Glocken aus Glas oder Kunststoff haben denselben Effekt und überdies den Vorteil, dass sie nach der Aussaat wie »mobile Gewächshäuser« stehen bleiben können.

## Harken und Sieben

Damit die Samen leicht keimen können, sollte der Boden aus feinen, gleichmäßigen Partikeln bestehen. Steine und verholztes Material sollte entfernt werden, falls nötig mit einem Sieb. Die Oberfläche des Saatbeets sollte feinkrümelig sein.

### HARKEN

Beginnen Sie mit dem Harken, wenn der Boden abgetrocknet ist. Wenn er an Ihren Schuhen klebt, warten Sie noch ein Weilchen. Und ist er zu trocken, begießen Sie ihn.

1 **Einebnen** Entfernen Sie mit der Harke Steine und brechen Sie die Erdklumpen auf. Glätten Sie Buckel und Dellen, denn auf einer glatten Fläche fließt Wasser besser ab.

2 **Zerkrümeln** Schieben Sie die Harke im flachen Winkel hin und her – erst längs, dann quer, bis das Erdreich in feine, gleichmäßige Krümel zerkleinert ist.

### SÄEN

Damit die Reihen gerade werden, spannen Sie zwischen Pflöcken eine Schnur. Dann an der Schnur entlang mit dem Harkenstiel Rillen in der richtigen Tiefe ziehen.

1 **Säen bei Trockenheit** Bei trockenem Boden den Grund der Saatrille vor der Aussaat gründlich wässern. Die Samen vorsichtig mit trockener Erde bedecken.

2 **Säen bei Nässe** Bei sehr feuchtem Boden eine dünne Schicht Sand auf den Grund der Saatrille streuen, damit die Samen nicht zu feucht liegen und faulen.

# Pflanzen im April

Im April steigt die Temperatur und auch der Boden beginnt sich zu erwärmen, vor allem, wenn Sie ihn im Winter mit Folie oder Tunneln vorgewärmt haben. Im Haus vorgezogene Sämlinge können nun bald ausgepflanzt werden. Auch in den Gartencentern werden Gemüse-Jungpflanzen angeboten, die man bald auspflanzen kann. Aber übereilen Sie es nicht, denn noch drohen Nachtfröste, die den empfindlichen Pflanzenkindern den Garaus machen können.

## Spargel

Er muss bis Ende April gepflanzt werden, danach ist es zu spät.

## Obstbäume und -sträucher

Wurzelnackte Sträucher können nicht mehr gepflanzt werden, weil die Winterruhe beendet ist. Wer den Zeitpunkt verpasst hat, kann aber immer noch Containerware pflanzen.

## Artischocken

Nehmen Sie jetzt von älteren Pflanzen Ableger und pflanzen Sie sie ein (siehe S. 76).

## Kräuter

Selbst gezogene oder selbst aus Samen gezogene Kräuter können ausgepflanzt werden. Nur ganz empfindliche Arten sollten Sie über Nacht abdecken.

## Topinambur

Neue Knollen sollten bis Ende April im Boden liegen.

## Kohlrabi und Sommerrettich

Aus Samen gezogene Jungpflanzen jetzt abhärten und auspflanzen.

## Blattsalate

Wer in den letzten Monaten Salat im Haus vorgezogen hat, kann ihn jetzt auspflanzen. Aber decken Sie ihn vorerst ab, bis kein Nachtfrost mehr zu erwarten ist.

### **GEMÜSE** PFLANZEN IM FREILAND

- Spargel
- Dicke Bohnen
- Artischocken
- Endivien
- Gemüsefenchel
- Buschbohnen
- Einlegegurken
- Topinambur
- Grünkohl
- Kohlrabi
- Kopfsalat
- Markkürbis
- Zwiebeln
- Erbsen
- Kartoffeln
- Winterkürbis
- Radieschen und Rettiche
- Stangenbohnen
- Brokkoli
- Mais
- Süßkartoffeln
- Tomaten

## Zwiebeln
Der April ist der letzte Termin zum Pflanzen von Stecklingen und Auspflanzen von Sämlingen.

## Erbsen und Dicke Bohnen
Im Haus oder unter Schutz vorgezogene Jungpflanzen jetzt abhärten und auspflanzen.

## Kartoffeln
Mittelfrühe Kartoffeln und Sorten der Haupternte pflanzen. Sie sollten natürlich vorgekeimt sein, damit sie schneller wachsen.

### OBST PFLANZEN IM FREILAND
- Kapstachelbeeren (Physalis)
- Cranberrys
- Obstbäume (Containerware)
- Weinreben
- Erdbeeren

**Junge Salatpflanzen** brauchen im Freiland noch Schutz vor Nachtfrösten. Kegelförmige Kunststoffglocken sind eine gute Wahl, weil sie leicht sind und sich tagsüber abnehmen lassen.

# Arbeiten im April

April – das ist die Ruhe vor dem Sturm. Es gibt schon eine Menge zu tun, aber im nächsten Monat, wenn alles zum Leben erwacht, wissen Sie, was emsiges Gärtnern heißt. Nutzen Sie jetzt die Zeit, alle Vorbereitungen zu Ende zu bringen: Saatbeete jäten und harken, stabile Stützen für Erbsen und Bohnen bauen, Obstgehölze schneiden, düngen und mulchen. Wenn es wärmer wird, topfen Sie junge Sämlinge um oder öffnen Frühbeete und Folientunnel, um Jungpflanzen abzuhärten.

## Saatbeete vorbereiten

Den Boden harken, Erdklumpen zerkleinern, gründlich jäten – so wird der Boden für Samen und Jungpflanzen vorbereitet.

## Sämlinge pikieren

Wenn Sämlinge in Anzuchtkästen oder Saatkästen ein Paar echte Blätter gebildet haben, werden sie einzeln in größere Töpfe oder Saatkästen gesetzt. Das nennt man pikieren. Die Pflanzen mit einem Hölzchen oder Bleistift behutsam aus dem Substrat nehmen, dabei die feinen Wurzeln nicht beschädigen. Sämlinge immer an den Blättern, nie am Stiel anfassen. Nach dem Pikieren bilden sie kräftigere Wurzeln, weil sie nicht durch Nachbarn beengt sind.

## Größere Pflanzen umtopfen

Achten Sie auf Sämlinge in Einzeltöpfen. Es kann vorkommen, dass der Topf zu klein wird, ehe es Zeit zum Auspflanzen ist. Vor allem bei Tomaten besteht diese Gefahr. Einfach die Pflanzen in größere Töpfe setzen, ehe sie ins Beet umziehen können.

## Jungpflanzen abhärten

Im Haus gezogene Sämlinge stellen Sie an warmen Tagen ins Freie und holen sie nachts wieder ins Haus, um sie allmählich an die Außentemperaturen zu gewöhnen. Das nennt man abhärten. Frühbeete oder Folientunnel sind eine gute Zwischenlösung, weil man sie tagsüber öffnen und nachts schließen kann.

## Gießen und jäten

Frisch gepflanzte zarte Sämlinge müssen regelmäßig und vorsichtig gegossen werden – bei Sämlingen lieber täglich ein bisschen als wöchentlich eine Sintflut. Jäten Sie unbedingt gründlich.

## Frostschutz

Junge Pflanzen mit Frühbeeten oder Vlies vor Schäden durch Frost schützen. Pfirsiche, Aprikosen und Nektarinen sind während der Blüte besonders gefährdet und sollten mit Vlies oder Folie abgedeckt werden.

## Neue Kartoffeln anhäufeln

Ziehen Sie den Boden um Kartoffelpflanzen wall- oder hügelförmig in die Höhe, damit die Knollen bedeckt bleiben. Wenn sie Licht bekommen, werden sie grün und ungenießbar.

## Erbsenreiser stecken

Erbsen bilden Halteranken und brauchen Stützen, um sich an ihnen in die Höhe zu ziehen. Ideal sind Erbsenreiser aus Hasel- oder Birkenzweigen, Kükendraht – oder Kunststoffnetze sind auch geeignet. In jedem Fall sollten die Stützen errichtet werden, ehe die Pflanzen groß werden.

## Bohnenstangen aufstellen

Auch Bohnenstangen sollten Sie aufstellen, solange der Boden noch weich genug ist, um sie fest hineinzudrücken. Traditionell ordnet man die Stangen wie ein Zeltgestänge oder als Doppelreihe mit gekreuzten Spitzen an. Verwenden Sie stabile Stangen und Schnüre, die Wind und das Gewicht der großen Pflanzen und der Ernte tragen können.

## Rhabarber abdecken

In diesem Monat wird der Rhabarber endgültig abgedeckt. Nach der Ernte der letzten vorgetriebenen Stängel die Pflanzen einfach wachsen lassen.

## Kohlstrünke aus der Erde ziehen

Wurzeln und Strünke von Kohlgewächsen sofort nach der Ernte aus dem Boden ziehen. Lässt man sie im Beet, riskiert man die Ausbreitung von Krankheiten. Die Wurzeln verbrennen oder mit einem Hammer zerschlagen und kompostieren.

(unten, von links nach rechts) **Sämlinge** müssen nach der Keimung ausgedünnt werden. **Saatbeete** feinkrümelig harken. **Verästelte Zweige** können zu preiswerten und praktischen Erbsenstützen werden. **Sämlinge in Schalen** werden vor dem Auspflanzen abgehärtet. **Bohnenstangen** müssen stabil sein, denn sie sollen einige Monate stehen bleiben. **Ableger** von Artischocken abtrennen und separat pflanzen.

### Ableger von Artischocken nehmen

Artischocken vermehrt man durch »Ableger«. Von der Mutterpflanze abtrennen, einpflanzen, die Blätter zurückschneiden und angießen.

### Kräuter vermehren

Ältere Pflanzen von Schnittlauch, Liebstöckel, Minze oder Majoran ausgraben und teilen. Thymian vermehrt man durch Senker.

### Erdbeeren abdecken und düngen

Tunnel über Erdbeeren stehen lassen, um die frühe Blüte und Fruchtbildung zu fördern. Tagsüber die Tunnel abnehmen, damit bestäubende Insekten an die Blüten gelangen. Mit etwas Kaliumsulfat oder Tomatendünger versorgen.

### Blüten von neuen Erdbeerpflanzen abpflücken

Die Blüten von jungen, im Sommer fruchtenden Erdbeeren, die im letzten Herbst oder diesem Frühling gepflanzt wurden, abknipsen.

### Schwarze Johannisbeeren und Brombeeren düngen

Etwas stickstoffreichen Dünger und eine gute Portion organischen Dünger verabreichen.

### Himbeeren und Brombeeren sauber halten

Um diese Zeit ist das Jäten besonders wichtig. Je größer Unkraut wird, desto mehr Konkurrenz macht es den Pflanzen.

### Kirsch- und Pflaumenbäume schneiden

Wenn sich die Blätter gebildet haben, kann man Kirsch- und Pflaumenbäume sowie Aprikosen, Pfirsiche und Nektarinen schneiden. Wird vorher geschnitten, heilen die Wunden schlecht und es droht die Pilzkrankheit Bleiglanz. Faustregel: Steinobst schneiden während Laub am Baum ist.

## April: Krankheiten & Schädlinge

### Gemüse

- **Schnecken** können an jungen Sämlingen erheblichen Schaden anrichten.
- **Erdflöhe** fressen winzige Löcher in die Blätter von Salat, Radieschen und Kohlsämlingen. Der Befall sieht hässlich aus, führt aber selten zum Absterben.
- **Tauben** attackieren alle Kohlsorten, auch Blumenkohl und Brokkoli. Sie können Vogelscheuchen aufstellen, aber nur Netze schaffen effektive Abhilfe.
- **Früh ausgepflanztem** Sommer-Blumenkohl Kohlkragen anlegen, damit die Kleine Kohlfliege keine Eier ablegen kann.

### Obst

- **Alle Beerensträucher** auf Blattläuse kontrollieren. Bei Befall sofort handeln.
- **Apfel- und Birnbäume** gegen Schorf spritzen, Birnen zusätzlich gegen Birnengallmücken – aber nur vor oder nach der Blüte.
- **Kirschen, Pfirsiche** und Nektarinen auf Schwarze Kirschenblattläuse kontrollieren, vor allem, wenn sich die Blätter öffnen. Falls nötig, spritzen.
- **Stachelbeeren** mit Netzen vor Buchfinken schützen. Falls früher Stachelbeermehltau aufgetreten ist, mit einem speziellen Fungizid spritzen.
- **Rote und Weiße** Johannisbeeren sowie Stachelbeeren auf die raupenähnlichen Larven der Sägewespe kontrollieren, vor allem unter den Blättern im Zentrum jedes Strauchs. Die Tiere absammeln und vernichten.
- **Schwarze** Johannisbeeren auf Befall durch die Johannisbeergallmilbe kontrollieren. Geschwollene Knospen und ausbleibende Blüten sind Warnzeichen.

(oben) **Vogelscheuchen** gibt es in allen Variationen, aber Vögel durchschauen den Schwindel schnell und lassen sich nicht beeindrucken.

(ganz links) **Schnecken** fressen mit Wonne die frischen Blätter junger Pflanzen. Fallen aufstellen oder die Schnecken von Hand absammeln.

(links) Die **Schwarze Kirschenblattlaus** befällt Blätter im zeitigen Frühling. Die Blätter verkrüppeln und rollen sich ein. Eventuell muss gespritzt werden.

# Mai

Der Mai ist verführerisch. Die Tage werden länger, die Temperatur steigt und mit etwas Glück scheint die Sonne schon fast so warm wie im Sommer. In diesem Monat wird es mit dem Säen und Pflanzen im Freiland ernst. Aber der Mai hat auch seine Tücken. Selbst in milden Jahren kann der Boden für manche Saaten noch zu kalt sein, um zu keimen. Und wenn sie keimen, können späte Nachtfröste oder ein nächtlicher Schneckenangriff ihnen den Garaus machen. Außerdem sprießt das Unkraut. Aber zum Ausgleich für all dies steht wahrscheinlich schon die erste eigene Ernte an und dafür lohnt sich das Ganze zweifelsohne.

**Spargel** schiebt sich aus dem Boden und kann nun geerntet werden. Gibt es einen feineren Genuss als tagesfrischen Spargel aus dem eigenen Garten?

## Das ist zu tun im Mai

- **Ernte** von Spargel, jungen Artischocken und Rüben, frischem »grünem« Knoblauch und ersten asiatischen Blattgemüse.
- **Freiland-Aussaat** bei milder Witterung, bei kühlerem Wetter im Haus oder unter Schutz.
- **Sämlinge** abhärten und auspflanzen, sobald der Boden warm genug ist.
- **Pflanzkartoffeln** – letzte Chance.
- **Empfindliche** Pflanzen gegen überraschenden Nachtfrost schützen. Das Wetter beobachten und Folientunnel, Vlies, notfalls sogar Zeitungspapier bereit halten.
- **Regelmäßig** und gründlich jäten, junge Pflanzen wässern.
- **Beerensträucher** mit Netzen vor Vögeln schützen.

# Gemüse und Salat

**1 Frühlings-Blumenkohl**
Im Mai überschneidet sich die Blumenkohlernte. Es gibt die letzten Köpfe der Wintersorten und die ersten Frühlingssorten, die im Vorjahr gepflanzt wurden. Ab Juni sind die ersten Sommersorten der neuen Saison erntereif.

**2 Pflücksalat**
Roter Eichblattsalat (Foto) und andere Salatsorten, die keine Köpfe bilden, können im Ganzen geerntet werden. Schneidet man jeweils nur eine Portion Blätter, treiben neue aus.

**3 Rüben**
Die ersten zarten Mairüben sind jetzt reif. Am besten schmecken sie, wenn man sie ganz jung erntet. Auch die Blätter sind essbar, z. B. gedünstet oder in der Pfanne oder im Wok gegart.

**4 Salat-Chrysanthemen**
Diese essbare Chrysanthemensorte liefert den ganzen Sommer lang frische Blätter für den Salat. Regelmäßig pflücken, bevor sich die Blüten öffnen.

**5 Asiatische Blattgemüse**
Mizuna ist nur eins der zahlreichen asiatischen Blattgemüse, deren junge, zarte Blätter man jetzt für Salate ernten kann (siehe S. 226). Bei Frostgefahr nachts abdecken.

**6 Radieschen**
Radieschen wachsen schnell. Wer im April einige Samen gelegt oder Sämlinge ausgepflanzt hat, kann jetzt schon ernten. Nicht zu lange warten, sonst werden sie holzig.

**7 Spinat**
Erntet man Spinat blattweise nach Bedarf, wächst er nach. Junge Blätter kann man roh für Salate verwenden, größere Blätter schmecken gedünstet besser.

**8 Knoblauch**
Der erste Knoblauch der Saison ist köstlich. Graben Sie einige Knollen aus, wenn sie noch grün sind. Rasch verbrauchen, solange der Knoblauch noch mild und saftig ist.

**9 Mangold**
Mangold gibt es auch mit leuchtend gelben Stielen. Junge Blätter schmecken roh in Salaten, ältere dünstet man wie Spinat.

**10 Spargel**
Die Spargelstangen mit einem scharfen Messer knapp bevor sie Erdniveau erreicht haben abschneiden, denn durch Licht wird Spargel holzig. Achten Sie auf kleine Erdhügel. Die Stangen sollten nicht dicker als Ihr Daumen oder Zeigefinger sein. Möglichst sofort nach der Ernte kochen und genießen.

**11 Rhabarber**
Die Stangen werden geerntet, wenn sie etwa 30 cm lang sind. Länger sollte man sie nicht werden lassen, sonst werden sie faserig.

**12 Frühlingszwiebeln**
Die ersten Frühlingszwiebeln, die früher im Jahr gesät wurden, sind vielleicht schon erntereif – vor allem, wenn die Witterung mild war und Sie sie mit Tunneln oder Frühbeeten geschützt haben.

**13 Artischocken**
Die ersten Artischocken der neuen Saison sind noch winzig. Schneiden Sie trotzdem schon jetzt einige, um sie im Ganzen zu garen. Sie sind köstlich, und außerdem wachsen ja neue nach.

**14 Frühlingskohl**
Ende Mai kann schon der erste Frühlingskohl reif sein. Genießen Sie ihn, denn es kann noch ein bis zwei Monate dauern, bis die ersten Sommersorten geerntet werden.

# Säen im Mai

Jedes Jahr sieht man an den ersten warmen Frühlingstagen eifrige Gärtner mit bunten Samentütchen im Freien werkeln. Aber leider werden viele Pflanzen zu früh gesät. Viele Gärtner machen auch den Fehler, den ganzen Inhalt einer Samentüte auf einmal auszustreuen. Dann kommt es vor, dass die Samen gar nicht keimen, weil der Boden noch zu nass oder zu kalt ist, oder dass die Sämlinge durch Nachtfrost vernichtet werden. Und wenn sie durchkommen, ist im Sommer eine wahre Ernteschwemme zu bewältigen, weil alles gleichzeitig reif ist. Klüger ist es, in Abständen von zwei oder drei Wochen nur einige Samen zu legen. So überleben mehr Pflanzen und die Ernte verteilt sich besser.

**GEMÜSE** SÄEN IM FREIEN UNTER SCHUTZ

- Rote Bete
- Feldsalat
- Gurken
- Buschbohnen
- Stangenbohnen
- Mais

## Kopfkohl, Blumenkohl, Rosenkohl und Brokkoli

Wer Rosenkohl bis zum Jahresende ernten will, muss spätestens im Mai säen. Das gilt auch für Blumenkohl und Kopf-Kohl, ausgenommen Sorten fürs folgende Frühjahr. Je nach Witterung unter Dach oder im Freien säen, eventuell auch

vorerst in ein Frühbeet, um die Pflanzen später umzusetzen, wenn woanders Platz frei wird. Brokkoli kann bis Juli gesät werden.

## Chili-Paprika, Gemüsepaprika und Gurken

Chili-Paprika und Gemüsepaprika sollten Sie sicherheitshalber im Haus vorziehen, weil sie selbst im Mai draußen nicht immer keimen. Gurken dagegen kann man im Frühbeet oder Folientunnel aussäen.

## Zucchini und Kürbisse

Unter Dach aussäen, damit die Keimung sichergestellt ist. Sämlinge im Juni auspflanzen.

## Endivien und Chicoree

Endivien, Friseesalat und Radicchio sollten Sie im warmen Haus vorziehen, später abhärten und im Juni oder Juli auspflanzen. Chicoree zum Bleichen kann jetzt im Freiland gesät werden.

(links) **Wirsing** und anderer Winterkohl, der im April in Schalen gesät wurde, hat jetzt gekeimt und kann im nächsten oder übernächsten Monat ausgepflanzt werden.

(rechts, von oben nach unten), **Chili-Paprika,** im Haus vorgezogen, sollte jetzt kräftig wachsen. **Zucchini-Jungpflanzen** werden im Juni an ihren endgültigen Platz gepflanzt. **Junge Stangenbohnen** im Freiland brauchen Schutz vor Nachtfrost.

### GEMÜSE SÄEN IM FREILAND

- Rote Bete
- Rosenkohl
- Kohl (Rotkohl, Sommer-, Herbst- und Winterkohl)
- Brokkoli
- Karotten
- Blumenkohl
- Chicoree zum Bleichen
- Gemüsefenchel
- Buschbohnen
- Grünkohl
- Kohlrabi
- Gartenkresse
- Kopfsalat
- Asiatische Blattgemüse
- Erbsen
- Radieschen
- Rucola
- Stangenbohnen
- Pflücksalate
- Spinat
- Frühlingszwiebeln
- Sommerportulak
- Steckrüben
- Mangold
- Rüben

### Gemüsefenchel und Kohlrabi
Einige Samen können jetzt im Freiland gesät werden, Fenchel aber nur, wenn der Boden wirklich gut erwärmt ist. Bewahren Sie Samen für eine zweite oder dritte Folgesaat später im Sommer auf.

### Busch- und Stangenbohnen
Bei unberechenbarem Wetter im Haus säen, wenn der Boden erwärmt ist und keine Frostgefahr mehr besteht, im Freiland. Falls nötig, junge Sämlinge mit Tunneln oder abgeschnittenen Plastikflaschen schützen.

### Kräuter
Planen Sie Folgesaaten kleiner Mengen von Basilikum, Koriander, Kerbel, Dill, Liebstöckel, Petersilie und Sauerampfer ein. Jungpflanzen empfindlicher Arten wie Basilikum müssen bei Nachtfrostgefahr noch abgedeckt werden.

### Blattgemüse
Grünkohl, Spinat, Mangold und asiatische Blattgemüse wie Mizuna, Mibuna und Salat-Chrysanthemen, chinesischer Brokkoli und Senfkohl können weiterhin im Freiland gesät werden. Bei Frostgefahr schützen.

### Salat
Folgesaaten von Kopfsalat, Rucola, Gartenkresse, Sommerportulak, Feldsalat und anderen Blattsalaten legen, um eine fortlaufende Versorgung sicherzustellen. In kühlen Regionen in Tunneln oder Frühbeeten säen.

### Melonen
Eventuell ist es schon warm genug, um Melonen im Frühbeet oder Folientunnel zu säen. Andernfalls im Haus oder beheizten Gewächshaus säen und an einen hellen, warmen Platz stellen.

## Wurzelgemüse

Karotten, Rote Bete, Steckrüben und Speiserüben können jetzt gefahrlos im Freien gesät werden. Rote Bete keimen etwas unzuverlässig, darum ist es ratsam, in Folientunneln zu säen, wenn der Boden noch kühl und feucht ist.

## Erbsen

Markerbsen, Mangetout-Erbsen und Schälerbsen können im Freiland gesät werden. Falls nötig, Sämlinge mit Netzen oder Folientunneln schützen.

## Mais

Mais wird jetzt ins Freiland gesät, und zwar um eine erfolgreiche Bestäubung zu erreichen in Blöcken, nicht in Reihen. Abgeschnittene Plastikflaschen über die Sämlinge stülpen, um sie vor Frost und Schnecken zu schützen.

### GEMÜSE SÄEN IM HAUS

- Kohl (Rotkohl, Sommer-, Herbst- und Wintersorten)
- Blumenkohl (Sommer- und Herbstsorten)
- Friseesalat und Radicchio
- Paprika
- Zucchini und Sommerkürbis
- Endivien
- Buschbohnen
- Einlegegurken
- Grünkohl
- Markkürbisse
- Winterkürbisse
- Stangenbohnen
- Brokkoli

(links) **Stangenbohnen** brauchen noch Schutz vor späten Frösten, z. B. solche Manschetten aus abgeschnittenen Plastikflaschen.

(unten links) **Salat-Chrysanthemen** können im Haus gesät und später ausgepflanzt werden. Die würzigen Blätter schmecken gut in Salaten.

(unten rechts) **Karotten,** die im April ins Freiland gesät wurden, müssen jetzt vorsichtig ausgedünnt werden.

# Beetfläche optimal nutzen

Wer das Maximum aus seiner Beetfläche herausholen will, sollte einige Tricks kennen. Nutzen Sie die Tatsache, dass Gemüse unterschiedlich schnell wachsen. Es ist durchaus möglich, verschiedene Arten mit verschiedenem Wachstumstempo gleichzeitig auf einer gemeinsamen Fläche anzubauen. Ebenso könnten Sie abgeerntete Beete für eine »Zwischensaat« mit schnell wachsenden Pflanzen wie Salat nutzen, ehe sie für anderes, langsam wachsendes Gemüse gebraucht werden.

(oben) **Mischkultur Radieschen und Pastinaken** Radieschen wachsen schnell, Pastinaken langsam. Sät man sie gemeinsam in eine Reihe, sind die Radieschen längst geerntet, bevor die Pastinaken mehr Platz und Licht brauchen.

(unten) **Mischkultur Porree und Salat** Junge Porreesämlinge stehen hier zwischen schnell wachsendem Salat, der geerntet wird, bevor der Porree mehr Platz benötigt.

## Mischkultur

Bei der Mischkultur werden zwei verschiedene Gemüsearten – eine schnell und eine langsam wachsende – gemeinsam auf einem Beet oder in einer Reihe gesät. Selbst bei gleichzeitiger Aussaat sind die schnell wachsenden Pflanzen geerntet, bevor sie den langsamen Platz wegnehmen können. Zwischen hohen Pflanzen wie Mais können auch niedrige wie Salat stehen.

Zu den schnell wachsenden Gemüsearten zählen asiatische Blattgemüse, kleine Kopfsalate, Feldsalat, Spinat, Radieschen und im Frühling gepflanzte Schalotten. Langsam wachsen dagegen Gemüsemais, Tomaten, Porree und Pastinaken sowie Kohlsorten für die Winterernte, z. B. Kopfkohl, Blumenkohl, Brokkoli und Rosenkohl.

## Zwischensaat

Manchmal wird eine Beetfläche kurzzeitig frei, etwa im Spätfrühling und Frühsommer, bevor Porree und Winterkohl ausgepflanzt werden, oder zwischen der Ernte von frühen Dicken Bohnen und Kartoffeln und der Pflanzung von Grünkohl und im Herbst gesäten japanischen Zwiebeln. Diesen »Leerstand« kann man für schnell wachsende Gemüsearten nutzen.

## MISCHKULTUR SALAT UND MAIS

Kleine Salatsorten, vor allem Pflücksalate und Mini-Romana-Salat, wachsen schnell. Sät man sie zwischen junge, frisch ausgepflanzte Maispflanzen, reifen die Salate heran und werden geerntet, bevor der Mais groß wird und den Boden beschattet.

1 **Ein Raster** aus quadratischen Feldern mit 45 cm Länge auf dem Boden anzeichnen. Mais wird vom Wind bestäubt und sollte darum in Gruppen (nicht in Reihen) gepflanzt werden.

2 **Die Mais-Sämlinge** auf die Kreuzungspunkte des Rasters pflanzen, andrücken und gießen.

3 **Salatsamen** mit feinem Sand mischen und sparsam zwischen die Maispflanzen streuen. Behutsam einharken.

4 **Den Salat** auf drei bis vier Pflanzen pro Feld ausdünnen. In zwei bis drei Monaten ist er abgeerntet, der Mais dagegen ist erst in drei oder vier Monaten ausgewachsen und erntereif.

# Pflanzen im Mai

Im Mai läuft die Pflanzsaison auf Hochtouren. Nur in sehr kühlen Gegenden kann der Boden noch zu kalt und feucht zum Pflanzen sein. Junge Sämlinge dürfen aber erst ausgepflanzt werden, wenn keine Nachtfröste mehr drohen oder wenn Sie bereit sind, sie bei Frostgefahr mit Vlies oder Folientunneln zu schützen. Im Haus vorgezogene Pflänzchen müssen unbedingt abgehärtet werden, ehe sie ins Beet umziehen, weil sie einen abrupten Wechsel ihrer Wachstumsbedingungen nur schwer verkraften würden.

## Auberginen und Paprika

Gegen Monatsende können junge Auberginen und Paprika, die im Haus gesät wurden, ausgepflanzt werden. Vorher abhärten und bei einem plötzlichen Kälteeinbruch abdecken.

## Rosenkohl, Blumenkohl und Kopfkohl

Rosenkohl, Sommer- und Herbstblumenkohl sowie Kopfkohl für die Sommer-, Herbst- und Winterernte, die Sie im Haus vorgezogen oder als Jungpflanzen gekauft haben, werden jetzt ausgepflanzt, wenn Sie nicht in einer sehr kühlen Gegend leben. Nicht zu eng pflanzen, denn alle werden recht groß.

(links, von oben nach unten) **Kohlkragen** verhindern, dass die Kleine Kohlfliege an den Sämlingen Eier ablegt. **Zucchini** brauchen viel Wasser. Mulchfolie hält Unkraut zurück und reduziert die Verdunstung aus dem Boden.

**GEMÜSE** PFLANZEN IM FREILAND

- Auberginen
- Rosenkohl
- Kohl (Sommer- und Herbstsorten, Rotkohl)
- Blumenkohl (Sommer- und Herbstsorten)
- Knollensellerie
- Stangensellerie
- Chili-Paprika und Gemüse-Paprika
- Zucchini und Sommerkürbis
- Gurken
- Fenchel
- Artischocken
- Kohlrabi
- Porree
- Kopfsalat
- Markkürbis
- Erbsen
- Kartoffeln
- Winterkürbis
- Rhabarber
- Brokkoli
- Mais
- Süßkartoffeln
- Tomaten

## KÜRBIS-SÄMLINGE AUSPFLANZEN

Wer zum Einmachen oder Dekorieren große Kürbisse ernten möchte, sollte sie jetzt auspflanzen, damit sie Zeit zum Heranreifen haben.

1 Wenn die Sämlinge drei oder vier echte Blätter haben, können sie ausgepflanzt werden.

2 Ein nicht zu kleines Loch graben, etwas Kompost einfüllen, dann die Pflanze einsetzen, gut andrücken und mulchen, um die Feuchtigkeit im Boden zu halten. Kürbisse sind sehr durstig.

## Knollensellerie, Fenchel und Kohlrabi

Im Haus oder im Frühbeet gezogene Sämlinge jetzt abhärten.

## Stangensellerie

In diesem Monat mit der Pflanzung beginnen: selbst bleichende Sorten in dichten Gruppen, andere in vorbereiteten Gräben. Bei Bedarf vor Frost schützen.

## Zucchini und Kürbisse

In Boden pflanzen, der mit reichlich organischer Substanz angereichert wurde. Jungpflanzen gut wässern, vor Schnecken schützen und bei Frostgefahr abdecken.

## Gurken

Gegen Ende des Monats, wenn der Boden warm ist und kein Frost mehr droht, im Haus gezogene Sämlinge auspflanzen – vorzugsweise auf niedrige Erdwälle.

## Artischocken

Der Mai ist der letzte Termin zum separaten Einpflanzen abgenommener Ableger von älteren Pflanzen (siehe S. 76).

**Selbst bleichender Stangensellerie** muss nicht angehäufelt werden. Pflanzt man ihn in Blöcken, bekommen die Pflanzen in der Mitte weniger Licht und bleiben heller.

## Kräuter

Selbst gezogene oder gekaufte Kräuter in Töpfen auspflanzen. Empfindliche Arten wie Basilikum brauchen über Nacht eventuell noch Schutz.

## Porree

Im Mai können Sie mit dem Auspflanzen junger Porreesämlinge beginnen (siehe S.108).

## Salat

Salat-Sämlinge werden weiterhin ausgepflanzt. »Kragen« aus abgeschnittenen Plastikflaschen schützen sie vor Frost und Schnecken.

## Erbsen

Im Haus oder im Frühbeet gezogene Sämlinge auspflanzen. Vorher Erbsenreiser stecken. Die Pflanzen mit Netzen vor Vögeln schützen.

## Kartoffeln

Bis Ende des Monats müssen die letzten Pflanzkartoffeln in der Erde sein.

## Rhabarber

Jungpflanzen, die im Haus aus Samen gezogen wurden, ziehen jetzt ins Beet um.

## Brokkoli

Sämlinge in vorbereitete Beete mit gut festgedrücktem Boden pflanzen. Wie alle Kohlgewächse bevorzugt Brokkoli festen Boden. Kohlkragen anlegen, damit die Weibchen der Kleinen Kohlfliege keine Eier ablegen können.

(links) **»Glocken«** aus abgeschnittenen Plastik-Getränkeflaschen sind ein praktischer, preiswerter Schutz für junge Salatpflanzen.

## Erdbeeren

Erdbeeren können noch gepflanzt werden. Walderdbeeren müssen im Mai ins Beet, wenn sie im Sommer Früchte tragen sollen.

## Mais

Gekaufte oder im Haus gezogene Jungpflanzen in Blöcken (siehe S. 107) auspflanzen. Mit abgeschnittenen Plastikflaschen schützen.

## Süßkartoffeln

Bei milder Witterung können Süßkartoffeln in Erdhügeln oder -wällen gepflanzt werden (siehe S. 109). Anderenfalls wärmeres Wetter im Juni abwarten.

## Tomaten

Im Mai kommen Tomaten-Jungpflanzen in den Handel. Warten Sie lieber bis Juni, wenn Sie ihnen keinen Frostschutz bieten können. Ungeduldige können bei Kälte abgeschnittene Plastikflaschen über die Jungpflanzen stülpen.

**OBST** PFLANZEN IM FREIEN

- Kapstachelbeeren
- Cranberrys
- Erdbeeren

(unten, von links nach rechts) **Erbsensämlinge** bilden Halteranken und brauchen Erbsenreiser oder andere Stützen, um sich festzuhalten. **Mais** weiß die wärmende Schutzwirkung abgeschnittener Plastikflaschen zu schätzen.

# Arbeiten im Mai

Im Mai hat man im Nutzgarten mit Unkraut und Schädlingen zu kämpfen, außerdem gibt es viel zu säen und zu pflanzen. Vögel, Schnecken, Blattläuse, Erdflöhe, Schmetterlinge, Nachtfalter und viele andere Tiere betrachten die zarten Jungpflanzen als unwiderstehliche Einladung zum kostenlosen Schmaus. Und wenn die Tiere sich zurückhalten, kann das Unkraut leicht überhandnehmen. Wenn Ihre Pflänzchen überleben sollen, müssen Sie eingreifen – mit organischen oder anderen Mitteln.

## Sämlinge abhärten und auspflanzen

Im Haus gezogene Jungpflanzen langsam an das Klima im Freien gewöhnen. Tagsüber nach draußen stellen und nachts wieder ins Haus holen. Frühbeete tagsüber öffnen und nachts schließen. Ausgepflanzt werden Sämlinge erst, wenn keine Nachtfröste mehr drohen.

## Saaten und Sämlinge gießen

Gießen Sie regelmäßig und reichlich. Im Mai kann es erstaunlich trocken sein, aber alle Pflanzen brauchen Feuchtigkeit. Jungpflanzen können durch Wassermangel eingehen.

## Unkraut bekämpfen

Der Kampf gegen das Unkraut hört nie auf. In diesem Monat wächst es ebenso schnell wie die Nutzpflanzen – oder schneller. Damit es nicht mit dem Gemüse um die Nährstoffe im Boden konkurriert, muss es gründlich beseitigt werden. Das geht am besten mit einer Hacke an einem warmen, trockenen Tag, wenn die Sonne das entwurzelte Unkraut rasch austrocknet.

## Frostschutz

Auch im Mai kann es noch Nachtfrost geben. Wer trotzdem schon Sämlinge ins Beet pflanzen will, sollte Folientunnel, Glocken, Vlies oder Zeitungspapier griffbereit legen, um bei einem Kälteeinbruch nachts die Pflanzen vorsichtshalber abzudecken.

**1 Im Haus** vorgezogene Pflanzen tagsüber ins Freie stellen, um sie an die Außentemperatur zu gewöhnen.

**2 Sämlinge** regelmäßig mit einer feinen Brause gießen – am besten morgens oder abends.

**3 Jäten,** jäten, jäten. Zwischen Saatreihen am besten mit einer kleinen Grabgabel.

**4 Sämlinge** rigoros auslichten. Karotten (Foto) brauchen genug Platz zum Wachsen.

**5 Zucchini** nachts mit Glocken (Foto) oder Tunneln schützen. Tags zur Belüftung öffnen.

**6 Dicke Bohnen** mit Stäben und Spannschnüren stützen, sonst kippen die Pflanzen unter dem Gewicht der Hülsen um.

**7 Kartoffeln** anhäufeln, damit die Knollen von Erde bedeckt bleiben und nicht grün werden.

**8 Erdbeeren** nachts abdecken, damit sie früh fruchten. Tagsüber Glocken abnehmen.

**9 Himbeerruten** auslichten, damit die verbleibenden ausreichend Licht und Luft bekommen.

2
3
5
6
8
9

## Sämlinge ausdünnen

Im April gelegte Samen haben jetzt gekeimt, und die Sämlinge müssen ausgedünnt werden, damit die Pflanzen später genug Platz haben, um eine ordentliche Größe zu erreichen. Ausgezupfte Sämlinge nicht wegwerfen: Sie schmecken köstlich in Salaten.

## Umtopfen

Pflanzen, die noch nicht ins Beet sollen, aber für ihren Topf zu groß werden, müssen in größere Gefäße umgetopft werden.

## Dicke Bohnen stützen

Stäbe in den Boden stecken und dazwischen stabile Schnüre spannen, um das Gewicht der heranwachsenden Hülsen zu tragen.

## Kartoffeln anhäufeln

Um die Stängel von Kartoffelpflanzen regelmäßig die Erde anhäufeln, damit die Knollen bedeckt bleiben. Wenn sie Licht bekommen, werden sie grün und ungenießbar.

## Stützen für Erbsen und Stangenbohnen errichten

Erbsen benötigen verästelte Birken- oder Haselzweige, Kükendraht oder Plastiknetze, um sich in die Höhe zu ziehen. Liegen sie am Boden, fallen sie den Schnecken zum Opfer. Kletterbohnen brauchen stabile Stangen. Die Stützen jetzt errichten, auch wenn das Gemüse noch nicht gesät ist.

## Artischocken düngen und mulchen

Stroh oder Reisig, das als Winterschutz diente, jetzt entfernen. Die Pflanzen mit einem kaliumreichen Dünger versorgen oder ringsherum nährstoffreichen, organischen Mulch verteilen.

## Erdbeeren abdecken, Ausläufer entfernen

In kühlen Gegenden Erdbeeren nachts mit Tunneln abdecken, damit sie möglichst früh blühen und fruchten. Tagsüber die Tunnel abnehmen, um bestäubenden Insekten Zugang zu ermöglichen. Unerwünschte Ausläufer abschneiden.

## Blüten von neuen Erdbeerpflanzen abpflücken

Weiterhin von neu gepflanzten, im Sommer tragenden Erdbeeren die Blüten entfernen. Im ersten Standjahr sollten sie noch nicht fruchten.

## Obststräucher mulchen und unkrautfrei halten

Unkraut am Fuß von Beerensträuchern sorgfältig entfernen. Nach einem Regenschauer organischen Mulch verteilen, um Unkraut zu unterdrücken und Bodenfeuchtigkeit zu speichern.

## Himbeerruten auslichten

Himbeeren bilden oft überreichlich Triebe und Ausläufer. Schneiden Sie einige ab, sonst entsteht ein Dickicht, das für Licht und Luft undurchdringlich ist und in dem die Früchte klein bleiben oder krank werden.

## Stachelbeeren ausdünnen

Stachelbeeren ausdünnen, sobald sich Früchte bilden. Unreife Früchte kann man nicht roh essen, aber zum Kochen verwenden.

## Spalierobst beschneiden

Kirsch- und Pflaumenbäume am Spalier zurückschneiden, bei Spalieräpfeln und -birnen die Leit- und Seitentriebe einkürzen. Neue Triebe von Spalier-Aprikosen, -Pfirsichen und -Nektarinen auslichten oder anbinden.

# Mai: Krankheiten & Schädlinge

## Gemüse

■ Auf **Erdflöhe** achten, vor allem an den Blättern von Radieschen und Rucola und Sämlingen aller Kohlsorten. Pflanzen gut wässern, damit sie kräftig werden und den Befall überstehen.

■ **Schnecken** sind jetzt tödlich, vor allem bei Dunkelheit und feuchter Witterung.

■ **Tauben** machen sich über Kohl, Erbsen und Erdbeeren her. Vogelscheuchen mögen witzig sein, Netze sind effektiver.

■ **Dicke Bohnen,** vor allem die Triebspitzen, können von der Schwarzen Bohnenlaus befallen werden. Ausknipsen, sobald sich weiter unten Früchte bilden.

■ Im Mai legt die **Möhrenfliege** Eier ab. Frühe Saaten mit Vlies oder Barrieren schützen.

■ **Spargelhähnchen** absammeln und vernichten, bevor sie Eier legen, aus denen gefräßige Larven schlüpfen.

■ Alle **Kohlsorten** mit Kohlkragen vor der Kleinen Kohlfliege schützen.

## Obst

■ **Erdbeeren** mit Netzen vor Vögeln schützen. Stroh auslegen, um die Früchte trocken zu halten und vor Schnecken zu schützen.

■ **Äpfel** auf Obstbaumkrebs, Mehltau und Schorf kontrollieren.

■ **Birnen** auf Birnenpockenmilben, Obstbaumkrebs und Schorf kontrollieren.

■ **Stachelbeeren** und Johannisbeeren auf Sägewespen, Johannisbeerblasenläuse und Mehltau kontrollieren. Gegebenenfalls absammeln oder spritzen.

■ **Beerensträucher** mit Netzen vor Vögeln schützen.

■ Paarungszeit des **Apfelwicklers.** Hängen Sie Pheromonfallen in Apfelbäumen auf, um die Männchen zu fangen. So werden die Weibchen nicht befruchtet und legen keine Eier.

■ **Obstgehölze** nicht spritzen, während sie blühen.

(rechts, von oben nach unten) **Schwarze Bohnenblattläuse** fressen die jungen Triebspitzen und können sehr lästig werden. **Stroh** hält Schnecken von reifenden Erdbeeren fern. **Kohlkragen** vertreiben die Kleine Kohlfliege. **Pheromonfallen** locken männliche Apfelwickler an.

# Juni

Der Juni ist ein Wendepunkt – das Ende des Frühlings und der Anfang des Sommers. Einerseits könnte es der letzte Termin sein, um noch Stangenbohnen oder Karotten und Erbsen für die Haupternte auszusäen, andererseits können Sie nun schon neue Kartoffeln, Rote Bete, Zwiebeln, Erdbeeren, Kirschen und Stachelbeeren ernten. Der 21. Juni ist der längste Tag des Jahres. Mit Fortschreiten des Monats bekommen die Pflanzen also immer mehr Licht und auch die Temperatur dürfte stetig steigen. Mit Nachtfrost ist nun kaum mehr zu rechnen. Dafür sind Insekten, Vögel, Schnecken und Schädlinge sehr aktiv und Sie haben alle Hände voll zu tun, um die Zahl der Schädlinge im erträglichen Rahmen zu halten.

**Unter reifende Erdbeeren** ein Bett aus frischem Stroh legen, um die Früchte trocken zu halten und vor Schnecken zu schützen.

## Das ist zu tun im Juni

- **Geerntet** werden jetzt neue Kartoffeln, Erbsen, Dicke Bohnen, Zwiebeln, Rote Bete, Sommersalate und Obst wie Erdbeeren, Stachelbeeren und Kirschen.
- **Aussaat** von Gemüse, Salat und Kräutern, die im Spätsommer und Herbst geerntet werden sollen.
- **Alle Jungpflanzen** können ausgepflanzt werden, weil keine Frostgefahr mehr besteht.
- **Jäten und gießen** Sie oft, um den Jungpflanzen beste Bedingungen zu bieten.
- **Netze** gegen Vögel über Erbsen, Kohl und Beerensträucher spannen.
- **Auf Schädlinge** wie Schnecken, Blattläuse, Kohlweißlingsraupen, Möhrenfliegen und andere achten.

# Gemüse

1 **Kartoffeln**
Die Ernte der allerersten Kartoffeln ist eine Freude. Je nach Witterung und anderen Faktoren, die das Wachstum beeinflussen, sind frühe Sorten etwa 100–110 Tage nach der Pflanzung erntereif.

2 **Mangold**
Wie Spinat kann auch Mangold den ganzen Sommer lang geerntet werden, sofern er nicht in Saat schießt. Junge Blätter schmecken im Salat und wachsen, wenn man sie portionsweise schneidet, nach. Größere Blätter dünstet man besser.

3 **Rüben**
Viele moderne Rübensorten wachsen schnell und sind schon fünf oder sechs Wochen nach der Aussaat erntereif. Besonders süß und nussig schmecken sie, wenn sie kaum größer als ein Golfball sind.

4 **Blumenkohl**
Frühe Sommersorten, im März ausgepflanzt, können jetzt schon geerntet werden – solange die Köpfe noch fest sind und ehe sie in Saat gehen.

5 **Spargel**
Spargel regelmäßig stechen, ehe die Stangen dick und holzig werden. Traditionell sticht man Spargel nur bis Johanni (24. Juni), es schadet aber nicht, wenn Sie die leckeren Stangen noch etwas länger genießen.

6 **Dicke Bohnen**
Wer im vorigen Herbst im Freiland oder früh im Jahr unter Dach gesät hat, kann jetzt die ersten Dicken Bohnen ernten. Wenn die Hülsen noch klein sind, schmecken die Kerne am besten.

7 **Knoblauch**
Knoblauch kann fortlaufend geerntet und frisch verbraucht werden. Sie können auch warten, bis das Laub abwelkt, und die Knollen abtrocknen lassen und einlagern.

8 **Artischocken**
Junge, fest geschlossene Knospen kann man im Ganzen kochen und essen. Werden sie größer, kocht oder dämpft man sie und genießt die fleischigen Blätter und die Herzen im Inneren.

9 **Rote Bete**
Rote Bete schmecken am zartesten, wenn sie kaum größer als Golfbälle sind. Die jungen Blätter kann man für Salate und Pfannengerichte verwenden.

10 **Zwiebeln**
Im Juni werden die überwinterten japanischen Zwiebeln geerntet, die im vorigen Herbst gesteckt wurden. Auch Zwiebeln, die zu Jahresbeginn im Haus ausgesät wurden, sind jetzt allmählich reif.

11 **Spinat**
Spinat regelmäßig ernten und gut wässern, weil er zum Schießen neigt, wenn es im Sommer heißer wird.

**12 Erbsen** Die ersten Erbsen der Saison sind besonders süß und aromatisch. Sofort nach der Ernte verwerten, weil sich sonst ihr Zucker in Stärke verwandelt. Das schmeckt nicht.

**13 Fenchel** Im Juni kann der erste Fenchel geerntet werden. Junge, zarte Knollen schmecken im Salat, größere sollte man lieber dünsten oder braten.

**14 Kohlrabi** Die ersten schnell wachsenden Kohlrabi sind im Juni erntereif. Wer sie roh essen will, sollte sie schneiden, wenn sie nicht viel größer als Golfbälle sind.

## Salatgemüse

**1 Kopfsalat** Kleine, knackige Mini-Romana-Salate wachsen schnell und sind jetzt erntereif, wenn sie im März im Haus oder im April unter Schutz gesät wurden.

**2 Frühlingszwiebeln** Frühlingszwiebeln können fast ganzjährig geerntet werden. Pflanzen, die im Frühling gesät wurden, sind im Juni reif. Wer früher ernten will, muss sie im Haus vorziehen.

**3 Radieschen** Wer Folgesaaten mit Bedacht anlegt, kann fast ganzjährig Radieschen ernten. Ende April/Anfang Mai gesäte Radieschen sind im Juni erntereif.

**4 Pflücksalate** Die zarten Blätter von pfeffrigem Mizuna, ganz jungem Grünkohl oder Rucola sind leckere, ungewöhnliche Zutaten für Sommersalate.

15 **Karotten** Wer im März oder April frühe Sorten gesät hat, kann jetzt die ersten Karotten aufziehen. Junge Mini-Möhren schmecken herrlich in Salaten oder – nur ganz kurz gegart – in Pfannengerichten.

16 **Rhabarber** Die Rhabarberernte dauert traditionell bis Johanni. Danach sollte man die Pflanzen wachsen lassen, ohne weitere Stängel oder Blätter abzunehmen.

17 **Brokkoli** Sommersorten von Brokkoli können ab Juni geerntet werden, und zwar wenn die Köpfe noch fest und die Knospen geschlossen sind.

# Obst

1 **Erdbeeren** Juni ist der Erdbeermonat. Was schmeckt mehr nach Sommer als eine Schüssel Erdbeeren mit Sahne? Die Pflanzen täglich durchsehen, um jede Frucht in optimalem Reifezustand zu erwischen.

2 **Stachelbeeren** Im Juni jede zweite Beere pflücken, um die Früchte auszudünnen. Aus den zuerst gepflückten Beeren Marmelade oder Kompott kochen, die übrigen erst im Juli pflücken, wenn sie voll ausgereift und süß sind und roh verzehrt werden können.

3 **Kirschen** Die meisten Kirschen reifen erst im Juli, doch bei günstigem Wetter können einige frühe Sorten schon im Juni gepflückt werden.

# Säen im Juni

Im Juni besteht fast nirgends mehr Frostgefahr und Sie können Gemüse im Freien aussäen, wenngleich einige Sorten vielleicht in Schalen und Töpfe gesät und später umgepflanzt werden. Wenn die Nächte noch kühl sind und Sie Sorge haben, dass die Samen nicht keimen, können Sie sie immer abdecken oder Töpfe und Schalen nachts ins Haus holen.

## Rote Bete

Rote Bete können Sie im Juni noch säen, vielleicht einige zu Beginn und einige zu Ende des Monats, sodass sie bis zur Ernte im September und Oktober nicht zu groß werden. Rote Bete können auch für den Wintervorrat eingelagert werden.

## Brokkoli

Späte Brokkolisorten entweder an Ort und Stelle oder in ein Saatbeet säen und später umpflanzen. Je nach Sorte können Sie im Herbst ernten oder sie für die Frühlingsernte überwintern lassen. Kopf-Brokkoli im Unterschied zu Sprossbrokkoli sät man so spät im Jahr an Ort und Stelle, weil er das Umpflanzen bei warmem Wetter nicht gut verträgt.

## Karotten

Letzter Termin zur Aussaat von Sorten für eine Ernte im September und Oktober.

## Zichoriensalate

Alle drei Hauptsorten von Zichoriensalaten Chicoree, Frisee und Radicchio können im Juni ins Freiland gesät werden.

## Zucchini und Sommerkürbisse

Wer selbst gezogene Jungpflanzen noch nicht ausgepflanzt hat, kann jetzt direkt in den erwärmten Boden im Beet säen. Jeweils zwei Korn pro Saatstelle legen und nach der Keimung den schwächeren Sämling entfernen. Weiträumig säen, denn die Pflanzen brauchen viel Platz.

## GEMÜSE SÄEN IM FREIEN

- Rote Bete
- Brokkoli
- Karotten
- Zucchini und Sommerkürbisse
- Fenchel
- Buschbohnen
- Grünkohl
- Kohlrabi
- Markkürbisse
- Asiatische Blattgemüse
- Erbsen
- Winterkürbisse
- Stangenbohnen
- Steckrüben
- Mangold
- Rüben

**Buschbohnen** können im Juni noch einmal ausgesät werden. In versetzten Reihen 5 cm tief und in Abständen von 15–22 cm säen. Regelmäßig gießen.

## Gurken

Freilandgurken sät man meist früh im Jahr in Töpfen im Haus. Wer jetzt einige Samen im Freiland sät, kann noch im August oder September ernten.

## Endivien

Kraus- und breitblättrige Endivien für die Ernte im Herbst und Frühwinter jetzt aussäen. Die Samen keimen bei heißer Witterung unregelmäßig.

## Fenchel

Traditionell sät man Fenchel erst nach der Mittsommernacht, weil er dann angeblich weniger leicht in Saat schießt. Moderne Sorten sind unempfindlicher und können jederzeit im Juni gesät werden, um sie im Frühherbst zu ernten. Legen Sie Folgesaaten, aber säen Sie jeweils mehr Pflanzen, als Sie benötigen, falls einige nicht keimen oder Schnecken die Sämlinge fressen.

## Buschbohnen

Nach der ersten Freilandaussaat im Mai kann jetzt eine zweite Portion gesät werden.

(ganz links) **Rote Bete-Sämlinge** zeigen ihre ersten echten Blätter. Jetzt ausdünnen, damit die kräftigsten Pflanzen genug Platz haben.

(links) **Junge Zucchini** sind durstig und müssen regelmäßig gegossen werden. Den Boden etwas anhäufeln, um Staunässe zu vermeiden und Mulch zur Reduzierung der Verdunstung verteilen.

## SALATGEMÜSE SÄEN IM FREILAND

- Radicchio und Chicoree
- Gurken
- Endivien
- Kopfsalat
- Radieschen
- Pflücksalate
- Frühlingszwiebeln

## Kräuter
Koriander, Basilikum, Kerbel, Dill und Petersilie spätestens im Juni säen, weil sie bei heißer Witterung nicht mehr zuverlässig keimen.

## Grünkohl
Eine zweite Portion in Schalen, Saatkästen oder Töpfen säen und im nächsten Monat auspflanzen. Alternativ die Pflanzen in den Schalen oder im Saatbeet lassen und die ganz jungen Blätter für Salate ernten.

## Kohlrabi
Weiterhin an Ort und Stelle säen, Sämlinge bei Bedarf ausdünnen, unkrautfrei halten und vor Schnecken und Vögeln schützen.

## Blattgemüse
Mangold und Spinat können weiterhin gesät werden.

## Kopfsalate
An Ort und Stelle säen und bei zu engem Stand ausdünnen. Hohe Temperaturen können die Keimung beeinträchtigen. Vielleicht rührt daher die alte Regel, am Abend zu säen, wenn der Boden sich abkühlt.

## Asiatische Blattgemüse
Mizuna, Mibuna, Senfkohl, Pak Choi und andere asiatische Blattgemüse jetzt säen. Kleine Blätter für Salate verwenden, größere für Gemüsegerichte.

## Erbsen
Anfang Juni ist der letzte Termin zum Säen von Markerbsen, Mangetout-Erbsen und Sorten der Haupternte. Ende des Monats nur schnell wachsende Sorten säen, die bis September heranreifen.

## Winterkürbisse
Normalerweise zieht man sie im Haus in Töpfen vor, aber jetzt kann auch direkt ins Freiland gesät werden. Den Boden mit reichlich verrottetem Kompost oder Stallmist anreichern.

## Radieschen
Legen Sie Folgesaaten, um fortlaufend kleine Mengen frischer Radieschen zu ernten.

## Stangenbohnen
Letzte Gelegenheit zur Aussaat, aber mit etwas Glück bringen Ende Juni gelegte Saaten noch eine Ernte im Oktober – sofern es keinen Frost gibt.

## Pflücksalate
Weiterhin Folgesaaten von Rucola, Feldsalat, Sommerportulak, Mangold, Grünkohl, Mizuna und anderen Sorten, die nach dem Abschneiden neu austreiben.

## Frühlingszwiebeln
Im Lauf des Monats mehrmals kleine Mengen säen, damit Sie im Herbst fortlaufend ernten können.

## Steckrüben
Wer nicht im Mai gesät hat, kann es jetzt noch tun. Sämlinge bei Bedarf ausdünnen und Netze spannen, damit Vögel und Kohlschädlinge die Pflanzen nicht vernichten können.

## Rüben
Samen, die jetzt gelegt werden, haben im August oder September genau die richtige Größe zur Ernte.

**Erbsensämlinge** wollen bald in die Höhe klettern. So jung sind sie durch Tauben besonders gefährdet und sollten mit Netzen abgedeckt werden.

# Pflanzen im Juni

Im Juni können alle Pflanzen, die Sie in Töpfen und Schalen vorgezogen haben, ausgepflanzt werden. Die Tage sind lang, die Temperaturen steigen und der Boden ist gut durchgewärmt. Wer noch Pflanzen im Haus hat, sollte sie vor dem Auspflanzen gründlich abhärten: Tagsüber ins Freie stellen oder aufdecken und auch nachts draußen (bzw. aufgedeckt) lassen, wenn absolut keine Frostgefahr mehr besteht.

**GEMÜSE** AUSPFLANZEN

- Auberginen
- Rosenkohl
- Kohl (Rotkohl, Sommer-, Herbst- und Wintersorten)
- Blumenkohl (Sommer- und Herbstsorten)
- Knollensellerie
- Paprika
- Zucchini und Sommerkürbis
- Buschbohnen
- Grünkohl
- Porree
- Markkürbis
- Winterkürbis
- Stangenbohnen
- Brokkoli
- Süßkartoffeln
- Paprika
- Mais

## Auberginen

Auberginen bis Ende des Monats auspflanzen, damit die Früchte Zeit zum Ausreifen haben.

## Rosenkohl und Kopfkohl

Rosenkohl und die letzten Pflanzen für Sommer-, Herbst- und Rotkohl sowie den ersten Winterkohl auspflanzen. Kohlkragen anlegen, um die Kleine Kohlfliege fernzuhalten, und die Pflanzen sofort mit Netzen vor Vögeln und Kohlweißlingsraupen schützen.

## Kapstachelbeeren

Sämlinge von Kapstachelbeeren können an einen sonnigen, geschützten Platz gepflanzt werden, wenn die Witterung wirklich warm ist.

**Paprika** erst nach den letzten Frösten an einen warmen, geschützten Platz pflanzen. Vorsichtig aus dem Topf nehmen, nicht am Stiel anfassen. Abstände von mindestens 50 cm einhalten.

**Auberginen,** die unter Dach in Töpfen vorgezogen wurden, sollten jetzt ins Freie umziehen, um den warmen Boden und die langen, hellen Tage zu nutzen. Regelmäßig gießen und ringsherum mulchen, denn sie brauchen viel Feuchtigkeit.

## Blumenkohl

Sämlinge für die Ernte im Sommer und Herbst sollten jetzt ausgepflanzt werden.

## Knollensellerie

Letzter Termin zum Auspflanzen von Knollensellerie. Er wächst langsam und braucht Zeit, um ordentliche Knollen zu bilden.

## Stangensellerie

In nährstoffreichen, fruchtbaren Boden pflanzen, der mit reichlich verrottetem Kompost oder Stallmist angereichert wurde. Entweder in Gräben pflanzen oder – bei selbst bleichenden Sorten – in dichten Blöcken.

## Chicoree und Radicchio

Im Haus vorgezogene Sämlinge jetzt umpflanzen, aber dabei die Wurzeln möglichst wenig stören.

### »BLOCKPFLANZUNG« VON MAIS

Im Gegensatz zu anderen Gemüsepflanzen wird Mais nicht durch Insekten oder Vögel bestäubt. Der männliche Pollen muss auf die weiblichen Blüten fallen. Damit der Wind dabei helfen kann, ordnet man die Pflanzen nicht in langen Reihen an, sondern recht dicht in eckigen Gruppen.

1 Im Juni können gekaufte oder selbst gezogene Mais-Jungpflanzen ins Beet umziehen. Ein Quadrat- oder Rechteckraster mit Abständen von 35–45 cm auf dem Boden anzeichnen und die Pflanzen auf die Kreuzungspunkte setzen.

2 Die oberen »Quasten« enthalten männliche Blüten, die Pollen produzieren. Darunter befinden sich die seidigen, weiblichen Blüten, auf die der Pollen fallen muss.

1

2

## PORREE »VERSENKEN«

Porree-Jungpflanzen setzt man in tiefe, schmale Löcher, die mit einem Holzstab oder Dibber in den Boden gestochen werden. Die tiefe Pflanzung hält Licht ab und sorgt dafür, dass die Stangen blass und mild werden.

1 Mit dem Dibber Löcher stechen und in jedes eine Jungpflanze setzen, sodass die Wurzeln auf dem Boden aufliegen. Gut angießen.

2 Die Löcher nicht auffüllen. Beim Angießen rutscht genug Erde nach und die wachsenden Stangen werden das Loch schnell ausfüllen.

## Paprika

Im Haus vorgezogene Jungpflanzen abhärten und, wenn keine Frostgefahr mehr besteht, ins Freie pflanzen.

## Zucchini und Kürbisse

Alle können im Juni ausgepflanzt werden, unabhängig, ob sie im Sommer, Herbst oder Frühwinter geerntet werden. Viel Platz einplanen, reichlich gießen und Mulch auflegen.

**Bohnenstangen** aus Haselruten oder Bambusstäben sind preiswert. Sie werden wie Zeltstangen oder in überkreuzten Zweierreihen zusammengebunden und können recht dekorativ aussehen.

## Gurken

Freilandgurken abhärten und auf niedrige Erdwälle pflanzen, die mit verrottetem Kompost angereichert sind.

## Endivien

Ab jetzt können im Frühling unter Dach vorgezogene Sämlinge ausgepflanzt werden. Seien Sie geduldig. Je kälter es ist, desto leichter schießen die Pflanzen in Saat.

## Busch- und Stangenbohnen

Niedrige Buschbohnen in Reihen oder Blöcken pflanzen. Stangenbohnen an den Fuß der Stangen binden und so den Pflanzen anfangs beim Klettern etwas Hilfestellung geben.

## Kräuter

Selbst gezogene oder gekaufte Kräuter in Töpfen können ausgepflanzt werden.

### **SALATGEMÜSE** AUSPFLANZEN

- Stangensellerie
- Chicoree und Radicchio
- Gurken
- Endivien
- Tomaten

**OBST** PFLANZEN IM FREIEN

- Kapstachelbeeren
- Melonen
- Erdbeeren

(rechts) **Manschetten** aus abgeschnittenen Plastikflaschen schützen die jungen Pflanzen vor gefräßigen Schädlingen.

## Grünkohl

Im Juni sollten Sie mit dem Auspflanzen von ausgesätem Grünkohl beginnen, wenn die Sämlinge mindestens 10 cm hoch sind.

## Melonen

In milden Gebieten können Sie gekaufte oder selbst gezogene Melonensämlinge jetzt auspflanzen. Sie brauchen fruchtbaren, nährstoffreichen Boden, einen geschützten Platz und viel Sonne. Folientunnel oder Frühbeet verbessern die Erfolgschancen.

## Brokkoli

Sämlinge an einen geschützten Platz mit festem Boden pflanzen, damit das sich entwickelnde Wurzelwerk das Gewicht der Pflanzen besser tragen kann.

## Erdbeeren

Wurzelnackte, kalt gelagerte Jungpflanzen jetzt pflanzen, um in etwa zwei Monaten ernten zu können. Auch in Töpfen gezogene Pflanzen können jetzt gepflanzt werden, günstiger ist aber, damit noch etwas zu warten.

## Süßkartoffeln

Wer Süßkartoffeln nicht im Mai gepflanzt hat, kann es jetzt noch tun. In tiefgründigen, nährstoffreichen Boden, der zu Wällen aufgehäuft wurde, pflanzen. Daneben Plastikflaschen ohne Deckel und Boden kopfüber eingraben, damit Gießwasser direkt an die Wurzeln und Knollen gelangt.

## Tomaten

Die letzten Freilandtomaten werden jetzt ausgepflanzt. Sie brauchen Wärme und Sonnenschein und danken den Schutz von Folientunneln oder Manschetten aus abgeschnittenen Plastikflaschen. Hohe Sorten brauchen stabile Stützen.

(oben) **Süßkartoffeln** brauchen viel Feuchtigkeit. Plastikflaschen ohne Boden und Deckel sorgen dafür, dass Wasser direkt an die Knollen gelangt.

# Kampf dem Unkraut

Unkraut ist der Erzfeind jedes Gärtners. Jeder Quadratmeter Gartenboden enthält etwa 100 000 Unkrautsamen. Was ist so schlimm daran? Ganz einfach: Unkraut konkurriert mit den Nutzpflanzen um Wasser und Bodennährstoffe, Platz im Beet und Sonnenlicht. Außerdem beherbergt es jede Menge Schädlinge und Krankheitserreger.

## Mehrjährige Unkräuter

1 **Ackerwinde** Sehr hartnäckig und schwer zu entfernen. Wurzeln restlos ausgraben oder die Blätter mit einem systemischen Herbizid (Fachhandel) spritzen.

2 **Brombeeren (Wildform)** Wuchernd, sehr stachelig und tief wurzelnd. Die Wurzeln müssen komplett ausgegraben werden.

3 **Kriechender Hahnenfuß** Niedriges Unkraut, das sich durch Ausläufer ausbreitet und an deren Knoten neue Pflanzen bildet. Ausgraben.

4 **Ampfer** Die langen Pfahlwurzeln restlos ausgraben. Selbst kleine Reste treiben neu aus.

5 **Brennnessel** Die Wurzeln komplett ausgraben, um die Pflanzen ganz zu beseitigen.

6 **Disteln** Das Wurzelsystem ist so hartnäckig, dass manchmal ein systemisches Herbizid die einzige Lösung ist.

7 **Löwenzahn** Die Blüten abknipsen, bevor sie welken und die winzigen Samen sich verbreiten. Immer die ganze Pfahlwurzel ausgraben.

8 **Giersch** Sorgfältig ausgraben. Selbst winzige Wurzelreste treiben wieder aus.

# Ein- und zweijährige Unkräuter

1 **Kletten-Labkraut** Hat klebrige, grüne Blätter und breitet sich stark aus. Am besten mit der Wurzel ausgraben.

2 **Wegerich** Die ganze Pflanze mit der Wurzel ausgraben, bevor sie blüht und Samen bildet.

3 **Einjähriges Rispengras** Regelmäßig hacken. Blüte und Samenbildung unterbinden.

4 **Jakobs-Kreuzkraut** Ausreißen und kompostieren, ehe die gelben Blüten Samen bilden. Vorsicht: giftig.

5 **Greiskraut** Ausgraben und vernichten, ehe die Blüten Samen bilden.

6 **Vogelmiere** Niedriges Unkraut, das sich stark ausbreitet. Lässt sich gut ausreißen.

7 **Hirtentäschel** Jungpflanzen lassen sich leicht ausreißen. Nur kompostieren, wenn es noch keine Samenkapseln trägt.

8 **Behaartes Schaumkraut** Jungpflanzen ausreißen, ehe sich die langen, zylindrischen Samenstände bilden.

## RICHTIG JÄTEN

- **Regelmäßig hacken,** um Unkraut zu beseitigen, wenn es jung ist und noch flache Wurzeln hat.
- **Blütenbildung** unterbinden, damit das Unkraut sich nicht durch Samen verbreiten kann.
- **Bei Trockenheit** hacken, damit die entwurzelten Unkräuter schnell vertrocknen.
- **Bei feuchtem Wetter** ausgehacktes Unkraut einsammeln, damit es nicht wieder anwächst.
- **Den Boden** gründlich lockern, damit beim Ausgraben keine Wurzelreste in der Erde bleiben.
- **Mehrjähriges Unkraut** nicht kompostieren – es wächst dort weiter.
- **Hartnäckiges Unkraut** mit einer lichtundurchlässigen Folie abdecken.
- **Mulchen,** um die Ansiedlung neuen Unkrauts zu verhindern.
- **Als letztes Mittel** kann ein systemisches Herbizid eingesetzt werden.

# Arbeiten im Juni

Der Juni ist einer der arbeitsreichsten Gartenmonate. Die Tage werden länger, das Wetter ist warm und alles wächst kräftig – auch das Unkraut. Wahrscheinlich haben Sie das Gefühl, dass alle Pflanzen ständig nach Ihrer Zuwendung und Aufmerksamkeit rufen. Weil es im Juni recht trocken sein kann, müssen Sie oft gießen, damit all Ihr frisch gepflanztes Gemüse kräftig und gesund heranwächst.

## Jäten

Wie alle Pflanzen wachsen auch Unkräuter im Juni kräftig. Mehrjährige Arten wie Löwenzahn und Hahnenfuß, die Sie in den Vormonaten übersehen haben, ausgraben. Regelmäßig hacken, vor allem an trockenen Tagen, damit Unkräuter nicht mit Ihren Jungpflanzen konkurrieren.

## Gießen

Die meisten Saaten brauchen zur Keimung und guten Entwicklung Feuchtigkeit. Zarte Keimlinge können Wasser besser aufnehmen, wenn sie häufig kleine Mengen bekommen, statt nur ein- bis zweimal mal wöchentlich einen großen Guss – wie es bei alteingesessenen Pflanzen mit tiefen Wurzeln richtig wäre.

## Mulchen

Mulchen Sie mit Gartenkompost, Pilzsubstrat, verrottetem Stallmist oder gehäckselter Rinde. Mulch unterdrückt Unkraut und bietet einen weiteren Vorteil: Er reduziert, wenn er auf feuchtem Boden verteilt wird, die Verdunstung von Bodenfeuchtigkeit.

## Netze kontrollieren

Die Netze zum Schutz von Erbsen, Kohl und Beerenfrüchten müssen intakt sein, wenn sie vor Vögeln schützen sollen.

## Tomaten düngen

Sobald Tomaten kleine Früchte bilden, sollten sie wöchentlich einen kaliumreichen Dünger erhalten. Seitentriebe, die sich in den Blattachseln bilden, werden ausgeknipst.

## Kartoffeln anhäufeln

Häufeln Sie ruhig ein zweites Mal an, um die Knollen vor Sonnenlicht zu schützen.

## Bohnenstangen errichten

2,5 m lange Stangen wie Zeltgestänge oder in Doppelreihen aufstellen und mit kräftiger Schnur zusammenbinden. Sie müssen stabil sein und fest stehen, denn ausgewachsene Bohnenpflanzen sind schwer. Kleine Bohnensämlinge mit Manschetten aus abgeschnittenen Plastikflaschen schützen.

## Dicke Bohnen und Erbsen abschneiden

Nach der Ernte die Pflanzen direkt über dem Boden abschneiden und kompostieren. Die Wurzeln in der Erde lassen, weil sie wertvollen Stickstoff abgeben.

## Spargel düngen

Nach der Spargelernte die Pflanzen mit einem Universaldünger versorgen und wachsen lassen. Sie werden erst im Herbst abgeschnitten.

## Kräuter stutzen

Minze, Schnittlauch, Salbei, Thymian und Liebstöckel zurückschneiden.

(ganz links) **Stangenbohnen** nach dem Auspflanzen regelmäßig gießen, damit sie kräftig wachsen und widerstandsfähig gegen Krankheiten werden.

(links) **Junge Kohlpflanzen** gleich nach dem Auspflanzen mit Netzen vor Vögeln, vor allem Tauben, schützen. Auch Kohlweißlinge legen gern ihre Eier auf kleinen Kohlpflanzen ab.

**Stangenbohnen** winden sich meist von allein um ihre Stützen. Manchmal hilft es aber, die Triebspitze jeder Pflanze um eine Stange zu legen.

## Erdbeer-Ausläufer eintopfen

Wenn Ihre Erdbeerpflanzen keine Früchte mehr tragen, können Sie Ausläufer abschneiden oder in Töpfe pflanzen, um Nachwuchs zu ziehen (siehe S. 128).

## Sommerschnitt bei Stachelbeeren, Roten und Weißen Johannisbeeren

Alle neuen Seitentriebe der Saison auf fünf Blätter zurückschneiden – nur nicht diejenigen, die sich im folgenden Jahr zu Zweigen entwickeln sollen. Wird der Sommerschnitt vor der Ernte ausgeführt, werden die Früchte oft größer.

## Himbeer-Ausläufer entfernen

Wilde Ausläufer, die in größerem Abstand zu den Mutterpflanzen erscheinen, sollten ausgerissen und kompostiert werden.

## Brombeeren und ihre Hybriden anbinden

Obwohl die neuen Ruten dieser Saison keine Früchte tragen, sollten Sie im Juni und Juli gut angebunden werden. Im Herbst die Ruten, die Früchte getragen haben, abschneiden. Dann tragen im Folgejahr die neuen Ruten den Ertrag.

## Äpfel und Birnen ausdünnen

Gegen Ende Juni werfen Apfelbäume (Birnbäume in geringerem Ausmaß) winzige Früchte ab. So erleichtern sie ihre Last auf natürliche Weise. In ertragreichen Jahren kann es aber nötig sein, weitere Früchte zu entfernen, wenn sie zu dicht stehen. So können die Früchte zu guter Größe heranwachsen, und es brechen unter dem Gewicht keine Äste ab.

## Pflaumen, Zwetschgen und Renekloden ausdünnen

Die Früchte sollten im Juni zweimal ausgedünnt werden. Anfang des Monats zwischen den Früchten Lücken von etwa 2,5 cm schaffen, und am Monatsende die endgültigen Lücken auf 8 cm erweitern.

## Pfirsiche, Nektarinen und Aprikosen anbinden

Neue Triebe von Spalierobst anbinden und die Früchte auf Abstände von 15–20 cm (Pfirsiche und Nektarinen) bzw. 8 cm (Aprikosen) ausdünnen.

## Sommerschnitt bei Feigen

Bei älteren Feigenbäumen die Spitzen neuer Triebe auf fünf Blätter zurückschneiden.

## Wein schneiden

Seitentriebe stutzen und Sorten zum Essen so ausdünnen, dass die Trauben in Abständen stehen, sodass sie gut reifen und schön groß werden können.

Wenn **Nektarinen** oder Pfirsiche zu viele Früchte tragen, können Zweige abbrechen. Schneiden Sie vorsichtshalber alle Früchte ab, die einander berühren.

# Juni: Krankheiten & Schädlinge

(oben, von links nach rechts) **Blattläuse** auf einer Artischocke werden von Marienkäfern gefressen. **Mehltau** kann für Stachelbeeren gefährlich werden. Befallene Zweige abschneiden. **Spargelhähnchen** sind an ihrer Streifenzeichnung gut zu erkennen.

## Gemüse

■ **Triebspitzen** von Dicken Bohnen ausknipsen, um Blattlausbefall zu vermeiden.

■ **Artischocken,** Bohnen und Rote Bete auf Blattläuse kontrollieren.

■ **Spargelhähnchen** absammeln und ihre Larven vernichten.

■ **Kohlgemüse** mit Netzen vor Tauben schützen.

■ **Kohl** auf Eier und Raupen des Kohlweißlings kontrollieren. Raupen absammeln und vernichten oder spritzen.

■ **Welke Blätter** von Kohlpflanzen entfernen. Wenn sie faulen, kann sich Mehltau oder Grauschimmel ansiedeln und andere Pflanzen befallen.

■ **Erbsen** auf Anzeichen des Erbsenwicklers kontrollieren. Der einzig verlässliche Schutz ist eine Abdeckung mit Vlies.

■ **Karotten** mit feinem Netz vor der Möhrenfliege schützen.

■ **Radieschen,** Rucola, asiatische Blattgemüse und Rote Bete mit feinem Netz vor Erdflöhen schützen.

## Obst

■ **Äpfel und Birnen** auf Blattläuse, Schorf und Stippigkeit kontrollieren. Bei Bedarf spritzen. Pheromonfallen gegen Apfelwickler in Apfelbäume hängen.

■ **Pflaumen** und Kirschen auf Blattläuse und Spinnerlarven kontrollieren. Gegebenenfalls spritzen.

■ **Kirschen,** Johannisbeeren und Heidelbeeren mit Netzen vor Vögeln schützen.

■ **Erdbeeren** mit Netzen vor Vögeln schützen, Früchte vor Schnecken schützen.

■ **Erdbeeren** vor allem bei feuchtem Wetter auf Grauschimmel kontrollieren. Befallene Früchte entfernen und vernichten.

■ **Himbeeren** auf Himbeerkäfer kontrollieren. Gegebenenfalls spritzen.

■ **Schwarze Johannisbeeren** auf Brennnesselblättrigkeit kontrollieren.

■ **Alle Johannisbeeren** auf Blattläuse kontrollieren. Bei Bedarf spritzen.

■ **Stachelbeeren** auf Larven der Stachelbeersägewespe und auf Mehltau kontrollieren.

■ **Weinreben** auf Schildläuse und Mehltau kontrollieren.

# Juli

Im Juli erreicht der Sommer seinen Höhepunkt. Die Tage sind lang und warm, und wenn alles gut läuft, können Sie jetzt fast täglich etwas ernten. Aber der Juli ist oft auch recht trocken. Dabei ist Wasser enorm wichtig. Fast alle Pflanzen sind auf eine stetige Wasserversorgung angewiesen. Trockenphasen führen zu Problemen: Blüten fallen ab, es bilden sich keine Früchte, Pflanzen schießen vorzeitig in Saat, Früchte platzen oder es drohen Krankheiten wie die Blütenendfäule bei Tomaten. Mulch hält die Feuchtigkeit, die ein Regen bringt, länger im Boden und unterdrückt außerdem Unkraut.

**Rote Johannisbeeren** gedeihen im Halbschatten, aber in der Sonne schmecken sie süßer. Die hübschen roten Früchte eignen sich gut für sommerliche Desserts, Marmeladen und Gelees.

## Das ist zu tun im Juli

- **Gemüseernte:** Busch- und Stangenbohnen, Zucchini, Karotten, Rote Bete, Zwiebeln, Schalotten und neue Kartoffeln.
- **Obsternte:** Erdbeeren, Himbeeren, Johannisbeeren, Stachelbeeren und Heidelbeeren.
- **Letzter Aussaattermin** für Rote Bete, Fenchel, Buschbohnen und Erbsen.
- **Pflanzung** von Kohl, Blumenkohl, Rosenkohl, Brokkoli und Grünkohl für Herbst und Winter.
- **Gießen** Sie so oft wie möglich, damit die Pflanzen gesund bleiben und nicht in Saat schießen.
- **Tomaten** regelmäßig düngen, Seitentriebe ausgeizen.
- **Äpfel und Birnen** ausdünnen, wenn sie überreichlich tragen.

# Gemüse

**1 Zwiebeln**
Zwiebeln erreichen im Juli eine gute Erntegröße. Diese dicht stehenden Zwiebeln wurden in Gruppen in Saatkästen gesät und gemeinsam ausgepflanzt.

**2 Asiatische Blattgemüse**
Ernten Sie die würzigen Blätter jung und verwerten Sie sie in Salaten, oder lassen Sie sie größer werden, um sie in Gemüsegerichten zu verarbeiten.

**3 Erbsen**
Erbsen reifen nun recht schnell. Pflücken Sie täglich, damit sie nicht zu dick und mehlig werden. Sie sollten möglichst unmittelbar nach der Ernte verzehrt werden.

**4 Brokkoli**
Wird Brokkoli jetzt regelmäßig geerntet, bildet er eine Zeit lang neue Köpfe.

**5 Rote Bete**
Weiterhin Rote Bete ernten, bevor sie zu groß werden. Wer jetzt noch aussät, kann bis in den Herbst frische Rote Bete genießen.

**6 Kartoffeln**
Im Juli werden die mittelfrühen Kartoffeln geerntet. Sobald sich Blüten zeigen, die angehäufelte Erde etwas beiseiteschieben und einen Blick riskieren. Die Kartoffeln ausgraben, ehe sie zu groß werden. Frisch schmecken sie am besten.

**7 Stangenbohnen**
Die allerersten Stangenbohnen der Saison schmecken am besten. Pflücken Sie sie jung, ehe sie faserig werden. Solange die Pflanzen blühen, werden sich weitere Bohnen bilden.

8 **Gemüsefenchel**
Fenchel mit einem Messer etwa 2,5 cm über der Erde abschneiden und den Strunk im Boden lassen. Nach wenigen Wochen zeigen sich junge, fiedrige Blätter, die gut in Salaten und Gemüsegerichten schmecken.

9 **Markkürbisse**
Wer Markkürbisse gern jung und zart isst, sollte jetzt ernten. Wenn es Ihnen auf die Größe ankommt, lassen Sie sie weiterwachsen.

10 **Zucchini**
Jetzt beginnt die Zucchiniernte. Die Früchte können ihr Volumen binnen wenigen Tagen verdoppeln, darum muss nun häufig geerntet werden.

11 **Knoblauch**
Die Knollen ausgraben, wenn das Laub gelb wird und welkt. Entweder frisch verwerten oder in der Sonne trocknen und einlagern.

12 **Schalotten**
Die ersten Schalotten sind erntereif, wenn ihr Laub verwelkt ist. Bei trockenem Wetter direkt auf dem Beet in der Sonne trocknen lassen, bei Regenwetter auf Gittern oder Lattenrosten unter Dach.

13 **Buschbohnen**
Niedrige Sorten sind meist zuerst reif. Die Hülsen wachsen enorm schnell. Jung und dünn schmecken sie am besten, darum sollten Sie jetzt fast täglich pflücken.

**14 Artischocken**
Schneiden Sie die Blütenstände, wenn sie dick und rund sind, aber die schuppenartigen Blätter noch geschlossen sind, und ehe das Violett der Blüten durchschimmert.

**15 Karotten**
Frühe Sorten zieht man aus der Erde, wenn sie noch jung, schlank und supersüß sind.

**16 Rüben**
Ernten Sie in Gruppen gesäte Rüben, wenn sie noch recht klein sind. Sie schmecken dann besonders süßlich und nussig.

**17 Kohlrabi**
Frühe Sorten wachsen schnell. Im Mai gesäte Kohlrabi könnten jetzt schon erntereif sein. Größer als ein Tennisball sollten sie nicht werden, zum Roh-Essen reicht Golfballgröße.

**18 Mangold**
Mangold und Neuseeländer Spinat (Foto) können jetzt geerntet werden. Junge Blätter in Salaten verwenden, größere dünsten.

**19 Dicke Bohnen**
Die Hülsen schwellen jetzt schnell an und sollten fast täglich gepflückt werden, bevor die Kerne mehlig werden und eine harte Haut bekommen. Von unten nach oben pflücken und auf Blattläuse achten.

## AUCH ERNTEREIF

**Auberginen**
Wer zeitig im Frühling gesät hat und in einer sehr warmen Gegend lebt, kann vielleicht schon am Ende des Monats die ersten Auberginen ernten.

**Paprika**
Auch für sie beginnt frühestens Ende Juli die Ernte, wenn sie nicht im Gewächshaus oder Folientunnel kultiviert werden.

**Spinat**
Regelmäßig ernten und gießen, damit er nicht in Saat schießt.

**Rhabarber**
Ab Juli die Pflanzen wachsen lassen, damit sie den Winter gut überstehen und im nächsten Jahr kräftig austreiben.

# Salatgemüse

**1 Radieschen**
Ende Mai oder Anfang Juni gesäte Radieschen sind jetzt erntereif. Nicht zu groß werden lassen, sonst werden sie zu scharf oder holzig.

**2 Chicoree und Radicchio**
Die ersten Zichoriensalate sind erntereif. Der 'Treviso Precoce Mesola' (Foto) ist eine rote Radicchio-Sorte, die man wie Pflücksalat ernten kann. Lässt man ihn länger wachsen, bildet er Köpfe.

**3 Kopfsalat**
Kleine Romana-Salate wachsen relativ schnell. Sie können geerntet werden, sobald die mittleren Blätter beginnen, einen Kopf zu bilden. 'Bubbles' (Foto) hat leicht gekräuselte Blätter.

**4 Tomaten**
Wer Tomaten im Freiland anbaut, kann im Juli erstmals ernten. Haben Sie Geduld und lassen Sie die Früchte an der Pflanze ausreifen, damit sie richtig aromatisch werden.

**5 Frühlingszwiebeln**
Frühlingszwiebeln weiterhin ernten und Folgesaaten legen, wenn Sie vor Jahresende noch eine letzte Ernte einbringen möchten.

**6 Rucola**
Rucola (Foto) und die meisten anderen Blattsalate werden jetzt geerntet. Pflückt man nur so viel, wie gerade gebraucht wird, treiben die Pflanzen eine Zeit lang neue Blätter.

**7 Stangensellerie**
Die ersten selbst bleichenden Selleriepflanzen sind diesen Monat erntereif. Vor dem Ausgraben gießen, dann bleiben sie länger knackig.

**8 Gurken**
Freilandgurken ernten, wenn sie etwa 15–20 cm lang sind. Später entwickeln sie oft unangenehm große Samen.

# Obst

1 **Pflaumen**
Frühe Pflaumen können Sie schon Ende Juli ernten – am besten, wenn sie bei Druck nachgeben, aber noch nicht zu weich sind.

2 **Rote und Weiße Johannisbeeren**
Die ersten Roten und Weißen Johannisbeeren sind reif. Die Rispen abschneiden, später die Früchte abstreifen.

3 **Kirschen**
Juli ist der Kirschenmonat!

4 **Schwarze Johannisbeeren**
Von alten Sorten, die allmählich reifen, zuerst die obersten Früchte jeder Rispe pflücken.

5 **Heidelbeeren**
Die ersten Heidelbeeren werden gepflückt, wenn sie dick und rund sind und eine blauschwarze Haut haben.

6 **Stachelbeeren**
Im Juli werden die Stachelbeeren reif. Manche kann man roh essen.

7 **Erdbeeren**
Früchte, die überreif sind oder Schäden haben, entfernen.

8 **Brombeeren**
Die ersten Brombeeren und deren neu erhältliche Hybriden wie Taybeeren und Loganbeeren sind im Juli reif.

## AUCH ERNTEREIF

**Himbeeren**
Sommersorten pflücken, wenn sie voll ausgefärbt sind und sich leicht abzupfen lassen.

**Aprikosen**
Frühe Sorten können an einem günstigen Standort jetzt schon Früchte tragen.

**Pfirsiche und Nektarinen**
Pfirsiche und Nektarinen können ebenfalls die ersten Früchte bringen.

**Melonen**
Unter Dach gezogene Melonen beginnen im Juli zu reifen.

# Essbare Blüten

Es gibt erheblich mehr essbare Blüten als man gemeinhin annimmt. Einige kennen Sie vielleicht: gefüllte Zucchiniblüten, oder die Blüten von Rucola und Kräutern wie Schnittlauch, Dill und Koriander. Aber wissen Sie, wie Blüten von Kapuzinerkresse, Veilchen und Ringelblumen schmecken? Die Blumen sehen hübsch aus, locken nützliche Insekten an und sind obendrein eine farbenfrohe Bereicherung für den Speisezettel. Grund genug, sie zu säen, oder?

1 **Ringelblume**
Ringelblumen blühen meist orangefarbig, manchmal auch gelb oder cremeweiß. Folgesaaten von April bis Juli legen. Die Blüten pflücken, dann die Blütenblätter ablösen und über den Salat streuen.

2 **Borretsch**
Die Blüten und die jungen Blätter von Borretsch schmecken nach Gurke. Borretsch ist einjährig, sät sich aber bereitwillig selbst aus.

3 **Schnittlauch**
Schnittlauchblüten geben Salaten ein mildes Zwiebelaroma. Im zeitigen Frühling unter Schutz aussäen.

4 **Kapuzinerkresse**
Kapuzinerkresse ist leicht zu kultivieren und sät sich selbst aus. Die stark pfeffrigen Blüten sparsam an gemischte Salate geben.

5 **Zucchiniblüten**
Die großen, gelben Blüten schmecken gefüllt oder frittiert gut.

6 **Hornveilchen**
Kleinblütige Hornveilchen und Echte Veilchen schmecken besser als große Stiefmütterchen. Für Salate und als Dekoration für Desserts und Kuchen geeignet.

7 **Lavendel**
Mit Lavendelblüten kann man beruhigenden Tee oder einen aromatisierten Zucker zum Backen zubereiten. Vermehrt wird er durch halb verholzte Stecklinge.

8 **Tagetes**
Jeder kennt diese beliebte Sommerblume, aber kaum jemand weiß, dass ihre Blüten Salaten und Reisgerichten eine würzig-herbe Note geben.

# Säen und pflanzen im Juli

Allmählich endet die Saat- und Pflanzzeit, nur Kopfsalat, Zichorien, Endivien und andere Salate sowie schnell wachsende Erbsen, Rote Bete und Karotten können noch gesät werden. Wenn Dicke Bohnen, Knoblauch, Zwiebeln und Schalotten abgeerntet sind, pflanzen Sie auf den freien Platz Rosenkohl, Blumenkohl und andere Kohlsorten, die Sie in Töpfen gezogen haben.

### GEMÜSE SÄEN

- Rote Bete
- Kohl (Frühlingsernte)
- Brokkoli
- Karotten
- Gemüsefenchel
- Buschbohnen
- Grünkohl
- Kohlrabi
- Asiatische Blattgemüse
- Erbsen
- Winterrettich
- Brokkoli
- Mangold
- Rüben

### SALATGEMÜSE SÄEN

- Chicoree und Radicchio
- Endivie
- Kopfsalat
- Radieschen
- Rucola
- Pflücksalate
- Frühlingszwiebeln

## Rosenkohl, Blumenkohl und Kohl

Im Juli können Kohlsorten für die nächste Frühlingsernte gesät werden. Wer wenig Platz hat, sät vorerst in ein Saatbeet und setzt die Pflanzen später im Jahr um. Rosenkohl, Winterkohl und Herbstblumenkohl, die Sie aus Samen gezogen haben, werden jetzt ausgepflanzt.

## Brokkoli

Die Zeit zur Aussaat und Pflanzung von Brokkoli ist fast vorbei – ausgenommen einige Sorten für die Herbsternte.

## Endivien und Chicoree

Weiterhin können Chicoree und Radicchio gesät werden. Für Saat und Pflanzung von Endivien ist jetzt der letzte Termin.

## Gemüsefenchel und Kohlrabi

Fenchel, der jetzt gesät wird, kann im Herbst vor den ersten Frösten geerntet werden. Säen Sie auch noch Kohlrabi, dann können Sie bei milden Frösten fast bis Weihnachten ernten.

**Rosenkohl,** der in Töpfen vorgezogen wurde (rechts), nach dem Auspflanzen mit Netzen (ganz rechts) vor Vögeln schützen.

### **GEMÜSE** PFLANZEN

- Rosenkohl
- Kohl (Winterernte)
- Blumenkohl (Herbsternte)
- Endivie
- Buschbohnen
- Grünkohl
- Porree
- Wok-Brokkoli

## Erbsen und Buschbohnen

Letzte Chance für Aussaat und Pflanzung von Erbsen und Bohnen. Bei späteren Saaten bilden sich bis zum ersten Frost meist keine Hülsen mehr.

## Blattgemüse

Weiterhin Grünkohl, Mangold und asiatische Blattgemüse wie Mizuna, Mibuna, Salat-Chrysanthemen, Brokkoli und Senfkohl säen. Alle sind robust genug, um bis in den Herbst hinein geerntet werden zu können.

## Porree

Den letzten vorgezogenen Porree jetzt umpflanzen (siehe S. 108). Bis Ende Juli sollten alle Pflanzen an ihrem endgültigen Platz sein

## Salate

Für eine fortlaufende Versorgung bis in den Herbst Folgesaaten von Kopfsalat, Rucola, Gartenkresse, Feldsalat und anderen Blattsalaten legen.

## Wurzelgemüse

Jetzt die letzten Rote Beten säen. Späte Karotten und Rüben haben noch bis August Zeit.

(rechts) **Mibuna** ist ein hervorragendes Salatgemüse, das sich leicht aus Samen ziehen lässt. Sämlinge auf 10 cm ausdünnen und die jungen Blätter portionsweise schneiden. Sie wachsen dann eine Zeit lang nach.

# Arbeiten im Juli

Wie im Juni lautet das Motto »jäten, gießen, mulchen«. Dies sind die drei wichtigsten Aufgaben in diesem Monat. Vor allem regelmäßige Bewässerung ist unerlässlich für den Ernteerfolg. Eine gute Wasserversorgung verhindert vorzeitige Saatbildung und beugt Krankheiten wie der Blütenendfäule bei Tomaten vor. Im Juli steht nach der Ernte der Sommerschnitt bei einigen Obstgehölzen an, darunter Kirschen, Johannisbeeren, Stachelbeeren und Sommerhimbeeren.

## Regelmäßig jäten
Legen Sie die Hacke nicht zu weit weg. Das Unkraut wächst oft schneller als die Nutzpflanzen. Zum Glück haben einige Gemüse wie Kartoffeln, Kürbisse und Zucchini so viele Blätter, dass sie den Boden beschatten und Unkraut kaum eine Chance lassen.

## Gießen gegen Samenbildung
Manche Gemüse neigen von Natur aus dazu, Blüten und Samen zu bilden, wenn die Tage länger und wärmer werden. Kopfsalat, Rucola, Spinat, Blumenkohl und Gemüsefenchel sind besonders anfällig. Regelmäßiges Gießen kann diesen Vorgang verzögern oder sogar verhindern.

## Mulch gegen Verdunstung
Nach einem Regen sollten Sie möglichst bald mit Gartenkompost, verrottetem Stallmist oder Rasenschnitt mulchen, um die Verdunstung der Feuchtigkeit im Boden zu verlangsamen.

## Netze gegen Vögel
Weiterhin Erbsen, Kohl und Beerenfrüchte mit Netzen gegen gefräßige Vögel schützen.

## Knoblauch, Zwiebeln und Schalotten trocknen
Einige Tage vor der Ernte die Erde um die Wurzeln lockern. Während einer trockenen Periode die Knollen ausgraben und auf dem Beet in der Sonne trocknen lassen.

## Triebspitzen von Stangenbohnen ausknipsen

Stangenbohnen hören nicht so leicht auf zu klettern. Die Triebspitzen ausknipsen, wenn sie das Ende der Stange erreicht haben, damit die Pflanzen nicht kopflastig werden.

## Stangenbohnen sprengen

Traditionell besprengt man die Blüten mit Wasser, um das Abfallen zu verhindern und die Fruchtbildung zu fördern. Regelmäßiges konventionelles Gießen dürfte die gleiche Wirkung haben.

## Tomaten ausgeizen

Bei hohen Tomaten die Seitentriebe, die sich in den Blattachseln bilden, ausknipsen. Wenn eine Pflanze vier oder fünf Rispen von Früchten gebildet hat, auch die obere Triebspitze abknipsen. Mehr Früchte sollte sie nicht bilden, weil diese meist nicht mehr ausreifen.

## Tomaten und Paprika düngen

Sobald Paprika und Tomaten die ersten Früchte bilden, sollten sie regelmäßig gedüngt werden, um die Blüten- und Fruchtbildung anzuregen.

## Blumenkohl abdecken

Damit die Köpfe nicht durch die Sonne gelb werden, die äußeren Blätter darüberlegen und zubinden.

## Sellerie und Endivien bleichen

Stangensellerie zum Bleichen anhäufeln, Endivien mit alten Tellern abdecken, um die Blätter zu bleichen.

## Kohl und Kartoffeln anhäufeln

Rosenkohl und andere hohe Kohlsorten anhäufeln, um die Standfestigkeit zu verbessern. Stickstoffreichen Dünger streuen oder organischen Flüssigdünger verwenden. Die Kartoffeln im Auge behalten und bei Bedarf nochmals anhäufeln.

## Kräuterstecklinge schneiden

Zur Vermehrung von strauchigen, mehrjährigen Kräutern wie Rosmarin, Salbei und Thymian jetzt halb verholzte Stecklinge schneiden.

(unten, von links nach rechts) **Salat** schießt bei Wassermangel an warmen Tagen schnell in Saat. **Knoblauch,** in der Sonne getrocknet, hält sich mehrere Monate. **Stangenbohnen** besprühen und reichlich gießen. **Seitentriebe** an Tomaten ausgeizen. **Kartoffeln** eventuell mehrmals anhäufeln. **Rosmarinstecklinge** können umgetopft werden, wenn sie Wurzeln gebildet haben.

## Sommererdbeeren ausputzen
Wenn die Erdbeerernte vorbei ist, welke Blätter und Stroh entfernen und Ausläufer abschneiden oder bewurzeln lassen, um Nachwuchs zu ziehen.

## Sommerschnitt bei Stachelbeeren, Roten und Weißen Johannisbeeren
Diesjährige Seitentriebe auf fünf Blätter zurückschneiden, sofern sich daraus nicht im kommenden Jahr neue Zweige entwickeln sollen. Durch den Schnitt gelangen Licht und Luft ins Innere des Strauchs, die Früchte reifen besser und zudem wird das Krankheitsrisiko erheblich verringert.

## Sommerschnitt bei Schwarzen Johannisbeeren
Schwarze Johannisbeeren vor oder gleich nach der Ernte nur wenig schneiden, aber nochmals im Winter.

## Himbeeren schneiden
Sobald Sommerhimbeeren geerntet sind, alle Ruten, die getragen haben, dicht über dem Boden abschneiden und die diesjährigen, grünen Ruten anbinden.

## Brombeeren und ihre Hybriden anbinden
Neue diesjährige Triebe, die keine Früchte tragen, anbinden. Im Herbst nach der Ernte alle alten Ruten abschneiden.

## Äpfel und Birnen ausdünnen
Wenn die Bäume trotz des natürlichen Fruchtfalls im Juni überreich tragen, dünnen Sie die Früchte aus, damit die verbleibenden zu ordentlicher Größe heranwachsen können.

## Kirschen und Pflaumen schneiden
Kirschen und Pflaumen nach der Ernte schneiden. Beide werden im Sommer geschnitten, nicht im Winter.

## Spalierobst kontrollieren
Kontrollieren, ob Spalierobst sicher, aber nicht zu fest angebunden ist. Neue Triebe anbinden oder schneiden.

## Weinreben
Weiterhin Seitentriebe einkürzen und bei Bedarf Früchte ausdünnen. Einen Teil des Laubs entfernen, damit die Früchte mehr Sonne bekommen und schneller reifen.

### ERDBEEREN VERMEHREN
Erdbeeren lassen sich nicht gut durch Samen vermehren, aber umso einfacher durch Ausläufer.

1 Wenn Ausläufer kräftig zu wachsen beginnen, die Pflanzen vorsichtig mit einer Grabgabel lockern und aus der Erde nehmen. Nicht die Wurzeln beschädigen.

2 Jeden Ausläufer in einen Topf setzen, der ins Beet eingesenkt wird. Gut feststecken. Die Jungpflanzen regelmäßig gießen, während sich Wurzeln und neue Blätter entwickeln.

1

2

# Juli: Krankheiten & Schädlinge

(von links nach rechts) **Blattläuse** auf einem Rote-Bete-Blatt. **Raupen** des Kohlweißlings auf den äußeren Blättern eines Kohlkopfs. **Himbeerkäfer-Larven** dringen bis ins Innere der Früchte vor. **Lauchmotten-Larven** fressen sich in die Stangen hinein.

## Gemüse

■ **Artischocken,** Rote Bete und Bohnen aller Art auf Blattläuse kontrollieren.

■ **Raupen** des Kohlweißlings von Kohlgewächsen absammeln und zerdrücken, alternativ spritzen.

■ **Kartoffeln** gegen Krautfäule spritzen. Wenn die Pflanzen schlecht wachsen, eine Knolle ausgraben und auf Nematoden kontrollieren.

■ **Tomaten** gegen Krautfäule spritzen. Regelmäßig gießen, um das Platzen der Früchte und den Befall mit Blütenendfäule zu verhüten.

■ **Schnecken** sind nach wie vor gefräßig und müssen bekämpft werden. Wählen Sie die Methode selbst.

■ **Tauben** vertilgen Kohl, Erbsen und Erdbeeren, wenn Sie keine Netze spannen.

■ **Erbsen** mit Vlies abdecken und gegen den Erbsenwickler spritzen, der im Juni und Juli Eier ablegt. Pheromonfallen können auch eingesetzt werden.

■ **Spargelhähnchen** und ihre grauen, raupenähnlichen Larven absammeln und vernichten.

■ **Lauchmotten-Raupen** hinterlassen verräterische Löcher in Porreeblättern und fressen sich in die Stangen voran. Absammeln oder spritzen.

## Obst

■ **Erdbeeren** mit Netzen abdecken, damit Vögel sie nicht fressen und Schnecken keine Eier im Stroh unter den Pflanzen ablegen. Von Grauschimmel befallene Früchte sofort vernichten.

■ **Äpfel** auf Obstbaumkrebs, Mehltau und Schorf kontrollieren, ebenso auf Schmier- und Blattläuse, Apfelwickler und Stippigkeit. Bei Bedarf spritzen.

■ **Birnen** auf Milben, Rost, Obstbaumkrebs und Schorf kontrollieren.

■ **Stachelbeeren** und Johannisbeeren auf Blatt- und Blasenläuse und Sägewespen kontrollieren. Absammeln oder spritzen.

■ **Himbeeren, Brombeeren** und Hybridsorten auf die kleinen, gelblich-braunen Larven des Himbeerkäfers kontrollieren.

■ **Kranke Zweige** aus Kirsch- und Pflaumenbäumen entfernen.

■ **Beerensträucher,** Pfirsiche und Nektarinen mit Netzen vor Vögeln schützen.

■ **Weinreben** auf Schildläuse und Mehltau kontrollieren. Bei Bedarf spritzen.

# Erste Hilfe bei Sommertrockenheit

Es liegt eine gewisse Ironie darin, dass gerade im Juli, wenn alles gesät und gepflanzt ist, wenig Regen fällt. Juli und August sind sehr trockene Monate, aber gerade in dieser Zeit sollten Obst und Gemüse zu guter Erntegröße heranwachsen. Damit das geschehen kann, ist eine regelmäßige Wasserversorgung unerlässlich. Bei Trockenheit geraten Pflanzen in Panik. Sie meinen, dem Tod nahe zu sein und beeilen sich, schnellstens Blüten und Samen zu bilden, sodass eine neue Generation heranwachsen kann und die Art erhalten bleibt.

## Wasser auffangen

Wasser wird im Garten immer gebraucht, aber in den trockenen Monaten ist es eine Kostbarkeit. Darum sollten Sie es auffangen und sparsam damit umgehen. Überlegen Sie, wie Sie möglichst viel Regenwasser nutzen können. Dachrinnen an allen Gebäuden – auch Schuppen und Gewächshaus – füllen Regentonnen. Selbst »Grauwasser« aus dem Haushalt kann verwendet werden, sofern es keine aggressiven

**Regentonnen** aus Kunststoff sind praktisch, um Wasser von Dächern aufzufangen. Ein Deckel verringert die Verdunstung und hält das Wasser sauber. Ein Hahn am unteren Ende macht das Füllen von Gießkannen leicht.

(ganz links) **Frisch gepflanzte Sämlinge** haben noch ein schwach entwickeltes Wurzelsystem und müssen sanft, aber oft gegossen werden. Wenn sie austrocknen, erholen sie sich oft nicht.

(Mitte) **Etwas größere Pflanzen** dann großzügig gießen, um den Boden zu durchfeuchten. Es ist Zeit- und Wasserverschwendung, nur die Oberfläche zu besprenkeln. Nicht mittags gießen, weil dann viel Wasser wieder verdunstet und Tropfen auf den Blättern wie Brenngläser wirken.

(links) **Kopfüber eingegrabene Plastikflaschen** ohne Deckel und Boden befördern das Gießwasser gezielt an die Wurzeln und Knollen von Kartoffeln und Süßkartoffeln.

Reinigungsmittel wie Chlorbleiche enthält. Dicke Mulchschichten reduzieren bei heißem Wetter die Verdunstung von Bodenfeuchtigkeit und halten den Boden feucht.

## Richtig bewässern

»Gießen – nicht sprenkeln« lautet das allgemeine Motto. Es ist wesentlich besser, den Pflanzen regelmäßig eine ordentliche Portion und dafür seltener zu geben, als an allen Tagen nur ein paar Tropfen. Ein kräftiger Guss dringt tief in den Boden ein und erreicht die Wurzeln, sodass die Pflanzen das Wasser auch aufnehmen und nutzen können. Gießen Sie möglichst morgens oder abends, wenn es etwas kühler ist. In der Mittagshitze geht viel Wasser durch Verdunstung wieder verloren. Eine Ausnahme dieser Guss-Regel sind übrigens die oft erwähnten zarten Keimlinge: Sie müssen vorsichtig und wenig, dafür aber häufig gegossen werden. Tropfschläuche sind eine praktische Erfindung, um relativ viele Pflanzen sparsam zu bewässern, erfordern allerdings eine Wasserleitung, die nicht jeder Nutzgarten hat.

## PRIORITÄTEN SETZEN

Wenn bei Trockenheit Wasser knapp ist und Sie nicht alle Pflanzen optimal versorgen können, müssen Sie entscheiden, welche eine bevorzugte Behandlung bekommen.

- Junge Sämlinge und frisch gesetzte Pflanzen, die noch wenig Wurzeln haben (1).
- Obst und Fruchtgemüse, wenn die Früchte gerade anwachsen, z.B. Erdbeeren, Himbeeren, Tomaten, Gurken (2).
- Hülsenfrüchte wie Erbsen und Bohnen, sobald sich die ersten Blüten zeigen (3).
- Blattgemüse wie Spinat, Salat und Stangensellerie, die leicht in Saat schießen (4).
- Kartoffeln, vor allem während der Blüte (5).
- Kübelpflanzen, z.B. Kräuter, Erdbeeren, Heidelbeeren und Cranberrys (6).
- Frisch gepflanzte Obstbäume im ersten und zweiten Standjahr.

# August

Es mag abgedroschen klingen, aber der August ist wirklich der Monat des Überflusses. Fast alles, was Sie seit dem Frühjahr gehegt und gepflegt haben, trägt jetzt Früchte. Jeden Tag kehren Sie mit einer reichen Ernte aus dem Garten zurück: Erbsen, Bohnen, Karotten, Rote Bete, Mais, Tomaten, Paprika, Kartoffeln und Zwiebeln, aber auch Salate, Beeren, Pflaumen, Pfirsiche und Feigen, vielleicht sogar die ersten Äpfel und Birnen. Paradoxerweise fallen die Sommerferien meist in den August, also müssen Sie das Gießen und Ernten delegieren, falls Sie verreisen.

**Sonnengereifte Tomaten** frisch vom Strauch schmecken unübertroffen gut. Rispentomaten reifen allmählich, können also nach Bedarf geerntet und tagesfrisch genossen werden.

## Das ist zu tun im August

- **Ernte** der letzten Dicken Bohnen und ersten Maiskolben, außerdem Fruchtgemüse wie Tomaten, Paprika und Auberginen.
- **Bohnen und Zucchini** regelmäßig ernten. Sie verdoppeln ihre Größe jetzt nahezu über Nacht.
- **Pflaumen,** Renekloden, Brombeeren und vielleicht die ersten Äpfel, Birnen und Feigen pflücken.
- **Letzter Termin** zur Aussaat von Karotten und Rüben, außerdem Saat von japanischen Zwiebeln und Kohl für das kommende Frühjahr.
- **Kürbisse** düngen, wenn sie auf ein anständiges, vorzeigbares Format heranwachsen sollen.
- **Knoblauch, Zwiebeln** und Schalotten trocknen und für den Winter einlagern.
- **Kartoffeln und Tomaten** auf Anzeichen von Krautfäule kontrollieren und bei feucht-warmem Wetter spritzen.

# Gemüse

**1 Karotten**
Im August gibt es die letzten schnell wachsenden, frühen Sorten und die ersten langsamer wachsenden Sorten der Haupternte.

**2 Kohlrabi**
Kohlrabi knapp unterhalb der Knollen abschneiden. Die großen Blätter entfernen, die kleinen sind essbar. Kohlrabi schmeckt roh und gegart.

**3 Kartoffeln**
Im August werden die mittelfrühen Sorten geerntet, sowohl die festkochenden Salatkartoffeln als auch die mehligeren Sorten, die in Folie gegart sehr gut schmecken.

**4 Rote Bete**
Regelmäßig ernten, aber ganz behutsam, um die Wurzeln der Nachbarn nicht zu stören. Rote Beten, die im Boden bleiben, schwellen an, wenn ihnen mehr Platz zur Verfügung steht.

**5 Kohl**
Sommerkohl und Rotkohl bilden jetzt Köpfe. Sobald diese geschlossen sind und sich fest anfühlen, können sie geerntet werden.

**6 Pak Choi**
Wie andere asiatische Kohlsorten (siehe S. 226) wächst auch Pak Choi sehr schnell. Wer im Juli aussät, kann schon im August junge Blätter ernten.

**7 Knoblauch**
Jetzt den letzten Knoblauch ernten, trocknen und aufhängen, um ihn in den nächsten Monaten zu verbrauchen.

**8 Zucchini**
Zucchini (hier eine runde Sorte) und andere Sommerkürbisse gibt es in verschiedenen Formen. Im August wachsen sie so schnell, dass man alle paar Tage ernten muss.

9 **Gemüsefenchel**
Fenchel schießt bei trockenem Wetter schnell in Saat. Ernten Sie ihn, bevor die Knollen länglich und faserig werden. Die Wurzeln im Boden lassen, dann treiben sie oft frische Blätter, die man für Salate und Gemüsegerichte verwenden kann.

10 **Bohnen**
Busch- und Stangenbohnen jetzt ernten (hier die Sorte 'Purple Queen'). Wenn Sie die Kerne nicht auspalen, sondern die ganzen Bohnen essen wollen, pflücken Sie sie, solange sie jung und schlank sind.

11 **Artischocken**
Fortlaufend von oben nach unten pflücken, wenn sie wachsen, aber bevor sie sich öffnen. 'Purple Globe' (Foto) ist eine attraktive Sorte in Violett.

12 **Auberginen**
In der Augustwärme runden sich die Auberginen, wenn sie genügend Wasser bekommen. Ernten Sie sie, wenn sie schwarz sind und glänzen.

13 **Rüben**
Neben den Knollen können auch die jungen Blätter verwertet werden: Man dünstet sie wie Spinat.

14 **Paprika**
Mit zunehmender Reife wird Gemüse-Paprika milder und Chili-Paprika schärfer. Auf die pfirsichfarbenen Habanero-Chilies trifft das nur bedingt zu, denn sie sind in jedem Reifegrad feurig-scharf.

15 **Schalotten**
Die letzten Schalotten bis Monatsende ernten. Gut trocknen lassen, Erde abklopfen und beschädigte Schalotten aussortieren. An einem kühlen, gut belüfteten Ort halten sie sich einige Monate.

**16 Dicke Bohnen**
Jetzt werden die letzten Dicken Bohnen geerntet. Anschließend die Pflanzen abschneiden, aber die stickstoffreichen Wurzeln im Boden lassen.

**17 Zwiebeln**
Wenn die Blätter gelb werden und umfallen, die Zwiebeln aus der Erde ziehen, gut abtrocknen lassen und einlagern.

**18 Mangold**
Mangold und Spinat (Foto) können den ganzen Sommer lang geerntet werden, solange sie nicht in Saat schießen.

**19 Mais**
Mais ist reif, wenn die seidigen Fasern braun oder schwarz werden und der Saft der Körner nicht mehr klar, sondern milchig ist.

**20 Brokkoli**
Weiterhin ernten, bevor sich die Blütenknospen öffnen.

**21 Blumenkohl**
Die ersten Sommer- und Herbstsorten bilden jetzt Köpfe. Probieren Sie doch einmal die neuen, farbigen Sorten – aber erwarten Sie nicht, dass sie auffallend anders schmecken.

## AUCH ERNTEREIF

**Erbsen**
Markerbsen, Mangetout-Erbsen und Sorten der Haupternte pflücken, solange sie noch jung und zart sind. Mit Netzen abdecken, sonst ernten die Vögel.

**Stangenbohnen**
Alle ein bis zwei Tage ernten. Hülsen, die dick und faserig geworden sind, abpflücken und kompostieren – nicht an der Pflanze lassen.

**Markkürbisse**
Markkürbisse schwellen in diesem Monat mächtig an.

**Spinat**
Bei Hochsommerhitze schießt Spinat schnell in Saat. Häufig ernten und gegebenenfalls täglich gießen.

# Salatgemüse

1 **Pflücksalate**
Feldsalat, Sommerportulak, Rucola und Gartenkresse (hier die panaschierte Sorte 'Fire and Ice') können den ganzen Sommer lang als willkommene Abwechslung zu Kopfsalat geerntet werden.

2 **Tomaten**
Kirsch- und Cocktailtomaten (hier die längliche Sorte 'Santa') sind wunderbar süß und haben mundgerechtes Format.

3 **Frühlingszwiebeln**
Für Salate die Zwiebeln nicht zu groß werden lassen. Je größer sie sind, desto schärfer schmecken sie.

4 **Gurken**
Gurken regelmäßig pflücken. Früchte, die gelb werden, abnehmen und kompostieren. Nicht an der Pflanze lassen, sonst wird die Bildung weiterer Früchte verzögert.

5 **Kopfsalat**
Der August ist für Kopfsalat ein Risikomonat. Bei Hitze und Trockenheit (also üblichen Bedingungen) schießt er in Saat. Oft wässern und ernten.

6 **Zichoriensalate**
Chicoree und Radicchio sollten jung geerntet werden, weil sie mit zunehmendem Alter sehr bitter schmecken können.

7 **Radieschen**
Wenn Sie im Spätfrühling Folgesaaten gelegt haben, können Sie jetzt fortlaufend frische Radieschen ernten.

## AUCH ERNTEREIF

**Stangensellerie**
Stangensellerie ernten, bevor er gelblich wird, sonst werden die Stangen faserig.

# Obst

**1 Pflaumen**
Im August und September sind die meisten Pflaumensorten reif. Dessertsorten halten sich nicht lange. Ernten Sie sie, sobald sie reif sind.

**2 Kirschen**
Einige Kirschsorten reifen im August (z. B. Schattenmorellen), die meisten wurden aber schon im Juli geerntet.

**3 Himbeeren**
Jetzt reifen die letzten Sommerhimbeeren, vielleicht können Sie aber schon die ersten Herbstsorten ernten, sodass der Nachschub an frischen Früchten kaum unterbrochen wird.

**4 Pfirsiche und Nektarinen**
Pfirsiche und Nektarinen reifen im August und sollten gepflückt werden, wenn die Früchte beginnen, weich zu werden und sich leicht vom Baum lösen. Die Sorte 'Duke of York' (Foto) gedeiht auch in gemäßigtem Klima an einem geschützten Platz in Südlage.

**5 Brombeeren und Hybriden**
'Sylvan' (Foto) und andere frühe Brombeersorten reifen jetzt, ebenso einige der unbekannteren Hybridsorten wie Boysenbeeren, Loganbeeren und Taybeeren.

**6 Schwarze Johannisbeeren**
Warten Sie, bis die Beeren volle Größe erreichen und blauschwarz glänzen. Dann pflücken Sie sie binnen einer Woche.

**7 Melonen**
Wenn rankende Melonen zu wachsen beginnen, Folie unter die Früchte schieben, um sie vor Bodenfeuchtigkeit und Schnecken zu schützen.

**8 Äpfel**
Frühe Sorten können schon gegessen werden. Woran erkennt man, dass sie reif sind? Fallobst ist ein Anzeichen, Farbveränderungen ein anderes. Wer sichergehen will, pflückt einen Apfel und beißt hinein.

9 **Birnen**
Der optimale Erntezeitpunkt ist schwer einzuschätzen. Im Zweifelsfall lieber etwas zu früh als zu spät pflücken. Frühe Apfel- und Birnensorten sollten bald verbraucht werden. Sie eignen sich nicht zum Einlagern.

10 **Feigen**
Wenn Feigen an einem sonnigen, geschützten Platz stehen, beginnen sie jetzt zu reifen. Die Früchte pflücken, wenn sie dunkler und etwas weich werden. Ein Nektartropfen an der Basis zeigt an, dass sie reif sind.

11 **Erdbeeren**
Sommersorten sind seit Juli abgeerntet, aber die modernen Dauerträger bringen noch bis in den Herbst hinein Erträge.

12 **Aprikosen**
Aprikosen brauchen warmes, sonniges Wetter. Sie sind reif, wenn sie sich etwas weich anfühlen und sich leicht vom Baum lösen.

13 **Taybeeren**
Diese köstliche Kreuzung aus Brombeeren und Himbeeren reift im August. Man kann sie roh essen, in Obstsalaten oder zu Marmelade und Gelee verarbeiten.

14 **Rote und Weiße Johannisbeeren**
Die Sträucher regelmäßig durchsehen und die Beeren pflücken, wenn sie prall und saftig, aber noch nicht zu weich sind. Die ganzen Rispen abschneiden und später die Beeren mit einer Gabel in eine Schüssel abstreifen.

## AUCH ERNTEREIF

**Heidelbeeren**
Heidelbeeren reifen unregelmäßig, darum muss man mindestens eine Woche lang die Sträucher täglich inspizieren und die voll ausgereiften Früchte pflücken.

# Säen und pflanzen im August

Im August kann man kaum noch etwas für die diesjährige Ernte säen oder pflanzen, allenfalls etwas Salat und einige schnell wachsende Wurzel- und Blattgemüse. Wenn aber nach der Ernte von Dicken Bohnen, Zwiebeln und Schalotten Beetfläche frei wird, können Sie beginnen, Rosenkohl und andere überwinterungsfähige Kohlsorten auszupflanzen.

**Grünkohlsämlinge,** die in Anzuchtkästen gezogen wurden, können jetzt ausgepflanzt werden.

## Blumenkohl

Im Frühling gesäter Winter- und Frühlingsblumenkohl wird im August ausgepflanzt. Bei erfolgreicher Überwinterung können Sie dann schon vom kommenden Januar an ernten.

## Kohl, Brokkoli und Grünkohl

Säen Sie etwas Kohl für die Frühlingsernte – wenn der Platz knapp ist, in ein Saatbeet oder in Töpfe oder Saatkästen. Die Gefäße können in einer Gartenecke stehen, sollten aber mit Netzen vor Raupen und Vögeln geschützt werden. Grünkohl und Brokkoli, der noch in Töpfen wächst, wird ausgepflanzt.

## Zichoriensalate

Chicoree und Radicchio können weiterhin gesät werden. Sie sind robust und halten auch herbstliche Witterung aus.

## Blattgemüse

Letzter Termin zur Aussaat von Mangold und asiatischem Blattgemüse. Wenn es nicht zu warm ist, können einige Spinatsorten für die Herbsternte jetzt oder im September gesät werden.

## Salate

Noch können Kopfsalate gesät werden, obwohl sie bei großer Hitze manchmal nicht keimen. Folgesaaten von Rucola, Gartenkresse, Feldsalat und Winterportulak legen, um bis in den Herbst versorgt zu sein.

### **GEMÜSE** SÄEN

- Kohl (Frühlingsernte)
- Karotten
- Kohlrabi
- Zwiebeln
- Asiatische Blattgemüse
- Winterrettich
- Spinat
- Mangold
- Rüben

### **SALATGEMÜSE** SÄEN

- Zichorien (helle und rote)
- Kopfsalat
- Radieschen
- Rucola
- Pflücksalate
- Frühlingszwiebeln
- Winterportulak

**GEMÜSE** UND OBST PFLANZEN

- Blumenkohl (Winter- und Frühlingsernte)
- Grünkohl
- Brokkoli
- Erdbeeren

(rechts) **Sämlinge** von asiatischem Senfkohl müssen ausgedünnt werden. Nach sechs bis acht Wochen können die jungen Blätter geerntet werden.

## Zwiebeln

Japanische Zwiebeln sind sehr robust und überdauern die meisten Winter. Jetzt in Rillen säen und markieren, um den Standort nicht zu vergessen, bis zum Frühling warten und dann ausdünnen. Im Sommer können sie geerntet werden.

## Wurzelgemüse

Letzter Termin zur Aussaat von Karotten, Rüben, Winterrettichen und Kohlrabi, der kein Wurzelgemüse im engeren Sinne ist.

## Erdbeeren

Setzlinge pflanzen, sobald sie in den Handel kommen – oder sobald eigener Nachwuchs (siehe S. 128) gut bewurzelt ist. In ein Beet pflanzen, auf dem in den letzten drei Jahren keine Erdbeeren gestanden haben.

(unten) **Erdbeer-Jungpflanzen** mit kräftigen Wurzeln für die Ernte im nächsten Jahr einpflanzen – am besten durch Schlitze in einer Folie, die den Boden im Winter warm hält.

# Arbeiten im August

Im August ernten Sie die Früchte der Arbeit, die früher im Jahr anfiel. Die Routinearbeiten sollten Sie dennoch nicht vernachlässigen. Jäten, gießen und mulchen stehen ganz oben auf der Liste. Viele Obst- und Gemüsesorten nähern sich jetzt der Vollreife. Stangenbohnen, Tomaten, Gurken, Paprika und selbst Obstbäume brauchen eventuell Stützen, wenn sie schwer beladen sind. Anderes ist schon abgeerntet und kann zurückgeschnitten oder gestutzt werden.

## Jäten und gießen

In trockenen Sommern wächst auch das Unkraut langsamer. Die Zeit, die Sie beim Jäten einsparen, brauchen Sie wahrscheinlich aber zum Gießen. Nur bei regelmäßiger Wasserversorgung wachsen Pflanzen gesund und schießen nicht vorzeitig in Saat.

## Mulchen

Verbrauchen Sie jetzt Reste von Kompost. Im nächsten Monat wird ein neuer Haufen mit den Gartenabfällen dieser Saison aufgesetzt. Mulch möglichst bald nach einem Regen verteilen, um die Feuchtigkeit im Boden zu halten.

## Knoblauch, Zwiebeln und Schalotten trocknen

Alle Zwiebelsorten, die Sie lagern wollen, müssen gut getrocknet sein. Einige Tage vor der Ernte die Wurzeln vorsichtig aus der Erde lösen. Die Zwiebeln auf dem Beet in der Sonne oder auf Drahtgittern trocknen lassen.

## Regelmäßig ernten

Um diese Jahreszeit wachsen Zucchini, Stangenbohnen und Buschbohnen atemberaubend schnell. Täglich kontrollieren und regelmäßig ernten, bevor sie groß und wässrig oder faserig werden.

## Triebspitzen von Stangenbohnen ausknipsen

Weiterhin die Triebspitzen von Stangenbohnen ausknipsen, wenn sie die Enden der Stangen erreichen. So werden sie nicht kopflastig und treiben weiter unten wieder aus.

## Bohnenblüten

Soviel Sie auch ernten: Solange die Pflanzen Blüten bilden, werden neue Bohnen nachwachsen. Die Pflanzen regelmäßig gießen, damit die Blüten nicht abfallen.

## Tomaten ausgeizen und düngen

Weiterhin die Seitentriebe in den Blattachseln von Tomaten ausknipsen und auch die Triebspitzen entfernen, wenn sich vier oder fünf Rispen mit Früchten gebildet haben. Mit dem Gießwasser einen flüssigen Tomatendünger verabreichen.

## Tomaten, Paprika und Gurken stützen

Weil die Früchte recht schwer werden können, müssen vor allem die Hauptstiele von hohen Tomatensorten und Freilandgurken an stabilen Stützen festgebunden werden.

## Kohl, Kartoffeln und Stangensellerie anhäufeln

Kartoffeln weiterhin anhäufeln, damit die Knollen kein Licht bekommen. Sellerie anhäufeln, um die Stangen zu bleichen, und hohe Kohlsorten, um ihre Standfestigkeit zu verbessern.

(von links nach rechts) **Verrotteter Kompost** als Mulch hält bei Hitze Feuchtigkeit im Boden. **Schalotten** auf dem Beet oder auf einem Drahtgitter an der Luft trocknen lassen. **Triebspitzen** von Stangenbohnen ausknipsen, damit sie nicht über ihre Stangen hinauswachsen.

### GRÜNDÜNGER

Als Gründünger bezeichnet man Pflanzen, die extra angebaut wurden, um später untergegraben zu werden. Für den Anbau gibt es drei Hauptgründe:

- Verbesserung der Bodenstruktur durch Lockerung und Anreicherung mit organischer Substanz.
- Lieferung von Nährstoffen – vor allem Stickstoff – die Folgepflanzen nutzen können.
- Schützende Laubdecke, die Unkraut unterdrückt und bei starkem Regen Auswaschen oder Verdichtung des Bodens verhindert.

Gründünger sind empfehlenswert für Flächen, die nach der Ernte von Dicken Bohnen, Frühkartoffeln, Zwiebeln oder Schalotten frei geworden sind. Rotklee, Buchweizen oder Senf jetzt säen und im Herbst untergraben. Luzerne, Ackerbohne, Phacelia und Roggen werden auch im August gesät, aber erst im folgenden Frühling untergegraben. Zwischen dem Untergraben und der Neuaussaat von Gemüse sollten etwa vier Wochen liegen.

(von links nach rechts) **Klee** reichert den Boden mit Nährstoffen an. **Luzerne** lockert mit den langen Pfahlwurzeln den Boden. **Roggen** lockert schweren Boden und sollte über den Winter ungestört bleiben.

## Winterkürbisse düngen

Damit Kürbisse stattliche Größe erreichen, einmal wöchentlich einen kaliumreichen Tomatendünger geben. Bei feuchter Witterung die Kürbisse auf Bretter oder Mauersteine legen, damit sie nicht durch Bodenfeuchtigkeit faulen.

## Erdbeeren vermehren

In Töpfe geleitete Erdbeer-Ausläufer sollten jetzt Wurzeln gebildet haben und können umgepflanzt werden – am besten an einen sonnigen Platz mit Boden, der mit reichlich organischer Substanz angereichert ist. Feucht halten. Eine Folienabdeckung hält den Boden feucht und warm (siehe S. 141).

## Sommerschnitt bei Stachelbeeren und Johannisbeeren

Nach der Ernte den Sommerschnitt beenden. Im Winter ist nochmals ein Schnitt fällig.

## Sommerhimbeeren zurückschneiden

Wenn Sie es nicht im Juli schon erledigt haben, jetzt alle Himbeerruten, die in diesem Jahr Früchte getragen haben, über dem Boden abschneiden. Die neuen, grünen Ruten anbinden. Sie werden im kommenden Jahr Beeren tragen.

## Brombeeren und ihre Hybriden anbinden

Weiterhin wüchsige, junge, nicht fruchtende Triebe anbinden.

## Reich tragende Obstbäume stützen

In manchen Jahren tragen Apfel-, Birnen- und Pflaumenbäume so reichlich, dass sich die Äste biegen – vorsichtshalber abstützen!

## Frühe Äpfel und Birnen pflücken

Um die Reife früher Sorten zu prüfen, die Früchte vorsichtig drehen, nicht ziehen. Wenn sie sich leicht vom Baum lösen, können sie geerntet werden.

## Sommerschnitt bei Spalierobst

Bei allen Spalierobstbäumen jetzt den Sommerschnitt beenden.

## Weinreben

Weiterhin Seitentriebe stutzen und einige Blätter entfernen, damit die Früchte Sonne bekommen.

(unten, von links nach rechts) **Himbeerruten,** die dieses Jahr getragen haben, über dem Boden abschneiden. **Neue Himbeerruten** anbinden, damit sie aufrecht wachsen und im folgenden Jahr gut tragen. **Schwer tragende Zweige** von Obstbäumen mit Astgabeln abstützen.

# August: Krankheiten & Schädlinge

## Gemüse

■ **Die Möhrenfliege** legt im August nochmals Eier. Beete mit Vlies oder Barrieren schützen.

■ Schnecken bekämpfen – vor allem in regnerischen Sommern.

■ **Echter Mehltau** kann in warmen, trockenen Sommern auf Erbsen, Zucchini, Kürbissen und Gurken auftreten. Regelmäßig gießen und eventuell ein Fungizid einsetzen.

■ **Kartoffeln und Tomaten** bei feuchter Witterung gegen Krautfäule spritzen. Befallenes Laub abschneiden und vernichten. Die Kartoffeln sofort ausgraben, eventuell sind sie noch essbar.

■ **Tomaten** regelmäßig gießen, um Aufplatzen und Blütenendfäule zu verhindern. Nicht die Früchte nass spritzen, sonst droht die Geisterfleckenkrankheit.

■ **Magnesiummangel** ist meist die Ursache, wenn Tomaten- und Kartoffelblätter zwischen den Blattnerven gelb werden. Mit einer Magnesiumsulfatlösung spritzen.

■ **Mit Getreidebrand** infizierte Maiskolben entfernen, die übrigen mit transparenten Plastikflaschen vor Vögeln und Mäusen schützen.

■ **Erbsen** auf Raupen des Erbsenwicklers in den Hülsen kontrollieren. Er hat im Juni und Juli Eier abgelegt.

■ **Artischocken, Rote Bete,** Bohnen auf Blattläuse kontrollieren.

■ **Raupen des Kohlweißlings** von Kohlpflanzen absammeln und zerdrücken oder spritzen. Weiterhin Netze spannen.

## Obst

■ **Auf Braunfäule** an Äpfeln, Birnen, Pflaumen und Quitten achten. Befallene Früchte pflücken und vernichten.

■ **Stippigkeit** bei Äpfeln wird durch Kalziummangel verursacht. Regelmäßig bewässern und mit einer Kalziumnitratlösung spritzen.

■ **In den Pheromonfallen** in Apfel-, Birnen- und Pflaumenbäumen sollten die Kapseln ersetzt werden.

■ **Pflaumen, Kirschen,** Aprikosen und Pfirsiche mit Kupferkalkbrühe (auch Bordeauxbrühe) oder einem anderen Fungizid auf Kupferbasis spritzen, um den Befall mit Obstbaumkrebs zu verhindern. Nach der Ernte, aber vor dem Rückschnitt, spritzen und noch einmal im September.

■ **Himbeeren, Brombeeren** und deren Hybriden auf die kleinen, gelblich-braunen Larven des Himbeerkäfers kontrollieren.

(von oben nach unten) **Maschendraht** von mehr als 60 cm Höhe hält weibliche Möhrenfliegen von Ihrer Ernte fern. **Kartoffelblätter** mit gelben Flecken durch Magnesiummangel. **Braunfäule** (hier an Pflaumen) breitet sich schnell auf gesunde Früchte aus. **Maiskolben** schmecken auch Vögeln ausgezeichnet.

# September

Im September beginnt der Herbst. Das frühe Gemüse ist weitgehend abgeerntet, nur Busch- und Stangenbohnen, Zucchini, Tomaten, Paprika, Auberginen, Gurken und Mais bringen in diesem Monat noch Erträge. Andererseits fängt nun die Ernte der späteren Arten an. Kartoffeln werden ausgegraben, Porree und erste Winterkürbisse sind reif, Äpfel, Birnen, späte Pflaumen, Zwetschgen und Herbsthimbeeren werden gepflückt. Vielleicht können Sie auch schon Rosenkohl, Knollensellerie und Steckrüben ernten. Die Gärtner-Saison ist ganz sicher noch nicht vorbei.

**Apfelbäume** voll reifender Früchte sind ein sicheres Zeichen, dass der Herbst vor der Tür steht. Um die Pflückreife von Äpfeln zu prüfen, die Früchte behutsam drehen – nicht ziehen. Lösen sie sich leicht, kann die Ernte beginnen.

## Das ist zu tun im September

- **Letztes Sommergemüse** ernten (Bohnen, Tomaten, Paprika, Mais, Süßkartoffeln und Kartoffeln).
- **Späte Pflaumen,** mittelfrühe Äpfel und Birnen sowie Herbsthimbeeren pflücken.
- **Letzter Termin** zur Aussaat von einheimischen und asiatischen Salaten.
- **Frühlingskohl** und japanische Zwiebeln zur Überwinterung pflanzen.
- **Nach der Ernte** welkes Laub und andere Pflanzenreste gleich beseitigen.
- **Kompostieren,** was sich dafür eignet – aber keine Pflanzen mit Anzeichen von Krankheiten.
- **Äpfel, Birnen** und Pflaumen auf Braunfäule kontrollieren und befallene Früchte vernichten.

# Gemüse

**1 Auberginen**
Auberginen werden gepflückt, wenn die Haut dunkel glänzt. Werden sie matt, haben sie das beste Reifestadium überschritten und können einen unangenehm bitteren Geschmack entwickeln.

**2 Mangold**
Immer die äußeren Blätter der Pflanzen ernten, und zwar ehe sie zu groß werden. Dann bilden sich in der Mitte neue Blätter. Beschädigte Blätter beim Ernten gleich entfernen.

**3 Zwiebeln**
Graben Sie in diesem Monat die letzten Zwiebeln aus. Nach dem Trocknen an einem luftigen, kühlen Platz aufhängen, dann halten sie sich einige Monate lang.

**4 Mais**
Moderne Sorten schmecken so süß, dass man sie, wenn sie ausgereift sind, roh essen kann. Wer die Kolben garen will, sollte sich beeilen, weil sich vom Moment der Ernte an der Zucker in Stärke verwandelt.

**5 Bohnen**
Jetzt sind die spät gesäten Bohnen reif. 'Goldfield' (Foto) ist eine kletternde Sorte mit flachen Hülsen in ungewöhnlichem Gelb, die man jung im Ganzen essen oder weiter ausreifen lassen und auspalen kann.

**6 Steckrüben**
Im September sind die ersten Steckrüben reif. Lässt man sie im Beet, werden sie größer. Aber ernten Sie ruhig einige, solange sie noch jung und ganz zart sind.

**7 Artischocken**
Ältere Pflanzen treiben jetzt noch einmal Köpfe an, die bis zum Ende des Monats geerntet werden können.

8 **Kohl**
Rotkohl (Foto) wird normalerweise gleichzeitig mit Sommer- und Herbstkohl gesät und gepflanzt. Geerntet wird zwischen August und November.

9 **Karotten**
Bei der Ernte vorsichtig vorgehen, damit die Wurzeln nicht abbrechen. In hartem oder verdichtetem Boden mit einer Hand-Grabgabel arbeiten.

10 **Brokkoli**
'Romanesco' (Foto) wird manchmal auch dem Blumenkohl zugeordnet. Er sieht mit seinen spiralförmig aufgebauten Röschen attraktiv aus und hat außerdem einen besonders milden, feinen Geschmack.

11 **Paprika**
Chili-Paprika und Gemüsepaprika verfärben sich mit zunehmender Reife von Grün nach Rot. Rote Gemüsepaprika sind milder als grüne, rote Chilis dagegen schärfer als grüne.

12 **Rote Bete**
Fortlaufend ernten, bevor sie zu groß werden. Traditionell legt man sie ein. Aber probieren Sie sie auch einmal gewürfelt und mit Olivenöl und Balsamico angemacht, oder mariniert im Ofen gegart.

13 **Porree**
Wenn Ihr Timing geschickt war, ist jetzt der erste Porree reif. Gerade recht, weil es jetzt keine Zwiebeln mehr zu ernten gibt.

14 **Winterkürbis**
Die ersten Winterkürbisse sind reif, darunter Hokkaido-Kürbisse (Foto) mit nussigem Geschmack. Lässt man sie nach der Ernte einige Tage in der Sonne nachreifen, wird ihre Schale härter und sie halten sich länger.

**15 Erbsen**
Die Haupternte dauert noch an. Regelmäßig pflücken und dabei übergroße Hülsen entfernen.

**16 Winterrettich**
Rettiche wie die Sorte 'Mooli' (Foto) sind zwar mit Radieschen verwandt, haben aber viel längere Wurzeln.

**17 Asiatische Blattgemüse**
Senfkohl, Mibuna und Komatsuna können noch jung für Salate geerntet werden. Wenn der Herbst näher rückt, lassen Sie einige Pflanzen größer werden, um sie zu dünsten.

**18 Kartoffeln**
In diesem Monat steht die Haupternte an. Die alte Sorte 'Rosa Tannenzapfen' (Foto) gilt als eine der besten Salatkartoffeln.

**19 Stangenbohnen**
Die Bohnen möglichst jung ernten. Zu groß gewordene Hülsen kompostieren.

**20 Blumenkohl**
Blumenkohl ernten, wenn sich gute Köpfe entwickelt haben, die winzigen Blüten aber noch fest geschlossen sind.

## AUCH ERNTEREIF

**Gemüsefenchel**
Die ganze Pflanze ausgraben, Wurzeln und Laub abschneiden.
**Kohlrabi**
Knapp unter der Knolle (eigentlich Spross-Verdickung) abschneiden.
**Rosenkohl**
Die ersten Röschen reifen, sind aber noch recht klein.
**Zucchini und Sommerkürbis**
Spät gesäte Pflanzen wachsen noch kräftig. Ernten Sie regelmäßig.
**Spinat**
Regelmäßig ernten, wenn Ihre Pflanzen noch nicht in Saat gegangen sind.
**Markkürbisse**
Einige Tage in der Sonne nachreifen lassen, damit die Schale hart wird.
**Süßkartoffeln**
In diesem Monat erste Ernte.
**Rüben**
Weiterhin ernten, bevor sie zu groß werden.
**Knollensellerie**
Wer ungeduldig ist, kann bereits einige Knollen ernten.

# Salatgemüse

1 **Zichoriensalate**
Im Frühsommer gesäter Chicoree und Radicchio ist jetzt reif. Einzelne Blätter abpflücken oder die ganze Pflanze aus dem Boden ziehen.

2 **Stangensellerie**
Stangensellerie vor der Ernte reichlich gießen. Wurzeln und äußere Blätter abschneiden, den Rest im Kühlschrank aufbewahren. Vor dem Essen in Wasser stellen, damit er schön knackig wird.

3 **Tomaten**
Große Fleischtomaten entwickeln sich langsamer als kleinfrüchtige, schnell reifende Sorten. 'Country Taste' (Foto) ist eine moderne Sorte, die über einen langen Zeitraum riesige Früchte trägt.

4 **Gartenkresse**
Im Frühsommer gesäte Kresse kann jetzt geerntet werden. Die Blätter nach Bedarf pflücken, dann wachsen neue nach. Wie Brunnenkresse roh in Salaten oder in gekochten Gerichten verwenden.

5 **Kopfsalat**
Man kann die Köpfe mit der Wurzel aus der Erde ziehen oder knapp über der Wurzel abschneiden.

6 **Gurken**
Regelmäßig ernten, bevor die Gurken zu groß werden. Bevor die ersten Fröste kommen, müssen alle Gurken geerntet sein.

## AUCH ERNTEREIF

**Radieschen**
Im Juli gesäte Radieschen sind jetzt reif.

**Pflücksalate**
Feldsalat, Sommerportulak, Rucola und asiatische Blattgemüse können im September noch geerntet werden.

**Endivien**
Jetzt beginnt die Ernte von kraus- und glattblättrigen Endivien.

**Frühlingszwiebeln**
Letzte Chance zur Ernte zarter Frühlingszwiebeln für Salate.

# Obst

1 **Äpfel**
Im September werden die letzten frühen und die ersten mittelfrühen und späten Äpfel geerntet. Die Früchte sind reif, wenn sie sich mit einer leichten Drehung vom Baum lösen. Der Stängel sollte an der Frucht sitzen.

2 **Erdbeeren**
Dauerträger bringen noch im September und manchmal Oktober (wenn es keinen Frost gibt) Früchte. Mit Netzen schützen und auf Schnecken achten. Die Früchte sind noch ebenso verlockend wie früher im Jahr.

3 **Weintrauben**
Im September beginnt die Weinlese. Frühe Sorten können schon gepflückt werden, späte sollten noch etwas hängen bleiben, damit sie mehr Zucker entwickeln – vor allem, wenn der Spätsommer warm und sonnig ist.

4 **Melonen**
Späte Melonen, die in Folientunneln oder im Gewächshaus kultiviert wurden, reifen in diesem Monat heran.

5 **Birnen**
Die letzten frühen und die ersten späten Sorten sind reif (darunter 'Conference', Foto). Die Pflückreife ist schwieriger zu bestimmen als bei Äpfeln, aber man geht ebenso vor: Behutsam drehen, und wenn sich die Frucht samt Stängel leicht löst, kann die Ernte beginnen. Anderenfalls warten Sie noch einige Tage.

6 **Brombeeren**
Im September reifen die späten Brombeeren. Die Früchte pflücken, wenn sie voll ausgefärbt, aber noch nicht matschig sind. Anders als bei Himbeeren bleibt der »Stöpsel« nicht am Strauch zurück, sondern löst sich mit der Frucht.

7 **Cranberrys**
Die ersten Cranberrys können im September gepflückt werden, aber es besteht kein Grund zur Eile. Lassen Sie sie am Strauch, bis alle reif sind, und ernten Sie in einem Arbeitsgang.

1

4

8

7

10

11

8 **Heidelbeeren**
Späte Sorten tragen im September manchmal noch einige Früchte.

9 **Feigen**
Feigen sollten möglichst lange am Baum reifen, aber es ist ratsam, sie bis Ende September zu pflücken. Wenn die Früchte keine Druckstellen haben, halten sie sich abgedeckt an einem kühlen Platz bis zu zwei oder drei Wochen.

10 **Pflaumen, Zwetschgen und Renekloden**
Späte Pflaumen reifen im September, ebenso Zwetschgen (Foto) mit der typischen, blauschwarzen und hell bereiften Haut. Wenn man Zwetschgen einmachen will, kann man sie kurz vor der Vollreife ernten.

11 **Pfirsiche und Nektarinen**
Späte Pfirsich- und Nektarinensorten reifen manchmal erst im September aus. In warmen Gegenden ist das kein Problem, doch in kühleren Gegenden sollte man solche Sorten nicht ins Freiland pflanzen, weil die Früchte oft nicht mehr reif werden.

12 **Himbeeren**
Herbsthimbeeren tragen von August bis zum ersten Frost – also bis Oktober oder in milden Gebieten sogar länger.

13 **Aprikosen**
Die letzten Aprikosen Anfang September ernten. Die Tage werden jetzt kürzer und kühler, daher ist es unwahrscheinlich, dass Früchte, die länger am Baum bleiben, noch reif werden.

## AUCH ERNTEREIF

**Kapstachelbeeren**
Kapstachelbeeren, auch Physalis genannt, beginnen im September zu reifen. Sie werden gepflückt, wenn ihre äußeren Fruchthüllen trocken und braun werden und man die orangefarbenen Früchte im Inneren sieht.

# Säen und pflanzen im September

Zu säen ist in diesem Monat nicht mehr viel – eventuell Wintersalat, Pflücksalat, einige asiatische Blattgemüse und Spinat. Aber Steckzwiebeln zur Überwinterung können schön gepflanzt werden. Wie japanische Sorten, die im vorigen Monat ausgesät wurden, bleiben sie den Winter über im Boden und können ab Juli des kommenden Jahres geerntet werden – sofern sie den Winter überstanden haben.

**Steckzwiebeln** in 2,5 cm tiefe Rillen pflanzen. Die Spitze soll gerade aus der Erde schauen. Pflanzt man sie nicht tief genug, rupfen Vögel sie aus. Dabei nehmen die empfindlichen Wurzeln Schaden.

## Kohl

Überwinterungsfähigen Frühlingskohl im September oder Oktober auspflanzen. Ob Sie ihn in Töpfen oder einem Saatbeet gezogen haben: Jetzt sollte er an seinen endgültigen Platz kommen. Pflanzen Sie ihn in ein Beet mit recht festem Boden.

## Blattgemüse

Letzter Termin für die Aussaat von Spinat und kältetolerantem asiatischem Blattgemüse wie Mizuna, Mibuna und Komatsuna. Wenn es nachts kalt wird, decken Sie das Beet mit einem Folientunnel ab.

## Salat

Aussaat von Wintersalat und weitere Folgesaaten von Rucola, Gartenkresse, Feldsalat und Winterportulak stehen an, bei Bedarf in Folientunneln. Eine letzte Saat von Radieschen kann noch vor Jahresende reif werden. Jetzt gesäte Frühlingszwiebeln können überwintern und im kommenden Frühjahr geerntet werden.

## Zwiebeln

Steckzwiebeln zum Überwintern im September oder Oktober pflanzen. Den Boden lockern, damit sich die Zwiebeln leicht hineindrücken lassen, und einen Universaldünger einsetzen. Die Zwiebeln in Abständen von 7–10 cm stecken, sodass die Spitzen gerade aus dem Boden schauen. Große Steckzwiebeln sehen zwar kräftiger aus, kleine und mittelgroße schießen im Frühling aber nicht so leicht in Saat.

## Cranberrys

Cranberrysträucher können von September bis November gepflanzt werden, alternativ im nächsten Frühling. Weil sie sauren Boden brauchen, pflanzt man sie am besten in Kübel mit Moorbeeterde.

## Pfirsiche und Nektarinen

Pfirsich- und Nektarinenbäume im Container können jederzeit gepflanzt werden, am günstigsten aber zwischen September und Dezember. Wurzelnackte Bäume später pflanzen, vorzugsweise im November. Pfirsiche und Nektarinen brauchen unbedingt einen warmen, geschützten Platz in sonniger Südlage.

## Erdbeeren

Wer es nicht im August getan hat, kann jetzt Erdbeersetzlinge pflanzen – gekaufte oder selbst aus Ausläufern gezogene. Je früher man sie pflanzt, desto schneller wachsen sie an und desto besser tragen sie im nächsten Jahr.

»Jetzt noch Rucola und andere Salate für frische, vitaminreiche Mahlzeiten säen.«

### GEMÜSE SÄEN

- Asiatisches Blattgemüse
- Spinat

### SALATGEMÜSE SÄEN

- Kopfsalat
- Radieschen
- Rucola
- Pflücksalate
- Frühlingszwiebeln
- Winterportulak

### OBST UND GEMÜSE PFLANZEN

- Kohl (Frühling)
- Cranberrys
- Steckzwiebeln
- Pfirsiche und Nektarinen
- Erdbeeren

(unten, von links nach rechts) **Rucola-Samen** keimen im September noch zuverlässig. Die Sämlinge ausdünnen, wenn die echten Blätter erscheinen. Nach zwei Wochen wachsen die Pflanzen schon kräftig.

# Einen Komposter bauen

Erfahrene Gartenbesitzer können aus den unglaublichsten Materialien Komposter bauen: Holzpaletten, Umzugskisten, alte Türen, Wellblech, sogar Strohballen werden zweckentfremdet. Solche Kreationen sehen originell aus, erfüllen aber ihren Zweck. Sie sind stabil genug, um den wachsenden Berg von Grünabfällen zu halten, sie lassen sich leicht auseinandernehmen, wenn der Kompost durchgerottet ist und man kann sie gut mit dicker Folie oder einem Teppichrest abdecken, um Rottewärme drinnen und Regenwasser draußen zu halten.

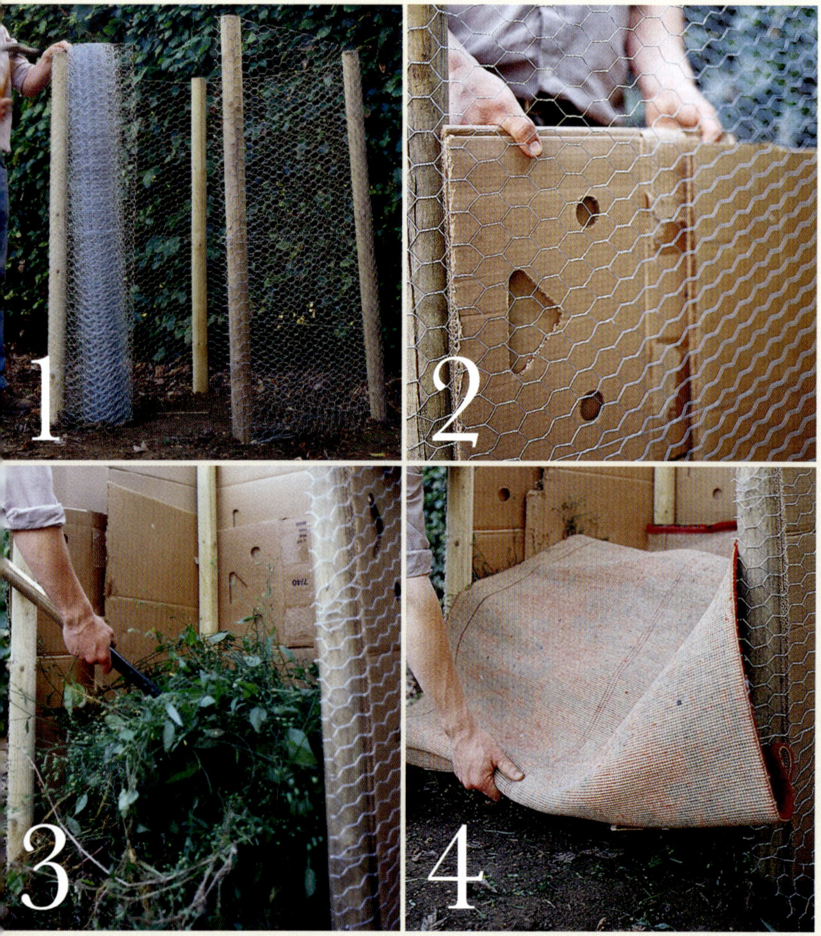


## Kükendraht und Pappe

Für dieses Modell brauchen Sie vier angespitzte Zaunpfähle (ca. 1,5 m lang), 2,5 m Kükendraht (1,2 m breit), Stahl- oder Alu-Krampen, dicke Pappkartons und ein Stück Folie oder einen Teppichrest als Deckel.

1 **Ein Quadrat** mit 75 cm Kantenlänge auf den Boden zeichnen und an jeder Ecke einen Pfosten 30 cm tief in den Boden rammen. An drei Seiten Kükendraht spannen und mit Krampen festnageln.

2 **Mehrere Lagen** Pappe an den drei »Wänden« zwischen Zaunpfählen und Kükendraht festklemmen.

3 **Gartenabfälle und Gemüsereste** aus der Küche in den Komposter füllen. Ab und zu können Sie etwas Rasenschnitt und zerkleinerten Gehölzschnitt zugeben, jedoch keine Abfälle von erkrankten Pflanzen.

4 **Den Komposthaufen** gelegentlich gießen, damit er nicht austrocknet. Bei starkem Regen aber abdecken, damit er sich erwärmt und die Rotte beschleunigt wird.

**Nach etwa zwölf Monaten** sollten Ihre Gartenabfälle zu dunklem, nährstoffreichem Kompost verrottet sein, der wie Waldboden riecht.

## Stapelkomposter aus Holz

Ein Komposter aus Holz ist ansehnlicher als ein Silo aus Kükendraht und Pappe. Er kann sogar mit ungiftiger Farbe gestrichen oder lasiert werden. Für einen Komposter mit vier »Etagen« brauchen Sie 16 Holzbretter (je 1 m lang × 20 cm breit × 2,5 cm dick), 16 Kanthölzer (je 5 cm × 5 cm × 20 cm lang), reichlich Nägel und ein Stück dicke Folie oder alten Teppich.

1 **Einen Holzrahmen** aus vier Brettern und vier Kanthölzern zusammennageln. Die Kanthölzer sollen oben etwa 2,5 cm überstehen, damit sich der nächste Rahmen fest aufsetzen lässt. Sie brauchen vier solcher Rahmen.

2 **Grünabfälle** einfüllen. Wenn der Kasten sich füllt, einfach den nächsten Rahmen aufsetzen und weiter füllen.

3 **Die Abdeckung** gelegentlich abnehmen und den Kompost gießen, wenn Gefahr besteht, dass er austrocknet. Ideal für die schnelle Verrottung ist ein feuchtwarmes Milieu.

4 **Durch das Umsetzen** wird das Material gemischt und die Rotte angeregt. Einfach den obersten Rahmen abnehmen, neben den Komposter stellen und die oberste Lage umfüllen. Ebenso mit dem zweiten und allen anderen Rahmen verfahren, bis der ganze Kompost umgesetzt ist.

**»Selbst gemachter Gartenkompost ist einer der besten Strukturverbesserer für den Boden.«**

# Arbeiten im September

Im August wurde viel geerntet und im September wird aufgeräumt und kompostiert. Räumen Sie gleich nach der Ernte altes Laub und Pflanzenreste von den Beeten und bringen Sie alles auf den Komposthaufen. Nicht auf den Beeten verrotten lassen, sonst können sich Krankheiten ausbreiten. Selbst spät in der Saison wächst noch das Unkraut, vor allem auf Flächen, die gerade abgeerntet sind. Gründünger ist eine Möglichkeit, es einzudämmen.

**Hohe Tomatenpflanzen** losbinden und vorsichtig flach auf sauberes Stroh legen, damit die letzten Früchte reifen. Ein Folientunnel beschleunigt den Vorgang.

## Bei Bedarf gießen

Wenn der Spätsommer warm und sonnig ist und Regen nur spärlich fällt, müssen Sie Ihr Gemüse weiterhin regelmäßig bewässern.

## Gründünger säen

Wer es noch nicht getan hat, kann im September Ackerbohnen, Roggen oder Phacelia säen. Die Pflanzen überwintern und werden im nächsten Frühling untergegraben (siehe S. 143).

## Kompost belüften

Wenn Sie im Herbst viele Grünabfälle auf den Kompost werfen, lockern Sie ihn regelmäßig mit einer Grabgabel, damit Sauerstoff ins Zentrum gelangt und die Rotte anregt. Bei Trockenheit gießen. Zudecken, um ihn warm zu halten.

## Letzte Zwiebeln ernten

Zwiebeln, die noch im Beet stehen, jetzt ernten, gründlich trocknen und einlagern.

## Tomaten nachreifen und pflücken

Damit die Tomaten nun ausreifen, die unteren Blätter abschneiden, vor allem, wenn sie gelb werden. Strauchtomaten mit Vlies oder Folie abdecken. Rispentomaten von den Stangen lösen, behutsam umbiegen und flach auf ein Bett aus sauberem Stroh legen. Die restlichen grünen Tomaten bis Monatsende abnehmen und im Haus nachreifen lassen.

## Spargel zurückschneiden

Wenn das hohe, fiedrige Spargellaub langsam gelb wird, sollte es 2,5 cm über dem Boden abgeschnitten werden.

## Rosenkohl stützen oder anhäufeln

Rosenkohl und anderer hoher Winterkohl kann mit der Zeit kopflastig werden. Die Pflanzen anhäufeln oder an Stützen binden, damit sie nicht umkippen.

## Kürbisse nachreifen

Einige Blätter entfernen, damit die Früchte mehr Sonne bekommen. Bis zur Ernte in diesem oder dem folgenden Monat weiterhin gießen und düngen.

## Knollensellerie düngen und ausputzen

Regelmäßig Flüssigdünger verabreichen und alle alten und beschädigten Blätter abschneiden.

## Äpfel und Birnen ernten

Weiterhin auf den Reifegrad achten und pflücken, wenn die Zeit günstig ist. Frühe Birnen lieber etwas unreif ernten, sie reifen im Haus noch nach. Frühe Sorten zügig verbrauchen.

(unten, von links nach rechts) **Spargelstiele** samt Laub abschneiden und kompostieren. **Kürbisblätter** entfernen, damit die Früchte besser reifen. **Sellerieblätter,** die welk oder beschädigt sind, direkt am Ansatz an der wachsenden Knolle abzupfen.

### MAIS ERNTEN

Die Kolben sind reif, wenn sich die seidigen Fasern an ihrer Spitze braun oder schwarz verfärben. Möglichst bald nach der Ernte essen, denn der süße Geschmack verliert sich schnell.

1 Um zu prüfen, ob ein Kolben reif ist, die äußeren Blätter vorsichtig aufklappen und ein Korn mit dem Daumennagel anritzen. Unreife Körner haben klaren Saft, reife dagegen milchigen.

2 Den Kolben mit einer Hand fassen und nach unten biegen. Dabei den Hauptstamm mit der anderen Hand festhalten. Reife Kolben lassen sich leicht abbrechen.

1

2

## DIE KARTOFFELERNTE

Bis Ende September sollte der Großteil der Kartoffeln geerntet sein. Bleiben die Knollen länger im Boden, werden sie zwar größer, aber das Risiko von Schneckenfraß steigt auch. Die Kartoffeln trocknen lassen, beschädigte aussortieren und die übrigen in lichtdichten Säcken lagern.

1 Wenn das Kartoffelkraut abwelkt, die Stängel 5 cm über dem Boden abschneiden.

2 Den nächsten trockenen Tag zum Ernten nutzen. Bei Trockenheit lassen sich die Kartoffeln leichter ausgraben und lagern.

3 Vorsichtig ausgraben. Das Kraut gibt keinerlei Aufschluss darüber, wie viele (oder wenige) Knollen sich im Boden befinden.

**Brombeerruten,** die dieses Jahr getragen haben, abschneiden. Auch altes und totes Holz entfernen. Junge Ruten nicht schneiden, sie fruchten im folgenden Jahr.

Mittelfrühe und späte Sorten können eingelagert werden.

## Brombeeren und ihre Hybriden schneiden

Nach der Ernte alle Ruten, die in diesem Jahr gefruchtet haben, abschneiden. Die neuen, diesjährigen Triebe sollten angebunden werden. Sie tragen im folgenden Sommer Früchte.

## Neue Obstbäume und -sträucher pflanzen

Der November ist der beste Zeitpunkt zur Pflanzung wurzelnackter Bäume und Sträucher. Kaufen Sie jetzt Pflanzen in einer speziellen Baumschule, die eine gute Auswahl bietet.

## Samen abnehmen

Haben Sie Lieblings-Gemüsesorten, die im Handel schwer zu bekommen sind? Dann sollten Sie Samen »ernten«. Die Samen von Bohnen, Erbsen, Kürbissen, Melonen und Tomaten kann man sammeln, trocknen und in der folgenden Saison aussäen. Wenn es sich allerdings um F1-Hybriden handelt, ist es schwer, die Ergebnisse vorauszusagen.

# September: Krankheiten & Schädlinge

## Gemüse

■ **Bei Kartoffeln** vor allem bei nassem oder feuchtem Wetter auf Anzeichen von Krautfäule achten. Zum Spritzen ist es zu spät im Jahr. Erkranktes Laub unverzüglich abschneiden und vernichten, nicht kompostieren.
■ **Die Möhrenfliege** legt noch Eier, deren Larven spätes Gemüse befallen können. Vlies oder Barrieren schützen die Ernte.
■ **Mehltau** kann auf Erbsen, Zucchini, Kürbissen, Freilandgurken auftreten. Regelmäßig gießen, evtl. mit einem Fungizid spritzen.
■ **Krautfäule** kann bei feuchtwarmem Wetter die ganze Tomatenernte vernichten. Anfang September kann noch mit Kupferkalkbrühe oder einem anderen Mittel gespritzt werden, befallene Tomaten müssen aber vernichtet werden.
■ **Kohlmottenschildläuse** können auch im Herbst und Winter auftreten. Bei geringem Befall absammeln und zerdrücken, ansonsten die Blattunterseiten spritzen.
■ **Lauchmottenlarven** fressen Porreeblätter an und bohren sich in die Stangen. Spritzen oder absammeln.
■ **Schnecken** weiterhin bekämpfen, vor allem bei Regen.

## Obst

■ **Bei Äpfeln, Birnen,** Pflaumen und Quitten auf Braunfäule achten. Befallene Früchte entfernen und vernichten. Gesundes Fallobst als »Köder« für Wespen liegen lassen.
■ **Stippigkeit** bei Äpfeln wird durch Kalziummangel verursacht. Regelmäßig gießen, evtl. mit einer Kalziumnitratlösung spritzen.
■ **Äpfel und Birnen** mit Schorfbefall sowie deren Blätter vom Baum entfernen. Nicht kompostieren.
■ **Äpfel und Birnen** gegen Obstbaumkrebs spritzen – aber erst, wenn alle Früchte geerntet sind.
■ **Von Mehltau** befallenes Laub an Apfel- und Birnbäumen sowie Stachelbeersträuchern entfernen und vernichten.
■ **Pflaumen, Kirschen,** Aprikosen und Pfirsiche nochmals gegen Bakterienbrand mit Kupferkalkbrühe oder einem anderen Fungizid auf Kupferbasis spritzen.
■ **Kirsch- und Pflaumenbäume** bis zum kommenden Frühling nicht schneiden. Durch die Schnittwunden können sonst Erreger des Bleiglanzes eindringen.

(im Uhrzeigersinn von oben links) **Krautfäule** ist eine Pilzkrankheit, die bei Kartoffeln zuerst an den Blättern auftritt. **Bei Tomaten** schädigt die Krautfäule die Blätter und lässt dann die Früchte faulen. **Lauchmotten** spinnen sich ein. Sammeln Sie die Kokons ab. **Schorf** kann bei Äpfeln auftreten, wenn das Wetter feucht ist und die Früchte zu dicht hängen. **Braunfäule** ist eine Pilzkrankheit, die oft durch Vögel und Insekten übertragen wird. **Kohlmottenschildläuse** stellen nur bei schwerem Befall ein Problem dar.

# Oktober

Im Oktober kann man draußen deutliche Veränderungen spüren. Die Tage sind kürzer, die Sonne steht flacher am Himmel, es wird merklich kühler. Die Blätter verfärben sich und beginnen zu fallen und man muss mit Nachtfrost rechnen – in kühlen Regionen eventuell schon früher. Wenn Sie die letzten Tomaten, Paprika, Auberginen und Zucchini noch nicht geerntet haben, kann der Frost ihnen den Garaus machen, sofern sie nicht unter Folie stehen. Im Oktober können schon einige Gemüsearten fürs kommende Jahr gesät werden, vor allem werden Sie aber mit dem Aufräumen und Kompostieren der Pflanzenabfälle von der Ernte beschäftigt sein.

**Türkenturban** und andere Kürbisse sollten an der Pflanze ausreifen. Nach der Ernte in der Sonne bzw. im Trockenen liegen lassen, damit die Schale härter wird, und sie sich länger halten.

## Das ist zu tun im Oktober

- **Vor dem ersten Frost** das letzte Sommergemüse, die Kartoffeln und Rote Beten ernten.
- **Kürbisse** abschneiden und in der Sonne liegen lassen, damit die Schalen härten.
- **Salat und asiatisches Blattgemüse** mit Vlies abdecken, wenn Nachtfrost angekündigt ist.
- **Dicke Bohnen** für das nächste Jahr säen.
- **Knoblauch, Zwiebeln,** Rhabarber und wurzelnackte Beerensträucher wie Johannisbeeren und Stachelbeeren pflanzen.
- **Stützen von** Stangenbohnen, Erbsen und Tomaten einräumen.
- **Reste von** gesundem Pflanzenmaterial abräumen und kompostieren. Mit dem Umgraben beginnen.

# Gemüse

1 **Kohl**
Herbstkohl jetzt und im November ernten. Netze nicht abnehmen.

2 **Pastinaken**
Pastinaken können im Beet bleiben. Ihr Aroma wird nur besser, wenn sie Frost bekommen haben.

3 **Erbsen**
Die letzten Erbsen vor dem ersten Frost ernten.

4 **Brokkoli**
Der Oktober ist der letzte Erntemonat für viele Brokkoli-Sorten. Sprossbrokkoli kann noch länger Erträge bringen.

5 **Auberginen**
Unter Folie reifen vielleicht noch einige Früchte. Freilandpflanzen sollten im September abgeerntet worden sein.

6 **Asiatische Blattgemüse**
Manche Sorten, darunter Chinakohl (Foto, vor der Kopfbildung) können noch eine Zeit lang geerntet werden, brauchen aber eventuell einen Frostschutz (Folientunnel oder Frühbeet).

7 **Rüben**
Rüben können in milderen Gegenden noch im Boden bleiben, sollten aber geerntet werden, bevor sie zu groß werden.

8 **Süßkartoffeln**
Graben Sie diesen Monat die letzten Süßkartoffeln aus. Bleiben sie länger im Boden, droht Schneckenfraß. In der Sonne trocknen lassen wie Kürbisse.

9 **Knollensellerie**
Die Knollen haben ihre volle Größe erreicht und können jederzeit geerntet werden. Die äußeren Blätter abbrechen, um das Risiko von Schneckenfraß zu reduzieren.

10 **Kürbisse**
Diesen Monat ernten. In der Sonne oder im Trockenen liegen lassen, damit die Schale hart wird, aber vor dem ersten Frost ins Haus holen.

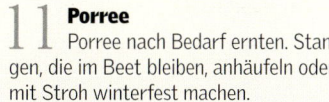

11 **Porree**
Porree nach Bedarf ernten. Stangen, die im Beet bleiben, anhäufeln oder mit Stroh winterfest machen.

12 **Rote Bete**
In diesem Monat alle Rote Beten ernten, sonst werden sie holzig.

13 **Bohnen**
Bohnen zum Trocknen diesen Monat ernten. Auspalen und in luftdicht schließenden Gefäßen aufbewahren.

14 **Blumenkohl**
Herbstblumenkohl weiterhin ernten.

## AUCH ERNTEREIF

**Rosenkohl**
Die Röschen von unten nach oben abernten.

**Karotten**
Die Haupternte jetzt einbringen oder, wenn nicht viele Schnecken unterwegs sind, noch eine Weile geschützt im Boden lassen.

**Paprika**
Wenn der Herbst warm war oder die Pflanzen unter Folie stehen, können Sie vielleicht noch etwas ernten.

**Zucchini und Sommerkürbis**
Jetzt abernten.

**Gemüsefenchel**
Fenchel verträgt einige Minusgrade. Dennoch vorsichtshalber Tunnel aufstellen.

**Kohlrabi**
Im Sommer gesäte Pflanzen können jetzt geerntet werden.

**Mangold**
Mangold und Spinat weiterhin ernten.

**Markkürbisse**
Wenn Sie die Schalen härten, halten sie sich einige Monate. Frisch schmecken sie aber besser.

**Stangenbohnen**
Die letzten Stangenbohnen jetzt abernten.

**Spinat**
Im Spätsommer gesäte, schnellwüchsige Herbstsorten sind jetzt erntereif.

**Steckrüben**
Im Oktober und November ist die beste Erntezeit.

**Winterrettich**
Im Sommer gesäte Herbst- und Winterrettiche können jetzt aufgezogen werden.

# Salatgemüse

**1 Kopfsalat**
Im Hochsommer gesäte Herbst-Salatsorten ab jetzt ernten. Bei Frostgefahr mit Vlies oder Folientunneln vor Frost schützen.

**2 Stangensellerie**
Selbst bleichende und grüne Sorten vor dem ersten Frost ernten.

**3 Tomaten**
Spät reifende Sorten können – unter Vlies oder Folie – im Freiland bleiben, aber eigentlich ist die Saison vorüber, weil sie keinen Frost vertragen. Pflücken Sie lieber die letzten Früchte und lassen Sie sie im Haus nachreifen.

**4 Zichoriensalate**
Den letzten Chicoree und Radicchio jetzt ernten, sofern Sie keine frosttoleranten Wintersorten im Frühbeet oder Folientunnel ausgesät haben.

**5 Pflücksalate**
Gartenkresse (Foto), Feldsalat, Rucola und die meisten asiatischen Blattgemüse können noch für Salat geerntet werden. Bei Frostgefahr nachts abdecken.

**6 Endivien**
Breitblättrige Endivie (oder Batavia-Salat) und krause Endivie (Frisee-Salat) können im ganzen Herbst und Winter geerntet werden, wenn sie bei kaltem Wetter mit Vlies oder Folientunneln abgedeckt werden.

## AUCH ERNTEREIF

**Radieschen**
Vielleicht sind von der letzten Sommeraussaat noch ein paar Radieschen übrig.

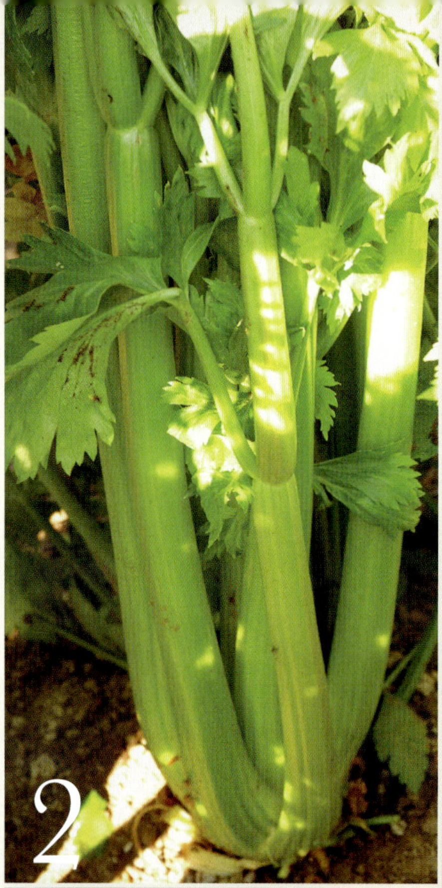

# Obst

1 **Äpfel**
Bis Mitte Oktober sollten die meisten Äpfel geerntet sein. Beschädigte Früchte gewissenhaft aussortieren, einwandfreie Früchte einlagern (siehe S. 174, 190).

2 **Weintrauben**
Traditionell erntet man mittelfrühe Sorten Mitte Oktober und späte Sorten Ende Oktober – aber auch das Wetter redet mit. Wenn Sommer und Herbst sonnig und heiß waren, sind die Trauben früher reif. Andernfalls lassen Sie sie so lange wie möglich an den Pflanzen.

3 **Kapstachelbeeren**
Je länger sie an der Pflanze bleiben, desto süßer werden sie. Pflücken Sie darum so spät wie möglich – aber unbedingt vor dem ersten Frost.

4 **Birnen**
Die meisten Birnen sind geerntet oder abgefallen. Pflücken Sie die letzten Früchte nun und inspizieren Sie sie genau. Nur einwandfreie Früchte können eingelagert werden, beschädigte Früchte faulen schnell.

5 **Himbeeren**
Herbsthimbeeren tragen meist bis zum ersten Frost.

6 **Cranberrys**
Cranberrys können jetzt gepflückt werden, so wie sie heranreifen. Sie können auch abwarten, bis alle reif sind, und dann in einem Arbeitsgang ernten.

7 **Melonen**
Die späten, unter Folie kultivierten Melonen werden jetzt geerntet.

## AUCH ERNTEREIF

**Zwetschgen und Renekloden**
Die Pflaumenernte ist weitgehend beendet, aber Zwetschgen können noch gepflückt werden.

**Erdbeeren**
Die letzten Früchte der Dauerträger jetzt abernten. Sie vertragen keinen Frost.

# Säen und pflanzen im Oktober

Um diese Jahreszeit gehen die Pflanzen in die Winterruhe. Wer Obststräucher wurzelnackt (und nicht als Containerware) kauft, kann sie jederzeit in den nächsten sechs Monaten pflanzen, sofern der Boden nicht gefroren oder zu nass ist. Im Oktober wird auch das Gemüse gesät und gepflanzt, dem mittlere Winterkälte nichts ausmacht: Dicke Bohnen, Frühlingskohl, Knoblauch, Steckzwiebeln und Rhabarber.

## Dicke Bohnen

»Frühe« Sorten werden im Oktober oder November gesät. Sie überwintern und tragen etwa im Juni des kommenden Jahres, wenn es nicht extrem kalt wird.

### **GEMÜSE** SÄEN

- Dicke Bohnen
- Blumenkohl (frühe Sommerernte)
- Erbsen

## Kohl

Letzter Termin zum Umpflanzen von Frühlingskohl. In festen Boden pflanzen und mit Netzen abdecken, damit ihn die Vögel – vor allem Tauben – nicht fressen.

## Blumenkohl

Wer ein Frühbeet hat, kann einige Samen früher Sommersorten in Töpfen oder Saatkästen säen. Den ganzen Winter lang im Frühbeet lassen und etwa im März auspflanzen.

## Knoblauch

Knoblauch im Oktober oder November pflanzen. Sofern keine Staunässe auftritt, überstehen sie auch kalte Winter. Je länger sie im Boden bleiben, desto größer werden die Knollen.

### KNOBLAUCH PFLANZEN

Für Knoblauch ist der Herbst die beste Pflanzzeit.

1 Die Knolle in einzelne Zehen zerlegen.

2 Mit einem Dibber Löcher in etwa der doppelten Zehenhöhe und Abständen von ca. 18 cm stechen.

3 In jedes Loch eine Zehe legen, die Spitze zeigt nach oben.

Sie können Knoblauchzehen aus dem Supermarkt oder aus eigener Ernte pflanzen, sicherer gehen Sie aber mit gekauftem Pflanzknoblauch, der garantiert frei von Krankheiten ist.

## Zwiebeln

Wer im September keine überwinternden Steckzwiebeln gepflanzt hat (siehe S. 154), kann es jetzt noch tun.

## Erbsen

Für eine frühe Ernte im kommenden Jahr säen Sie eine winterharte Sorte an einem warmen, geschützten Platz. Über Winter mit Folientunneln abdecken, wenn Sie nicht in einer ausgesprochen milden Gegend wohnen.

## Rhabarber

Für Rhabarberpflanzen beginnt jetzt die Winterruhe, die bis etwa März dauert. Die beste Zeit, um ältere Pflanzen zu teilen und junge Stücke wieder einzupflanzen (siehe S. 192).

## Johannisbeeren und Stachelbeeren

Neue, wurzelnackte Sträucher in diesem Monat oder im nächsten pflanzen. Containerware kann jederzeit gepflanzt werden, am günstigsten ist aber der Herbst, damit sie vor Wintereinbruch noch Wurzeln bilden.

## Weinreben

Neue, wurzelnackte Rebstöcke können im Oktober oder November gepflanzt werden, traditionell gilt aber der März als Pflanzzeit für Wein.

## Erdbeeren

Sie können jetzt noch junge Erdbeerpflanzen auspflanzen, dürfen aber im folgenden Jahr keine üppige Ernte erwarten.

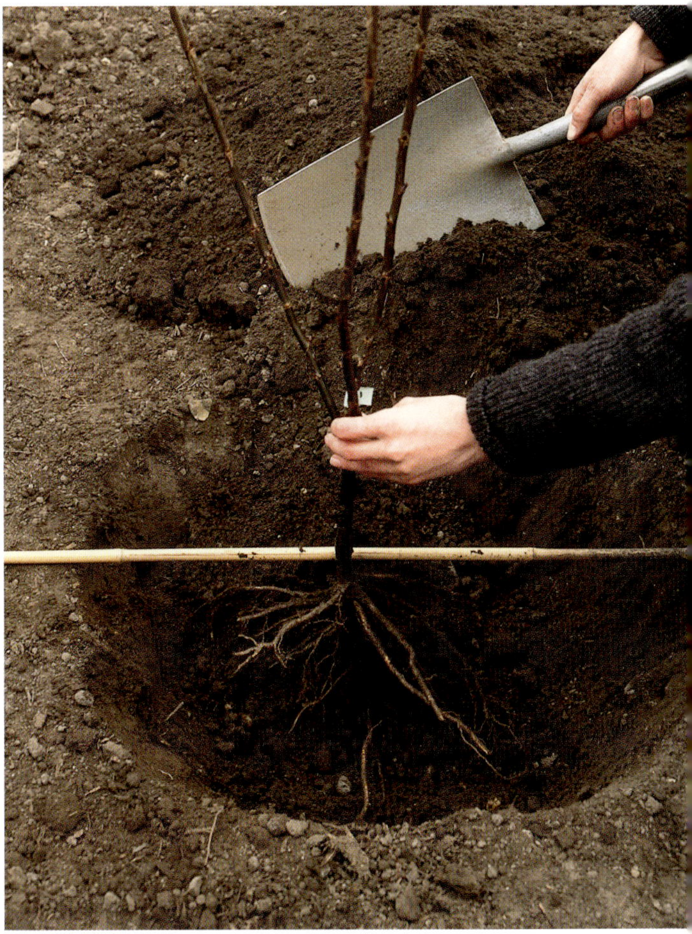

**Wurzelnackte Beerensträucher** wachsen um diese Jahreszeit gut an, weil der Boden noch warm ist. Die Pflanzlochtiefe mit einem Stab kontrollieren. Der Wurzelballen muss ganz hineinpassen.

### GEMÜSE PFLANZEN

- Kohl (Frühlingsernte)
- Knoblauch
- Steckzwiebeln
- Rhabarber-Stecklinge

### OBST PFLANZEN

- Schwarze Johannisbeeren
- Cranberrys
- Stachelbeeren
- Weinreben
- Pfirsiche und Nektarinen
- Rote/Weiße Johannisbeeren
- Erdbeeren

# Ein Hochbeet bauen

Hochbeete sind praktisch, um Beetflächen und Wege klar voneinander zu trennen. Die Form bleibt ganz Ihnen überlassen, aber die Breite sollte 90–120 cm nicht überschreiten, sonst erreichen Sie die Mitte nicht, ohne ins Beet zu treten. Füllen Sie jedes Jahr eine Schicht organische Substanz auf, dann haben Sie bald einen nährstoffreichen, fruchtbaren Boden mit guter Struktur und Dränage.

**Schwerer, toniger Boden** ist oft nährstoffarm, lässt Wasser schlecht durch und erwärmt sich im Frühling nur zögerlich. Ein Beet mit hoher Einfassung, das mit Mutterboden und reichlich verrottetem Kompost gefüllt wird, ist eine gute Lösung.

1

4

»Die Beetmitte muss von den Wegen aus gut zu erreichen sein.«

1 **Sägen Sie zwei Bretter** von mindestens 10 cm Breite, 2,5 cm Stärke und 1,20 m Länge zu. Dies sind die Schmalseiten des Hochbeets, deren Länge für bequeme Erreichbarkeit der Beetmitte sorgt. Die Länge bestimmen Sie selbst. In 10 cm Abstand zu den Enden der Bretter je ein 30 cm dickes Stück Kantholz festnageln.

2 **Die Kanthölzer** so in den Boden rammen, dass sie nach innen zeigen. Bei der Beetform haben Sie die Wahl – Rechteck, Quadrat oder vielleicht Raute?

3 **Prüfen Sie,** ob die Kantenbretter gerade sind. Gegebenenfalls das höhere Ende mit dem Hammer tiefer in den Boden schlagen.

4 **Eine lange Latte** schräg über zwei Kantenbretter legen und mit der Wasserwaage kontrollieren, ob beide die gleiche Höhe haben.

5 **Guten Mutterboden** und verrotteten Gartenkompost oder Stallmist gründlich mischen und das Beet damit füllen.

6 **Die Mischung** mit einer Grabgabel gleichmäßig verteilen.

7 **Ein Stück Schnur** um zwei Mauersteine knoten und an verschiedenen Stellen schräg über das Beet spannen, um zu prüfen, ob das Bodenniveau einheitlich und gerade ist.

# Arbeiten im Oktober

Im Oktober wird das letzte Gemüse und Obst geerntet, das keinen Frost verträgt: Bohnen, Kürbisse, Äpfel, Birnen, vielleicht noch einige Herbsthimbeeren und Erdbeeren. Jetzt fällt viel altes Pflanzenmaterial an, das abgeräumt und auf den Kompost gebracht werden will. Bohnenstangen und Erbsenreiser werden für den Winter verstaut, und Sie können auch schon anfangen, die Beete umzugraben.

## Beete abräumen

Räumen Sie alles welke Laub und alte, absterbende Pflanzen ab. Was keine Anzeichen von Krankheiten zeigt, wird kompostiert. Holzige Stängel von Mais, Bohnen und Kohl schreddern oder mit einem Hammer zerschlagen, damit sie schneller verrotten.

## Stützen abbauen

Bohnenstangen, Erbsenreiser und andere Pflanzenstützen über Winter unter Dach lagern. Lässt man sie draußen, verrotten sie schnell.

## Schweren Boden lockern

Beete mit hartem oder verdichtetem Boden umgraben. Dabei gleich Unkraut entfernen.

## Gründünger untergraben

Gründünger, der nicht überwintert, wird zerkleinert und untergegraben (siehe S. 143). Er verrottet schnell und reichert den Boden an.

## Beete mit Folie abdecken

Folie schützt den Boden vor Verdichtung durch starken Regen, unterdrückt Unkraut und ermöglicht nächstes Jahr eine frühzeitige Aussaat.

## Spargel und Topinambur abschneiden

Wer es nicht im September getan hat, schneidet jetzt Stängel und Laub von Spargel und Topinambur knapp über dem Boden ab und kompostiert alles.

## Rosenkohl anhäufeln

Die Stiele aller hohen Kohlsorten weiterhin anhäufeln, damit sie standfest bleiben, wenn sie kopflastig werden. Gelbe Blätter abschneiden.

## Kürbisse nachreifen

Kürbisse abschneiden und einige Tage in der Sonne liegen lassen. So wird die Schale härter und sie halten sich länger.

## Wurzelgemüse ernten

Kartoffeln und Rote Bete sollten schon geerntet sein. Karotten, Rüben und Steckrüben können noch im Boden bleiben, besser ist es aber, sie jetzt zu ernten und einzulagern.

## Knollensellerie und Pastinaken mulchen

Pastinaken und Knollensellerie dürfen noch im Boden bleiben. Liebhaber mögen den Geschmack von Pastinaken, nachdem sie den ersten Frost bekommen haben, besonders gern. Mit Stroh oder Reisig mulchen.

(unten, von links nach rechts) **Gründünger** wie Phacelia stirbt nach dem Frost ab und sollte jetzt untergegraben werden. **Rosenkohl** anhäufeln, damit er standfest wird. **Kürbisse** auf Mauersteine legen, um sie vor Bodenfeuchtigkeit zu schützen und die Schalen zu härten. **Sellerie** mit Stroh mulchen, um Fäulnis zu vermeiden.

### EINE MIETE ANLEGEN

Jetzt kommt ein Vorschlag, der wirklich altmodisch klingt. Aber: Eine Miete ist noch immer die beste Möglichkeit, um Kartoffeln und Wurzelgemüse wie Steckrüben, Rüben, Karotten und Rote Bete über Winter einzulagern.

1 An einem trockenen, geschützten Platz eine 20 cm dicke Schicht sauberes Stroh ausbreiten. Das Gemüse pyramidenförmig darauflegen, die Blattansätze nach außen, die größten Wurzeln unten.

2 Die Pyramide sorgfältig mit sauberem Stroh abdecken. Die Schicht sollte mindestens 20 cm dick sein, um wirkungsvollen Frostschutz zu bieten.

3 Wenn sehr kaltes Wetter vorausgesagt wird, die Miete mit einer zusätzlichen Isolierung aus einer 15 cm dicken Schicht Gartenerde bedecken.

4 Die Erde gut festklopfen und regelmäßig kontrollieren, ob Nagetiere sich über die Ernte hermachen.

## Porree und Stangensellerie anhäufeln

Um Porree- und Selleriepflanzen herum die Erde anhäufeln, damit die Pflanzen hell bleiben.

## Chicoree zum Bleichen ausgraben

Nach dem ersten Frost kann Chicoree ausgegraben und zum Bleichen eingepflanzt werden (siehe S. 183).

## Spätes Gemüse mit Tunneln schützen

Wenn es kälter wird, sollten Sie vor allem nachts Herbstsalate und asiatisches Blattgemüse mit Vlies oder Folie schützen.

## Bohnen für den Vorrat trocknen

Bei trockenem Wetter die Hülsen an den Pflanzen trocknen lassen. Bei Regenwetter abschneiden und an einem trockenen, geschützten Platz aufhängen. Wenn sie ganz trocken sind, die Bohnen auspalen und in luftdicht schließenden Gefäßen aufbewahren.

**Beim Einlagern von Äpfeln** beschädigte Früchte konsequent aussortieren, weil sie faulen und andere Früchte anstecken können. Die Früchte einzeln in Papier wickeln. Wenn sie unverpackt gelagert werden, dürfen sich die Früchte nicht gegenseitig berühren.

### ARTISCHOCKEN ZUR ÜBERWINTERUNG VORBEREITEN

Weil nicht alle Sorten frosttolerant sind, sollten Sie sie vor Winterkälte schützen.

1 Abgestorbene Stängel und welkendes Laub abschneiden.

2 Ringsherum eine dicke Schicht Kompost als Mulch verteilen. In sehr kalten Perioden mit Stroh abdecken.

## Äpfel und Birnen ernten

Die letzten Äpfel und Birnen im Oktober pflücken. Beschädigte Früchte sofort verwerten. Nur makellose Früchte einlagern, alle anderen können faulen und die übrigen »anstecken«.

## Brombeeren und Sommerhimbeeren schneiden

Alle alten Triebe, die in diesem Jahr Früchte getragen haben, dicht über dem Boden abschneiden. Neue Triebe anbinden, sie fruchten im folgenden Jahr. Den Schnitt in diesem Monat zu Ende führen.

## Neue Obstgehölze bestellen

Der November ist die beste Zeit zur Pflanzung neuer Obstbäume und -sträucher.

# Oktober: Krankheiten & Schädlinge

## Gemüse

- **Das Kartoffelbeet** umgraben, um die letzten Knollen aus dem Boden zu holen. Kleine übersieht man leicht, aber wenn man sie nicht ausgräbt, treiben sie im folgenden Jahr wieder aus und können Viren und andere Krankheiten verbreiten.
- **Welke Blätter** von Kohlpflanzen entfernen. Wenn sie an den Pflanzen faulen, kann sich Grauschimmel ansiedeln.
- **Herbstlaub** zusammenharken. Blätter mit Anzeichen von Mehltau oder anderen Krankheiten nicht kompostieren, sondern anderweitig entsorgen.
- **Kohl** ist im Oktober und November durch Läuse gefährdet. Rosenkohl und andere Verwandte im Herbst und Winter auch auf Kohlmottenschildläuse inspizieren. Falls nötig, mit einem organischen oder anorganischen Insektizid spritzen.
- **Die Larven** der Lauchmotte beginnen jetzt, sich in feinfädigen Kokons zu verpuppen. Die Pflanzen untersuchen und die Kokons absammeln.
- **Kohl** weiterhin mit Netzen vor Tauben schützen.

## Obst

- **Äpfel und Birnen** auf Braunfäule kontrollieren. Befallene Früchte pflücken und vernichten, nicht kompostieren.
- **Äpfel und Birnen** gegen Obstbaumkrebs spritzen, wenn sie etwa die Hälfte der Blätter abgeworfen haben.
- **Kranke und beschädigte** Äste aus Apfel- und Birnbäumen schneiden.
- **Herbstlaub** zusammenharken und vernichten, wenn Anzeichen von Rost oder Schorf zu sehen sind.
- **Leimringe** um die Stämme von Obstbäumen legen, damit keine Frostspanner hinaufkriechen und Eier ablegen.
- **Pfirsiche und Nektarinen** mit einem Kupfer-Fungizid spritzen, um der Kräuselkrankheit vorzubeugen.
- **Kirschen und Pflaumen** nicht im Winter schneiden, sonst können durch die Wunden Erreger des Bleiglanzes eindringen.

(von oben nach unten) **Gelbe Blätter** am Rosenkohl können den Befall mit Pilzkrankheiten begünstigen. **Blattläuse** von Kohlpflanzen entfernen, ehe der Befall zu stark wird. **Leimringe** an Stämmen von Obstbäumen dienen als Barrieren gegen Schädlinge, die im Geäst Eier ablegen.

# November

Im November brauchen Sie vor allem eine scharfe gute Gartenschere, denn jetzt gibt es viel zu schneiden. Obstbäume und -sträucher haben ihr Laub abgeworfen und gehen in die Winterruhe. Jetzt ist ein guter Zeitpunkt, Obstgehölze – ausgenommen Kirschen und Pflaumen – zu schneiden, bevor es klirrend kalt wird. Aus dem gleichen Grund werden jetzt wurzelnackte Bäume und Sträucher gepflanzt. Der Boden ist noch warm und wenn Sie reichlich Kompost oder Stallmist ins Pflanzloch geben, werden die Gehölze vor Wintereinbruch anwachsen. Wer im November nicht pflanzt, hat eventuell erst im nächsten März wieder die Chance.

**Grünkohl** übersteht auch strenge Winter, solange der Boden nicht staunass wird. 'Cavolo Nero' (Foto) ist nur eine von vielen verschiedenen Sorten.

## Das ist zu tun im November

- **Ernte** von Wurzelgemüse, Herbstkohl, asiatischem Blattgemüse und späten Salaten.
- **Herbsthimbeeren** und Cranberrys pflücken.
- **Aussaat** von Dicken Bohnen, Pflanzung von Knoblauch und Rhabarber.
- **Pflanzung** wurzelnackter Bäume und Sträucher, ehe der Boden zu kalt und zu nass wird.
- **Schnitt** von Apfel- und Birnbäumen und Beerensträuchern während der Winterruhe.
- **Umgraben,** dabei mehrjähriges Unkraut entfernen und verrottete, organische Substanz einarbeiten.
- **Beete mit Folie,** altem Teppich oder Pappe abdecken, um den Boden vor starkem Regen zu schützen.
- **Netze von Beerensträuchern** entfernen, jedoch nicht von Kohlgewächsen.

# Gemüse, Salate und Obst

**1 Rosenkohl** Die jungen Blätter an den Spitzen kann man abschneiden und wie Frühlings-Blattgemüse zubereiten.

**2 Blumenkohl** Nach Bedarf frisch ernten. Er wächst nicht mehr und kann im Beet bleiben, bis es richtig kalt wird.

**3 Winterrettich** Asiatische Sorten wie 'Mantanghong' (Foto), die im Juli gesät wurden, können jetzt geerntet werden.

**4 Topinambur** Neun Monate nach der Pflanzung können Sie die ersten Knollen ernten.

**5 Bohnen** Bohnen zum Einlagern können an den Pflanzen bleiben, bis die Hülsen ganz getrocknet sind.

**6 Endivie** Krausblättriger Frisee (Foto) und glattblättriger Batavia-Salat können bis in den Winter geerntet werden, wenn sie mit Vlies geschützt werden.

**7 Spinat** Wintersorten wachsen schnell und kommen mit wenigen Tageslichtstunden aus. Ab jetzt ernten, vor schlechtem Wetter schützen.

**8 Asiatische Blattgemüse** Komatsuna, Mibuna, Mizuna, Salat-Chrysanthemen, Chinesischer Brokkoli, Senfkohl und Choy Sum (Foto) können noch geerntet werden, wenn sie einen Schutz bekommen.

**9 Grünkohl** Ausgewachsene Blätter werden den ganzen Winter hindurch geerntet.

**10 Kohlrabi** Moderne Sorten vertragen einige Minusgrade, aber wenn es sehr kalt wird,

sollten sie mit Vlies oder Folientunneln geschützt werden.

11 **Wok-Brokkoli**
Letzte Ernte, bevor im neuen Jahr die winterharten Sorten reif sind.

12 **Rüben**
Bei Frostgefahr die Rüben ernten und für die spätere Verwertung einlagern (siehe S. 190).

13 **Mangold**
Mangold und seine Verwandten sind kälteverträglich, kaum anfällig für Krankheiten und Schädlinge und tolerieren sogar Vernachlässigung.

14 **Himbeeren**
Herbsthimbeeren tragen bis zum ersten Frost Früchte.

## AUCH ERNTEREIF

**Karotten**
Weiterhin zum Verbrauchen oder Einlagern ernten. Sie können auch bis in den Winter im Boden bleiben.

**Kohl**
Herbst- und Winterkohl können jetzt geerntet werden.

**Knollensellerie**
Die Knollen ausgraben, das Laub entfernen.

**Stangensellerie**
In Gräben kultivierten Sellerie jetzt ernten.

**Cranberrys**
Die Früchte pflücken, wenn sie leuchtend dunkelrot sind.

**Porree**
Vorsichtig mit einer Grabgabel ernten, um die Stangen nicht abzubrechen.

**Kopfsalat**
Jetzt die letzten Köpfe der Herbstsorten ernten.

**Pastinaken**
Nach Bedarf ernten.

**Radieschen**
Die letzten Radieschen ernten, ehe sie holzig werden.

**Steckrüben**
Jetzt ernten oder noch im Beet lassen.

**Pflücksalate**
Gartenkresse, Feldsalat, Rucola, Winterportulak und einige asiatische Blattgemüse vor Frost schützen.

**Spinat**
Im Spätsommer gesäte Herbst- und Wintersorten sind jetzt erntereif.

# Säen und pflanzen im November

Im November steht die Pflanzung von Obstbäumen an. Wurzelnackte Bäume, Sträucher und Freiland-Weinstöcke können nur während ihrer Winterruhe gepflanzt werden. Andererseits gibt es nun kaum Gemüse zu säen oder zu pflanzen. Wer kein beheiztes Gewächshaus hat, muss sich allenfalls mit Dicken Bohnen, Knoblauch und Rhabarber beschäftigen.

## Dicke Bohnen

Überwinternde »frühe« Sorten jetzt ins Beet oder in Töpfe im Frühbeet säen, wenn Sie es nicht schon im Oktober erledigt haben. Alternativ warten Sie bis zum Frühling und säen dann »späte« Sorten für die Ernte im Juli oder August.

## Knoblauch

Knoblauch jetzt pflanzen (siehe S. 168). Im Dezember kann der Boden schon zu nass oder hart gefroren sein, und wenn Sie bis Februar oder März warten, haben die Knollen nicht genug Zeit, um füllig zu werden.

### GEMÜSE SÄEN

- Dicke Bohnen

### GEMÜSE PFLANZEN

- Knoblauch
- Rhabarber

### OBST PFLANZEN

- Äpfel, Kirschen, Birnen und Pflaumen
- Aprikosen, Pfirsiche und Nektarinen
- Brombeeren und ihre Hybriden
- Schwarze Johannisbeeren
- Heidelbeeren
- Cranberrys
- Feigen
- Stachelbeeren
- Weinstöcke
- Himbeeren
- Rote und Weiße Johannisbeeren

## Rhabarber

Rhabarber befindet sich jetzt in der Winterruhe – ein guter Zeitpunkt, Jungpflanzen zu kaufen oder eigene, ältere Pflanzen zu teilen und einzupflanzen. Ringsherum Kompost verteilen, aber nicht direkt auf die Pflanzen geben.

## Obstbäume

Wurzelnackte Kirsch- und Pflaumenbäume können jederzeit zwischen November und Januar gepflanzt werden, Apfel- und Birnbäume zwischen November und März. Der November ist der optimale Zeitpunkt, vor allem in Gegenden, in denen der Boden hart gefriert.

## Himbeeren und Brombeeren

Wurzelnackte Himbeeren, Brombeeren und deren Hybriden jetzt pflanzen, vorzugsweise in Löcher oder Gräben, die vorher ausgehoben und mit verrottetem Kompost oder Stallmist gefüllt wurden.

## Stachelbeeren und Johannisbeeren

Neue, wurzelnackte Sträucher im November oder Dezember pflanzen. Containerware kann jederzeit gepflanzt werden, aber auch für sie ist der Herbst empfehlenswert.

## Weinreben

Neue, wurzelnackte Weinstöcke jetzt oder im kommenden Frühling pflanzen.

## EINEN WURZELNACKTEN OBSTBAUM PFLANZEN

Im November ist der Boden noch so warm, dass neu gepflanzte Obstbäume gut anwachsen.

1 Auf die richtige Pflanztiefe achten. Die Erdspuren am Stamm müssen auf Bodenniveau liegen.

2 Einen stabilen Pfahl als Stütze für den Baum einrammen und etwa 60 cm aus dem Boden ragen lassen.

3 Den Baum ins Pflanzloch setzen, Erde auffüllen und behutsam am Stamm rütteln.

4 Die Erde um den Stamm herum festtreten, aber nicht zu stark verdichten.

5 Stamm mit einem breiten Band am Pfahl anbinden. Festknoten, aber nicht zu eng, es sollte Luft zwischen Stamm und Pfahl bleiben, damit nichts reiben kann.

6 Angießen, dann um den Stamm eine Schicht verrotteten Kompost verteilen.

(von oben nach unten) **Kalk** erhöht den pH-Wert des Bodens, macht ihn also alkalischer. Kohlgewächse bevorzugen alkalischen Boden. **Folie** auf Beete legen und gut befestigen, um den Boden für die Aussaat im nächsten Jahr vorzubereiten.

# Arbeiten im November

Im November sollten Sie dem Boden etwas Aufmerksamkeit widmen. Nächsten Monat ist es vielleicht schon zu kalt und zu nass, um ihn zu bearbeiten – und dann müssten Sie bis zum Frühling warten. Entfernen Sie lieber jetzt alle Pflanzenreste und das Unkraut von den Beeten. Graben Sie den Boden mit Spaten oder Grabgabel um und arbeiten Sie dabei möglichst viel Kompost oder Stallmist ein. Diese Biomasse wird über Winter von den Würmern in den Boden gezogen. Sie verbessert die Struktur des Bodens und reichert ihn mit Nährstoffen an.

## Pflanzenreste abräumen

Weiterhin die Reste abgeernteter Pflanzen beseitigen. Was keine Anzeichen von Krankheiten trägt, kann kompostiert werden.

## Bohnenstangen einlagern

Wenn die Bohnen getrocknet sind, die Bohnenstangen in den Schuppen bringen.

## Jäten und umgraben

Den Boden umgraben, wenn er hart oder verdichtet ist. Dabei alles Unkraut (vor allem mehrjähriges wie Quecke und Ackerwinde) entfernen.

## Stallmist oder Kompost einarbeiten

Graben Sie möglichst viel gut verrotteten Kompost oder Stallmist ein. Auf Hochbeeten oder Flächen, die nicht umgegraben werden, einfach auf der Oberfläche verteilen.

## Bei Bedarf den Boden kalken

Den pH-Wert des Bodens (siehe S. 47) testen, ehe er zu nass wird. Ist er zu sauer, etwas Gartenkalk streuen und einharken – aber nicht gleichzeitig mit Kompost oder Mist, weil es sonst zu einer chemischen Reaktion zwischen den beiden Substanzen kommt.

## Gemüsebeete abdecken

Frei gewordene Beete abdecken, um Unkraut zu unterdrücken und den Boden vor schweren Regenfällen zu schützen. Wer keine dicke Folie hat, kann Teppichreste oder sogar Pappe verwenden.

## Laub kompostieren

Herbstlaub verrottet auf dem Komposthaufen sehr langsam. Darum ist es besser, es separat in einem Drahtkäfig zu kompostieren, aus dem es nicht wegweht. Alternativ mischen Sie es mit etwas feuchter Gartenerde und füllen es in dunkle Müllsäcke, in die Sie kleine Löcher stechen.

## Sellerie und Artischocken mulchen

Knollensellerie (siehe S. 173) und Artischocken mit einer dicken Schicht Stroh oder Reisig mulchen, um sie vor Frostschäden zu schützen.

(oben) **Herbstlaub** am besten nach einem Regen zusammenharken. Trockene Blätter werden begossen. Nach einem Jahr ist der Laubkompost reif – ein guter Mulch, der Feuchtigkeit speichert.

## Blumenkohl zubinden

Einige der äußeren Blätter um die Köpfe legen und zubinden, um sie vor Frost zu schützen.

## Folientunnel aufstellen

Bei milder Witterung haben noch die letzten Salatköpfe und asiatischen Blattgemüse überlebt. Unbedingt mit Folientunneln schützen.

## CHICOREE TREIBEN

Die Blätter des Chicorees sind etwas bitter, doch wenn man ihnen das Licht entzieht, entstehen die bekannten, weißen Chicoreeköpfe, die im Winter für Salate beliebt sind.

1 Pflanzen, die über Sommer im Freien kultiviert wurden, ausgraben – am besten nach dem ersten Frost.

2 Die Blätter 2,5 cm über dem Wurzelhals abschneiden. Die Wurzel auf 20–22 cm Länge kürzen.

3 Drei Wurzeln in einen 25-cm-Topf mit feuchtem Substrat pflanzen. Einen zweiten Topf derselben Größe mit Folie auskleiden und über den ersten stülpen.

4 Warm und dunkel aufstellen. Nach drei bis vier Wochen ernten.

### Obstgehölze unkrautfrei halten
Unkraut um ältere Obstbäume und -sträucher sorgfältig entfernen, anschließend eine Mulchschicht verteilen.

### Netze von Beerensträuchern nehmen
Netze abnehmen, denn jetzt sind Vögel in den Beerensträuchern willkommen: Sie fressen vielerlei Insekten und deren Eier. Außerdem können die Netze bei starkem Schneefall Schaden nehmen.

### Stachelbeeren und Johannisbeeren schneiden
Der Winterschnitt an Stachelbeeren und Johannisbeeren erfolgt zwischen November und Frühling, wenn sie kein Laub tragen und man gut sieht, was man tut. Abgestorbene, kranke und beschädigte Zweige entfernen, ebenso alle, die zur Mitte des Strauchs hin wachsen.

### Schwarze Johannisbeeren schneiden
Ein Viertel bis ein Drittel der ältesten Zweige 2,5 cm über dem Boden abschneiden. Kranke, schwache oder zu dicht stehende Zweige entfernen. So wird der Neuaustrieb angeregt und im kommenden Frühling gelangen Licht und Luft ins Zentrum des Strauchs.

### Winterschnitt an Äpfeln und Birnen
Wenn das meiste Laub gefallen ist und die Bäume in die Winterruhe gehen, können Sie sie schneiden (siehe S. 34–35).

### Unreife Feigen pflücken
Alle Feigen ab der Größe einer Kirsche abpflücken, weil sie nicht mehr reifen. Die winzigen Feigen bleiben aber am Baum, sie reifen im nächsten Jahr heran.

### Weinstöcke schneiden
Wenn die letzten Trauben gepflückt sind, kann der Winterschnitt beginnen. Sie können sich Zeit lassen, aber bis Januar sollte der Schnitt abgeschlossen sein.

(von links nach rechts) **Schwarze Johannisbeeren** kräftig zurückschneiden. Altes Holz entfernen. **Unreife Feigen** abpflücken, damit die kommenden Feigen im folgenden Jahr bessere Bedingungen zur Reifung haben.

# November: Krankheiten & Schädlinge

## Gemüse

■ **Eingelagerte Kartoffeln,** Rote Bete, Kürbisse, Sellerie und Kürbisse auf Fäulnis kontrollieren und rigoros aussortieren.

■ **Herbstlaub** und welke Pflanzenteile abräumen. Bei Anzeichen von Mehltau oder anderen Krankheiten verbrennen oder anderweitig entsorgen, aber nicht kompostieren.

■ **Gelbe, welkende Blätter** von Kohlpflanzen entfernen. Faulen sie an den Pflanzen, kann sich Grauschimmel ausbreiten.

■ **Rosenkohl** und andere Kohlsorten auf Kohlmottenschildläuse kontrollieren, die noch immer auftreten können. Sie sind leicht zu erkennen, weil sie in Scharen auffliegen, wenn sie gestört werden. Absammeln oder spritzen.

■ **Kohl mit Netzen** vor Tauben schützen. Um diese Jahreszeit finden sie wenig Nahrung und machen sich umso hungriger über Gemüsebeete her.

■ **Rosmarin, Salbei** und Thymian auf Schimmel oder Fäulnis an den Trieben kontrollieren, vor allem nach einem nassen Herbst. Mittelmeerkräuter lieben es trocken.

■ **Mäuse** können zu Winterbeginn lästig werden, weil sie frisch gepflanzte Dicke Bohnen, Knoblauchzehen, Steckzwiebeln und -schalotten ausgraben.

(Im Uhrzeigersinn von oben) **Herbstlaub** mit Anzeichen von Krankheiten verbrennen. **Braunfäule** breitet sich unter eingelagerten Äpfeln aus. **Kohlmottenschildläuse** sind noch aktiv.

## Obst

■ **Faule Früchte** aus den Bäumen entfernen, damit sie keine Krankheiten verbreiten können. Keine Früchte mit Braunfäule auf den Kompost!

■ **Kranke und beschädigte** Zweige aus Apfel- und Birnbäumen entfernen.

■ **Herbstlaub** zusammenharken. Bei Anzeichen von Schorf oder Rost nicht kompostieren.

■ **Leimringe** an den Stämmen von Obstbäumen anbringen, damit Frostspanner in den Kronen keine Eier ablegen.

■ **Eingelagertes Obst** auf Fäulnis kontrollieren und aussortieren.

■ **Pfirsiche und Nektarinen** vorbeugend gegen die Kräuselkrankheit mit einem Kupfer-Fungizid spritzen.

■ **Pflaumen und Kirschen** während der laublosen Zeit nicht schneiden. Im Winter kann durch Schnittwunden der Erreger des Bleiglanzes eindringen.

# Dezember

Der Dezember ist kein so magerer Monat wie man vermuten möchte. Mit etwas Glück, d. h. milden Frösten sind jetzt verschiedene Winterkohlsorten erntereif: Rosenkohl, Rot- und Weißkohl, Blumenkohl und der nahezu unverwüstliche Grünkohl. Frisches Wurzelgemüse wie Rüben, Pastinaken, Knollensellerie und Steckrüben gibt es im Garten, und Kartoffeln, Rote Bete und Karotten sind eingelagert. Selbst so spät im Jahr kann man noch Endivien, Winterportulak und Feldsalat ernten, je nach Wintereinbruch eventuell sogar Kopfsalat, Rucola und einige asiatische Blattgemüse, allerdings unter Dach, also im Gewächshaus oder in einem stabilen Folientunnel.

**Rosenkohl** verträgt nicht nur Frost, er schmeckt danach sogar noch besser. Ab Dezember die Röschen von unten nach oben pflücken, solange sie noch klein sind.

## Das ist zu tun im Dezember

- **Ernte** von Porree, Wurzelgemüse, Herbst- und Winterkohl und vielleicht etwas kältetolerantem Salat.
- **Pflanzung** von Knoblauch, Rhabarber und wurzelnackten Obstgehölzen, sofern der Boden nicht gefroren oder staunass ist.
- **Winterschnitt** an Apfel- und Birnbäumen, Beerensträuchern und Freilandwein, wenn es nicht zu kalt ist.
- **Beete** umgraben, Kompost oder Stallmist einarbeiten und den Boden abdecken.
- **Netze** über Kohlpflanzen kontrollieren.

# Gemüse und Salate

1 **Knollensellerie**
Jetzt ernten oder bis zur Verwendung im Boden lassen. Welke und abgestorbene Blätter abzupfen. Bei strenger Kälte mit Stroh oder Reisig abdecken.

2 **Topinambur**
Die letzten Knollen im Dezember ausgraben. Alle Knollen entfernen, sofern Sie nicht nächstes Jahr erneut ernten wollen.

3 **Endivie**
Dieser Salat ist recht kältetolerant. Im Gewächshaus oder gar Folientunnel übersteht er oft den Winter.

4 **Grünkohl**
Früher im Jahr kann man junge Grünkohlblätter für Salat ernten, doch traditionell ist es ein Wintergemüse. 'Cavolo Nero' (Foto) ist so robust, dass ihm auch strenger Frost nicht viel anhaben kann.

5 **Winterrettich**
Asiatische und hiesige Rettiche sind mit Radieschen verwandt, aber viel größer. Außerdem sind sie so robust, dass sie in durchschnittlichen Wintern im Boden bleiben können.

6 **Blumenkohl**
Die äußeren Blätter um die Köpfe binden, um sie vor Frost zu schützen.

7 **Karotten**
Theoretisch können Karotten bis zum Jahresende im Boden bleiben. Wenn aber Gefahr besteht, dass der Boden hart gefriert, ernten Sie sie jetzt und lagern Sie sie ein (siehe S. 190).

8 **Steckrüben**
Steckrüben könnten bis Ende Dezember im Beet bleiben, aber nicht länger, sonst werden sie holzig. Lieber jetzt ernten und einlagern (siehe S. 191).

9 **Rosenkohl**
Die Ernte läuft auf Hochtouren. Entweder die Röschen einzeln pflücken

oder die ganze Pflanze aus dem Boden ziehen. Den Strunk in einen Eimer Wasser stellen, dann bleiben die Röschen einige Tage frisch.

10 **Porree**
Porree hält sich nach der Ernte nicht lange, darum lieber frisch aufziehen oder ausgraben. Die Wurzeln abschneiden und die Stangen gründlich waschen, weil zwischen den Blättern oft Erde sitzt.

11 **Wirsingkohl**
Winterwirsing (Foto) mit den attraktiv gerunzelten Blättern übersteht auch echten Winter.

12 **Pastinaken**
Pastinaken nach Bedarf ernten und den Rest im Beet lassen. Alternativ alle ernten und in flachen Kisten, mit feuchtem Sand abgedeckt, einlagern (siehe S. 191).

13 **Rüben**
Die letzten Rüben bis Monatsende ernten, sonst werden sie zu groß und holzig. Im Haus in Kästen mit Sand oder im Freien in Mieten lagern (siehe S. 191).

## AUCH ERNTEREIF

**Stangensellerie**
Die letzten Pflanzen können noch geerntet werden, wenn sie vor Frost geschützt wurden.

**Kohlrabi**
Bis spätestens Jahresende ernten. Unter Dach und Folie vertragen sie zwar einige Minusgrade, aber der Geschmack wird mit dem Alter nicht besser.

**Pflücksalate**
Nur unter Vlies oder Folie lassen sich noch einige Sorten überreden, neue Blätter zu bilden, z. B. Feldsalat, Rucola, Gartenkresse und Winterportulak.

# Einlagern für den Wintervorrat

Im Dezember müssen Sie sich entscheiden, ob Sie das letzte Gemüse im Beet lassen oder ernten und einlagern wollen. Rosenkohl, Winterkohl, Brokkoli, Grünkohl und Porree können bleiben, wo sie sind. Theoretisch können auch Pastinaken, Steckrüben, Knollensellerie und Winterrettich im Beet bleiben, sollten aber mit Stroh oder Reisig abgedeckt werden. Wenn allerdings Gefahr besteht, dass der Boden richtig hart gefriert, sollten Sie Wurzelgemüse wie Karotten, Rüben und Rote Bete vor Jahresende ernten.

## Der richtige Lagerplatz

Damit sich Gemüse lange hält, sollte es kühl, trocken und möglichst dunkel gelagert werden, z. B. in einem Schuppen, sofern er frostfrei ist und keine Mäuse und Ratten hineinschlüpfen können. Keller oder Garage sind ebenfalls geeignet, wenn es dort nicht zu warm ist. Wichtig ist eine gute Belüftung, denn in stehender, feuchter Luft vermehren sich Krankheitserreger schnell.

## Regelmäßige Kontrolle

Lagern Sie nur makelloses Obst und Gemüse ohne Schäden oder Anzeichen von Krankheiten ein. Sortieren Sie rigoros alles aus, was nicht einwandfrei ist, sonst kann es faulen und den Vorrat »anstecken«. Jedes Mal, wenn Sie etwas aus dem Vorrat holen, um es zu verwerten, sollten Sie den Rest kurz inspizieren und alles aussortieren, was aussieht, als sei es dem Verderben nahe.

1

5

1 **Karotten und Pastinaken**
In eine flache Holzkiste eine Schicht feuchten Sand füllen. Die Wurzeln so darauflegen, dass sie einander nicht berühren, und mit feuchtem Sand komplett abdecken. Der Sand muss so feucht sein, dass die Wurzeln nicht verschrumpeln – darf aber nicht so nass sein, dass sie faulen.

2 **Kohl**
Feste Köpfe in Netzen aufhängen oder auf Holzrosten mit einer Schicht Stroh nebeneinander lagern. Von anderem Gemüse fernhalten, falls am Kohl Schnecken sitzen.

3 **Kartoffeln** Einkellerungskartoffeln in dicke Papiersäcke verpacken. Keine Plastiksäcke verwenden, weil sie darin schwitzen und eventuell sogar keimen. Die Säcke fest verschließen, damit kein Licht an den Inhalt kommt, und an einem frostfreien Platz lagern.

4 **Äpfel und Birnen** Nur späte Apfel- und Birnensorten eignen sich zum Einlagern. Am besten die Früchte einzeln in Papier wickeln und in einer Schicht in flache Kisten legen. Äpfel und Birnen separat an einem kühlen, trockenen und gut belüfteten Platz aufbewahren.

5 **Kürbisse** Kürbisse halten sich gut, wenn die Schale hart und trocken ist. In einem gut belüfteten Raum auf einem Bett aus Stroh oder geschreddertem Papier lagern.

6 **Bohnen** Ausgepalte Bohnen vollständig trocknen lassen. Dann in Schraubgläser füllen, aber gelegentlich auf kleine Käfer oder andere Insekten kontrollieren.

7 **Zwiebeln, Schalotten und Knoblauch** Nach dem sorgfältigen Trocknen die Blätter flechten und die Zöpfe aufhängen. Alternativ in einer Lage auf Lattenregalen oder in Holzkisten lagern.

8 **Steckrüben und anderes Wurzelgemüse** Traditionell lagert man Kartoffeln und Wurzelgemüse im Freien in einer Miete aus Stroh und Erde (Anleitung zum Bau einer Miete auf S. 173).

# Säen und pflanzen im Dezember

In diesem Monat wird nicht viel gesät und gepflanzt. Überwintertes Gemüse haben Sie vor einem oder zwei Monaten schon gesät, denn jetzt ist es vermutlich zu nass und zu kalt. Wenn der Boden nicht nass oder gefroren ist, können nur noch Knoblauch, Rhabarber und wurzelnackte Obstbäume und -sträucher gepflanzt werden.

## Knoblauch

Nur in milden Gegenden und nur wenn der Boden nicht gefroren oder zu nass ist. Ansonsten bis Februar oder März warten.

## Rhabarber

Rhabarber befindet sich in Winterruhe und kann jetzt geteilt und neu eingepflanzt werden. Kälte macht ihm nichts aus, aber Staunässe verträgt er nicht.

## Obstbäume und -sträucher

Neue, wurzelnackte Bäume und Sträucher jetzt pflanzen, Pfirsiche und Nektarinen nicht nach Dezember. Rechtzeitig vorher die Pflanzstelle von Unkraut befreien und verrotteten Kompost oder Stallmist einarbeiten.

## Himbeeren und Brombeeren

Wer wurzelnackte Himbeeren, Brombeeren und deren Hybriden nicht im November gepflanzt hat, kann es jetzt noch tun.

### **GEMÜSE** PFLANZEN

- Knoblauch
- Rhabarber

### **OBST** PFLANZEN

- Äpfel, Kirschen, Birnen und Pflaumen
- Aprikosen, Pfirsiche und Nektarinen
- Brombeeren und Hybriden
- Schwarze Johannisbeeren
- Heidelbeeren
- Feigen
- Stachelbeeren
- Himbeeren
- Rote und Weiße Johannisbeeren

### RHABARBER TEILEN

Wenn die Wuchskraft Ihres Rhabarbers nach einigen Jahren nachlässt, sollten Sie ihn teilen.

1 Die Wurzeln ausgraben und mit einem Spaten in mehrere Stücke teilen, von denen jedes eine Triebknospe besitzen muss.

2 Die Teilstücke in gut gedüngten Boden pflanzen. Die Triebknospe soll knapp aus der Erde schauen.

# Arbeiten im Dezember

Im Dezember stehen Instandhaltungsarbeiten an. Außer Umgraben, Mulchen und Winterschnitt an Obstgehölzen und Wein ist im Freien wenig zu tun, und wenn es sehr kalt ist, fallen selbst diese Arbeiten aus. Jetzt ist Zeit, das Werkzeug in Ordnung zu bringen, den Schuppen aufzuräumen und Samen für das nächste Jahr zu bestellen.

## Weiterhin umgraben

Solange der Boden nicht gefroren oder staunass ist, können Sie umgraben. Klebt die Erde an den Stiefeln, ist sie zu nass. Dann sollten Sie das Graben verschieben oder Bretter auslegen, um Ihr Gewicht zu verteilen und den Boden nicht zu verdichten.

## Verrotteten Kompost untergraben

Wenn der Pflanzplan für das nächste Jahr schon steht, arbeiten Sie in Beete, auf denen Erbsen und Bohnen wachsen sollen, reichlich Kompost ein. Sie brauchen nährstoffreichen, fruchtbaren Boden dringender als die meisten anderen Gemüsearten.

## Kompostieren

Weiterhin Pflanzenmaterial kompostieren, Herbstlaub separat in einem Komposter oder Säcken verrotten lassen. Was Anzeichen von Krankheiten zeigt, nicht kompostieren, sondern entsorgen.

## Beete abdecken

Solange der Boden nicht sehr nass ist, können Sie noch Folie oder alten Teppich ausbreiten, um die Beete vor Verdichtung durch Regen zu schützen, Unkraut zu unterdrücken und den Boden für die Aussaat im Frühling vorzuwärmen.

## Wurzelgemüse ernten

Die letzten Karotten, Rüben, Kohlrabi und Rote Beten ernten und bei Bedarf einlagern (siehe S. 190–191). Knollensellerie und Pastinaken können so lange im Boden bleiben, wie keine Gefahr besteht, dass sie »einfrieren«. Mit Stroh oder Reisig abdecken.

## Chicoree treiben

Weiterhin Chicoreewurzeln ausgraben und im Haus bleichen, um im Winter frischen Salat genießen zu können (siehe S. 183).

(von oben nach unten) **Bretter** verteilen beim Graben Ihr Gewicht gleichmäßig auf der Fläche. **Pflanzenabfälle** auf den Kompost geben, dann abdecken, um die Rottewärme zu konservieren.

(von links nach rechts) **Die ältesten Zweige** aus Stachelbeersträuchern entfernen, damit Licht und Luft ins Zentrum gelangen. **Senkrechte Triebe** von Wein an Drähten bis auf drei oder vier kräftige Knospen zurückschneiden.

## Kohlpflanzen inspizieren

Gelbe und braune Blätter von Rosenkohl und Frühlingskohl entfernen. Rosenkohl anhäufeln, damit er fest steht. Netze kontrollieren.

## Boden zur Pflanzung von Obstgehölzen vorbereiten

Wenn es noch nicht zu kalt ist, Pflanzlöcher für Obstgehölze vorbereiten (siehe S. 181). Falls der Boden gefroren ist, können Sie noch warten – aber nur bis Ende März.

## Obstgehölze unkrautfrei halten

Wer es nicht im November getan hat, entfernt jetzt sorgfältig Unkraut am Fuß von Obstgehölzen und mulcht den Boden.

## Winterschnitt an Apfel- und Birnbäumen

Wenn es nicht zu kalt ist, tote, kranke und beschädigte Zweige aus Apfel- und Birnbäumen herausschneiden (siehe S. 34–35).

## Winterschnitt an Beerensträuchern

Wenn es nicht im November erledigt wurde, jetzt Stachelbeeren, Heidelbeeren und Rote und Weiße Johannisbeeren auslichten. Bei Schwarzen Johannisbeeren ein Drittel des alten Holzes entfernen (siehe S. 184).

## Weinstöcke schneiden

Nach dem Laubabwurf kann Freilandwein geschnitten werden. Traditionell soll diese Arbeit bis Weihnachten erledigt sein. Der letzte Termin ist der Januar, denn danach beginnt der Saft zu steigen.

## Stützen und Bindestellen kontrollieren

Kontrollieren Sie Stangen, Stützen, Drähte und andere Befestigungen. Defektes erneuern oder reparieren. Was zu eng sitzt, muss gelockert werden.

## Werkzeuge und Pflanztöpfe reinigen

Alle Töpfe, Kübel, Aussaatschalen und Utensilien, die Sie im Jahreslauf benutzt haben, gründlich abwaschen, um der Übertragung von Krankheiten auf die Sämlinge des nächsten Jahres vorzubeugen.

# Dezember: Krankheiten & Schädlinge

## Gemüse

■ **Netze** über Kohlpflanzen kontrollieren, Löcher reparieren und lose Netze wieder befestigen. Sie sind als Schutz vor Tauben weiterhin wichtig.

■ **Welkende Blätter** regelmäßig von Kohlpflanzen entfernen, sonst kann sich Grauschimmel ausbreiten.

■ **Umgraben,** um überwinternde Larven an die Oberfläche zu befördern. So können Vögel sie entdecken und aufpicken.

■ **Schnecken** sind auch jetzt unterwegs. Die äußeren Blätter von Kohl und Blumenkohl inspizieren.

■ **Mäuse und Ratten** graben oft neu gesäte Dicke Bohnen sowie Knoblauch, Steckzwiebeln und -schalotten aus.

■ **Eingelagertes Gemüse** wie Kartoffeln, Steckrüben, Kürbisse, Zwiebeln, Schalotten und Knoblauch auf Anzeichen von Fäulnis kontrollieren.

## Obst

■ **Eingelagerte Äpfel** und Birnen kontrollieren. Faule Früchte rigoros aussortieren.

■ **Obstgehölze** mit einem Pflanzenölprodukt (Fachhandel) gegen Blattläuse, Milben, Schildläuse und Frostspanner spritzen. Bei sorgfältiger Spritzung werden die Eier vernichtet. Der beste Zeitpunkt ist die Winterruhe der Gehölze im Dezember und Januar.

(von links nach rechts) **Welke Blätter** von Rosenkohl entfernen, um die Ausbreitung von Krankheiten zu vermeiden. Von **Obstbaumkrebs** befallene Äste im Ganzen absägen und verbrennen.

■ **Apfel- und Birnbäume** auf Anzeichen von Obstbaumkrebs kontrollieren. Krankes Holz und andere, beschädigte Zweige entfernen.

■ **Leimringe** an den Stämmen von Obstbäumen bei Bedarf erneuern.

■ **Pfirsiche und Nektarinen** zur Vorbeugung gegen die Kräuselkrankheit mit einem Kupfer-Fungizid spritzen. Bei Spalierobst kann auch ein Regenschutz den Kontakt mit den Sporen verringern, durch die diese Krankheit übertragen wird.

■ **Buchfinken** sind berüchtigt dafür, dass sie junge Knospen von Stachelbeeren, Äpfeln, Birnen und Pflaumen fressen. Wirkungsvollen Schutz bieten nur Netze.

■ **Pflaumen und Kirschen** nicht im Winter schneiden, sonst können durch Schnittwunden Erreger des Bleiglanzes eindringen.

**Winterkohl** mit Netzen schützen, damit Tauben ihn nicht fressen. Um diese Zeit sind sie besonders lästig, weil sie in der Natur wenig Nahrung finden.

# Der Ernteplaner

Die meisten Anbauer von Eigengewächsen haben einen Traum: den von einer ununterbrochenen, ganzjährigen Ernte. Am liebsten würden sie Monat für Monat etwas Frisches ernten, um es glücklich und zufrieden in die Küche zu tragen und zu verarbeiten. Ganz einfach ist das nicht, aber auch nicht unmöglich. Das Geheimnis liegt in der Planung. Und die wiederum beruht darauf, genau zu wissen, welche Arbeit wann anliegt. Im folgenden Kapitel finden Sie Informationen zu verschiedenen Obst- und Gemüsearten, die für Hobbygärtner interessant sein könnten. Tabellen zeigen auf einen Blick, in welchem Monat gesät, gepflanzt und geerntet werden kann. Auch hier eine Bemerkung zum richtigen Zeitpunkt: Die Tabellen sind Empfehlungen, die auf gärtnerischer Erfahrung basieren. Aber je nach Region oder langfristiger Wetterlage können Pflanz- und Erntezeiten natürlich abweichen. Die betreffenden Gartenbauvereine oder auch Landratsämter bieten auf Ihren Ort zugeschnittene Ratschläge an.

**Hochbeete** machen es leicht, Nährstoffgehalt und Struktur des Bodens zu pflegen und den sorgfältig ausgearbeiteten Fruchtfolgeplan einzuhalten.

# Gemüse

Normalerweise gruppiert man Gemüsearten anhand der Teile, die wir essen, also Wurzeln, Knollen, Blätter, Sprosse, Früchte oder Samen. Manchmal ist die Zuordnung einfach: Salat und Spinat sind offensichtlich Blätter, Karotten und Rote Bete zweifelsfrei Wurzeln. In anderen Fällen ist es schwieriger. Fenchel, Knollensellerie und Kohlrabi sehen aus wie Wurzeln, sind aber Verdickungen des Sprosses. Noch komplizierter wird es, weil einige botanische Familien Gemüsearten umfassen, deren Verwandtschaft kaum zu erkennen ist. So sind Kohl, Steckrüben und Brokkoli allesamt Kohlgewächse (Brassicaceae).

**Dichte Reihen** von Eichblattsalat, Zwiebeln, Rote Beten, Karotten und Porree nutzen jeden Zentimeter Beetfläche. Wo Nutzpflanzen so eng stehen, kann sich kein Unkraut breitmachen.

## Gemüsefamilien

- **Wurzel- und Sprossgemüse:** Karotten, Knollengemüse wie Kartoffeln, aber auch der bei Hobbyköchen beliebte Stangensellerie und der Gemüsefenchel gehören dazu.
- **Kohlgemüse** tragen im Namen meist den Begriff »Kohl«: Grünkohl, Blumenkohl, Rosenkohl. Auch Brokkoli gehört dazu.
- **Blattgemüse** sind Spinat und Mangold.
- **Zwiebelgemüse** sind neben Zwiebeln aller Größen auch Schalotten, Knoblauch und Porree.
- **Hülsenfrüchte** wie Erbsen und alle Bohnen werden wegen ihrer essbaren Samen und Hülsen kultiviert.
- **Salate** sind Blattgemüse, die meist roh gegessen werden.
- **Fruchtgemüse** wie Tomaten, Paprika und Auberginen brauchen zum Ausreifen Wärme und viele Sonnenstunden.
- **Kürbisgewächse** umfassen auch Gurken und Zucchini.
- **Mehrjähriges Gemüse** wie Artischocken, Spargel und Rhabarber zieht im Herbst das Laub ein und treibt im Frühling wieder aus.
- **Kräuter** umfassen Ein- und Zweijährige, ausdauernde Stauden und immergrüne Sträucher. Geerntet werden die aromatischen Blätter.

# Wurzel- und Sprossgemüse

In diese Gruppe fallen alle offensichtlichen Wurzelgemüse wie Karotten, Rote Bete, Pastinaken, Rüben und so weiter, daneben aber auch einige, die nur aussehen wie Wurzeln: Kartoffeln sind eigentlich Knollen, der knubbelige Knollensellerie und der Gemüsefenchel mit seinem fiedrig-feinen Laub sind tatsächlich Sprossgemüse. Wurzel- und Sprossgemüse werden nicht nur wegen ihres Geschmacks geschätzt. Viele lassen sich nach der Ernte für den Wintervorrat einlagern.

**Wurzelgemüse** oder Knollen sind recht einfach zu kultivieren und gedeihen gut in Boden, der mit verrottetem Kompost oder Stallmist angereichert ist. Sprossgemüse, vor allem Sellerie, erfordert mehr Gewissenhaftigkeit beim Gießen.

(oben, von links nach rechts) **Frühkartoffeln, Rüben, Karotten**

(ganz links) **Knollensellerie**

(links) **Radieschen**

# Kartoffeln

Kartoffeln werden nicht aus Samen gezogen. Stattdessen kauft man im Januar oder Februar im Fachhandel Pflanzkartoffeln. Anhand ihrer Reifezeit werden Kartoffeln in Gruppen eingeordnet. Zuerst, etwa im Mai oder Juni, sind die Frühkartoffeln reif. Dann folgt die Haupternte und im Spätsommer und Frühherbst können die späten Sorten geerntet werden.

| | J | F | M | A | M | J | J | A | S | O | N | D |
|---|---|---|---|---|---|---|---|---|---|---|---|---|
| pflanzen | | | ■ | ■ | ■ | | | | | | | |
| ernten | | | | | | ■ | ■ | ■ | ■ | | | |

**Frühkartoffeln** oder »Neue Kartoffeln« werden zuerst geerntet. Es ist aufregend, die erste Portion aus der Erde zu holen.

### Standort

Arbeiten Sie in ein sonniges Beet mit durchlässigem Boden schon im Winter organische Substanz ein. Kartoffeln bevorzugen leicht sauren Boden (pH-Wert 5–6). Kartoffeln nicht in aufeinanderfolgenden Jahren auf dasselbe Beet pflanzen. Planen Sie die Fruchtfolge so, dass Kartoffeln nicht nach klassischem Wurzelgemüse oder Zwiebeln angebaut werden. Erbsen und Bohnen dagegen sind gute »Vorgänger«.

### Aussaat und Pflanzung

- WANN PFLANZEN? Kartoffeln ab März oder April pflanzen, wenn sich der Boden auf mindestens 7 °C erwärmt hat.
- PFLANZTIEFE In Gräben oder Einzellöchern mit mindestens 15 cm Tiefe.
- PFLANZABSTAND Frühkartoffeln 30–35 cm, Haupternte und späte Sorten 40 cm.
- REIHENABSTAND Frühkartoffeln 45 cm, alle anderen 75 cm.

### Tipps für den erfolgreichen Anbau

Kartoffeln sind schneller erntereif, wenn man sie vor der Pflanzung vorkeimt. Dazu legt man sie an einem kühlen, hellen Platz im Haus einzeln in offene Eierkartons (siehe S. 36).
Früh gepflanzte Kartoffeln wässern und Jungpflanzen bei Frostgefahr anhäufeln oder mit Vlies

### INTERESSANTE SORTEN

**Frühe Kartoffeln**
- 'Christa'
- 'Concorde'
- 'Epicure'
- 'Foremost'
- 'Gloria'
- 'International Kidney'
- 'Red Duke of York'
- 'Swift'

**Hauptzeit**
- 'Agria'
- 'Belle de Fontenay'
- 'Charlotte'
- 'Kestrel'
- 'Picasso'
- 'Ratte'
- 'Roseval'
- 'Wilja'

**Späte Sorten**
- 'Desiree'
- 'Maris Piper'
- 'Navan'
- 'Nicola'
- 'Pink Fir Apple'
- 'Rosa'
- 'Yukon Gold'

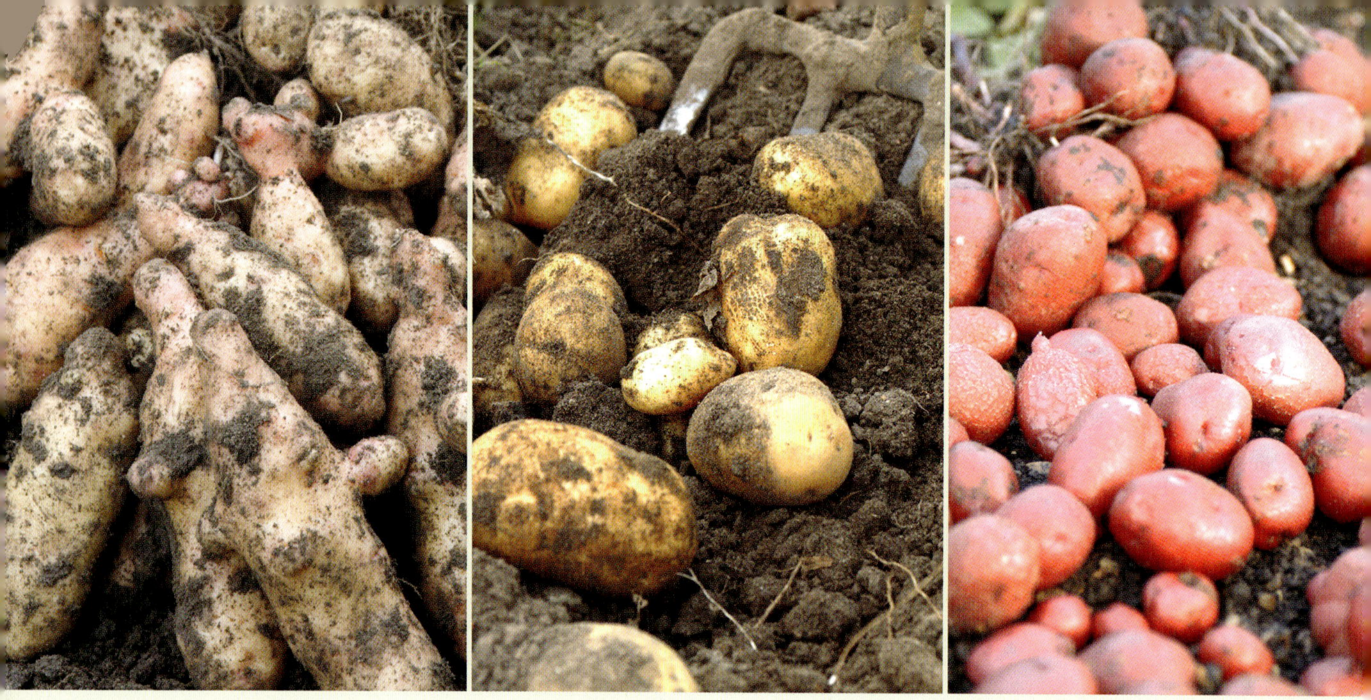

(oben) **Festkochende Kartoffeln** wie die knubbelige 'Pink Fir Apple' (links) und die gelbfleischige 'Nicola' (Mitte) eignen sich vor allem für Salat und Bratkartoffeln. **Mehlige Sorten** wie 'Red Duke of York' (rechts), 'Maris Piper' und 'Wilja' sind zum Backen in Folie und für Püree ideal.

## ALTE SORTEN

Seit einigen Jahren wächst das Interesse an traditionellen, »alten« Kartoffelsorten. Manche werden als Pflanzkartoffeln angeboten, andere als Mikropflanzen im Topf. Manche sehen mit ihrer roten, schwarzen oder violetten Haut oder, wie bei 'Salad Blue', bläulichem Innern recht exotisch aus.

(unten, von links nach rechts) **'Salad Blue'** ist eine relativ frühe Sorte, die auch gegart ihre Farbe behält. Die mittelfrühe **'Burgundy Red'** schmeckt mild.

abdecken. Auch später regelmäßig anhäufeln, damit die Knollen immer von Erde bedeckt sind. Wenn sie dem Licht ausgesetzt sind, werden sie grün und ungenießbar.

### Ernte

Frühkartoffeln sind etwa 100–110 Tage nach der Pflanzung erntereif. Die Haupternte sollten Sie 110–120 Tage nach der Pflanzung einplanen und späte Sorten werden nach 125–140 Tagen geerntet. Im Zweifelsfall vorsichtig einige Knollen ausgraben und nachschauen. Am besten warten Sie ab, bis sich die ersten Blüten öffnen.

Wer Kartoffeln einlagern will, sollte sie an einem trockenen Tag ausgraben und einige Stunden in der Sonne trocknen lassen. Je trockener sie sind, desto besser halten sie sich.

### Probleme

■ SCHÄDLINGE Kartoffelkäfer, Hausmutter, Kartoffelzysten-Nematoden, Schnecken, Drahtwürmer.

■ KRANKHEITEN Kartoffelschorf, Schwarzbeinigkeit, Kraut- und Knollenfäule, Kartoffel-Pulverschorf.

# Süßkartoffeln

Süßkartoffeln sind nicht mit der Kartoffel verwandt, sondern mit der Ackerwinde, dem Schrecken aller Gärtner. Die Knollen mit dem orangefarbenen oder weißen, süßlichen Fleisch schmecken aber gebacken, gebraten oder als Püree hervorragend. Man kann sie aussäen, einfacher ist jedoch die Anzucht aus bewurzelten Stecklingen.

| | J | F | M | A | M | J | J | A | S | O | N | D |
|---|---|---|---|---|---|---|---|---|---|---|---|---|
| im Haus säen | | | ■ | ■ | | | | | | | | |
| umpflanzen | | | | | ■ | ■ | | | | | | |
| Jungpflanzen auspflanzen | | | | | ■ | ■ | | | | | | |
| ernten | | | | | | | | | ■ | ■ | | |

## Standort
Ein warmer Platz mit nährstoffreichem, durchlässigem Boden und einem pH-Wert von 5,5–6,5.

## Aussaat und Pflanzung
■ WANN SÄEN? Im Haus im März und April. Um- oder Auspflanzen im Mai oder Juni.
■ WANN PFLANZEN? Jungpflanzen im Mai oder Juni auf Erdwälle pflanzen.
■ PFLANZTIEFE 5–8 cm.
■ PFLANZABSTAND 25–30 cm.
■ REIHENABSTAND 75 cm.

## Tipps für den erfolgreichen Anbau
Süßkartoffeln mögen tiefgründigen Boden. Am besten pflanzt man sie auf Erdwälle. Weil sie viel Wasser brauchen, leere Plastikflaschen ohne Deckel und Boden kopfüber eingraben. Alle zwei bis drei Wochen einen Universaldünger geben.

## Ernte
Die Ernte beginnt im September und muss bis zum ersten Frost abgeschlossen sein. Wer Knollen lagern will, sollte sie einige Tage in der Sonne liegen lassen.

## Probleme
■ SCHÄDLINGE Blattläuse, Weiße Fliege.
■ KRANKHEITEN Pilzkrankheiten und Viren.

**Süßkartoffeln ernten,** wenn die Blätter gelb werden. Behutsam mit der Grabgabel umgehen – sie reißen schnell ein.

# Rote Bete

Kaum ein Gemüse ist so unkompliziert – und wird dabei grob unterschätzt. Scheiben dicker Knollen, süßsauer eingelegt, kennt jeder. Aber haben Sie einmal ganz junge Rote Bete, kaum größer als ein Golfball, geröstet und mit Öl und Balsamico angemacht probiert? Oder möchten Sie lieber die Sorten in Orange, Goldgelb, Weiß oder Rosa-Weiß »geringelt« kennenlernen?

| | J | F | M | A | M | J | J | A | S | O | N | D |
|---|---|---|---|---|---|---|---|---|---|---|---|---|
| geschützt säen | | | ■ | ■ | ■ | | | | | | | |
| im Freiland säen | | | | | ■ | ■ | ■ | | | | | |
| ernten | | | | | | ■ | ■ | ■ | ■ | ■ | | |

### Standort
Sonnig mit durchschnittlich gutem Boden, neutraler pH-Wert von 6,5–7.

### Aussaat und Pflanzung
■ WANN SÄEN? Im Freiland ab März in vorgewärmten Boden unter Folie. Folgesaaten ab Mai den ganzen Sommer hindurch. An Ort und Stelle säen, Rote Bete mögen nicht umgepflanzt werden.
■ SAATTIEFE 2,5 cm.
■ SAATABSTAND 10 cm.
■ REIHENABSTAND 30 cm.

### Tipps für den erfolgreichen Anbau
Die Samen keimen etwas unregelmäßig. Etwa eine Stunde in warmem Wasser einweichen, auch um Reste von Chemikalien, mit denen sie behandelt sind, zu entfernen. Nicht zu früh säen, wenn der Boden noch kalt ist.

### Ernte
Einzelne Rote Bete aus jeder Reihe aufziehen, sodass die restlichen mehr Platz zum Wachsen bekommen. Aber nicht zu groß werden lassen.

### Probleme
■ SCHÄDLINGE Blattläuse, Hausmutter.
■ KRANKHEITEN Umfallkrankheit, pilzliche Blattfleckenkrankheiten.

(ganz links) **'Alto'** und die bekanntere Sorte 'Chioggia' haben auffällige Ringe und einen milden Geschmack.
(links) **Gelbfleischige** Sorten sehen sehr appetitlich aus.
(gegenüber) **'Red Ace'** ist eine robuste Sorte mit dunkelrotem Fleisch.

### INTERESSANTE SORTEN
■ 'Boltardy'
■ 'Burpees Golden'
■ 'Chioggia'
■ 'Pronto'
■ 'Red Ace'

# Steckrüben

Steckrüben werden zu Unrecht geschmäht. Trotz ihres robusten Aussehens sind sie zwar nicht ganz einfach zu kultivieren, denn sie wachsen langsam und sind anfällig für alle typischen Krankheiten und Schädlinge der Kohlgewächse, zu denen sie gehören. Dafür schmecken sie in einem deftigen Eintopf oder auch sanft gedünstet und mit saurer Sahne verfeinert ausgesprochen lecker.

| | J | F | M | A | M | J | J | A | S | O | N | D |
|---|---|---|---|---|---|---|---|---|---|---|---|---|
| im Freiland säen | | | | | ■ | ■ | | | | | | |
| ernten | ■ | ■ | | | | | | | ■ | ■ | ■ | ■ |

**Neue Steckrübensorten** werden jetzt als Saatgut angeboten. Sie schmecken süßlicher als die traditionellen Gartensorten.

### INTERESSANTE SORTEN

- 'Best of All'
- 'Invitation'
- 'Marian'
- 'Ruby'

### Standort

Steckrüben sind weniger anspruchsvoll als Rüben. Sie sollten aber rechtzeitig vor der Aussaat Kompost oder Stallmist untergraben und – bei saurem Boden – kalken, um den pH-Wert auf etwa 7 anzuheben.

### Aussaat und Pflanzung

- WANN SÄEN? In warmen Gebieten im Mai, andernorts im Juni.
- SAATTIEFE 2 cm.
- SAATABSTAND Auf 3 cm ausdünnen.
- REIHENABSTAND 40 cm.

### Tipps für den erfolgreichen Anbau

Steckrüben brauchen zum Ausreifen sechs Monate. Trotzdem nicht zu früh säen, wenn der Boden noch feucht ist und Mehltau drohen kann. Lieber warten, bis sich der Boden erwärmt hat.

### Ernte

Ab September können die ersten Steckrüben geerntet werden, sie können aber bis ins nächste Frühjahr im Beet bleiben. In kalten Wintern mit Stroh abdecken. Weil sie mit dem Alter holzig werden, lieber etwas kleiner ernten und einlagern (siehe S. 190–191).

### Probleme

- SCHÄDLINGE Kleine Kohlfliege, Erdflöhe, Mehlige Kohlblattlaus.
- KRANKHEITEN Kohlhernie, Falscher Mehltau und Echter Mehltau.

# Radieschen und Rettich

Diese Pflanzenfamilie umfasst Hunderte verschiedener Sorten, von denen Radieschen nur einen Bruchteil ausmachen. Von ihnen gibt es Varianten in Weiß, Gelb, Violett und Schwarz, oder den riesigen, weißen chinesischen Rettich, der Mooli genannt wird, sowie zahllose Winterrettich-Sorten in Rübengröße.

| | J | F | M | A | M | J | J | A | S | O | N | D |
|---|---|---|---|---|---|---|---|---|---|---|---|---|
| **Radieschen und Sommerrettich** | | | | | | | | | | | | |
| im Haus säen | ■ | ■ | | | | | | | | | | |
| geschützt säen | | | ■ | | | | | | | | | |
| im Freiland säen | | | | ■ | ■ | ■ | ■ | ■ | ■ | | | |
| auspflanzen | | | | ■ | | | | | | | | |
| ernten | | | | | ■ | ■ | ■ | ■ | ■ | ■ | ■ | |
| **Winterrettich** | | | | | | | | | | | | |
| im Freiland säen | | | | | | | ■ | ■ | | | | |
| ernten | ■ | | | | | | | | ■ | ■ | ■ | ■ |

### Standort
Rettiche und Radieschen sind unkompliziert und wachsen fast überall, nur nicht auf frisch gedüngtem Boden.

### Aussaat und Pflanzung
■ WANN SÄEN? Für die frühe Ernte Radieschen ab Jahresbeginn im Haus vorziehen. Folgesaaten im Freiland bis September. Winterrettich im Juli und August säen.

■ SAATTIEFE 1 cm.

■ SAATABSTAND Radieschen auf 2,5 cm ausdünnen, Winterrettiche auf 15 cm.

■ REIHENABSTAND Radischen 15 cm, Winterrettich 30 cm.

(oben, von links nach rechts) **Radieschen** wachsen schnell. Fünf Wochen nach der Aussaat kann geerntet werden. **'Mantanghong'** ist ein asiatischer Winterrettich, der roh in Salaten ebenso gut schmeckt wie in Pfannengerichten.

### Tipps für den erfolgreichen Anbau
Wer zeitig im Frühling ernten will, sät im Haus, verpflanzt ins Frühbeet oder pflanzt ab April ins Freiland. Direktsaat ab April, Ernte fortlaufend bis November.
Winterrettich für die Ernte im Herbst und Winter wird im Sommer gesät.

### Ernte
Sommerradieschen jung ernten, sonst werden sie holzig und zu scharf. Größere Winterrettiche können bis in den Winter hinein im Boden bleiben, müssen aber vor strengem Frost geschützt werden.

### Probleme
■ SCHÄDLINGE Kleine Kohlfliege, Erdflöhe, Schnecken.

■ KRANKHEITEN Kohlhernie.

#### INTERESSANTE SORTEN

**Sommer**
- 'Cherry Belle'
- 'French Breakfast'
- 'Munchen Bier'
- 'Scarlet Globe'
- 'Sparkler'

**Winter**
- 'Black Spanish Round'
- 'China Rose'
- 'Mantanghong'

**Mooli**
- 'April Cross'
- 'Minowase Summer Cross'

# Pastinaken

Pastinakensamen sind berüchtigt für ihre unberechenbare Keimung. Danach sind sie aber sehr unkompliziert. Sie können bis zu neun Monate im Boden bleiben und brauchen außer Wässern und gelegentlichem Jäten kaum Pflege. Im Herbst nach dem ersten Frost aufziehen und mit anderem Wurzelgemüse im Ofen garen.

## INTERESSANTE SORTEN

- 'Avonresister'
- 'Gladiator'
- 'Javelin'
- 'Tender und True'
- 'White Gem'

| | J | F | M | A | M | J | J | A | S | O | N | D |
|---|---|---|---|---|---|---|---|---|---|---|---|---|
| im Freiland säen | | | ■ | ■ | | | | | | | | |
| ernten | ■ | ■ | ■ | | | | | | | ■ | ■ | ■ |

**Pastinakenlaub** welkt ab, wenn die Wurzeln über Winter im Beet bleiben. Rechtzeitig die Reihen mit Pflöcken markieren.

### Standort

Pastinaken brauchen ein Beet in offener Lage mit leichtem, leicht saurem Boden (pH-Wert 6,5). Die Wurzeln können lang werden, darum darf der Boden nicht verdichtet sein.

### Aussaat und Pflanzung

- WANN SÄEN? März oder April, sobald der Boden bearbeitet werden kann.
- SAATTIEFE 2 cm.
- SAATABSTAND 2–3 pro Saatstelle. Für mittlere Wurzeln auf 10–14 cm ausdünnen, für lange auf 20 cm.
- REIHENABSTAND 30 cm.

### Tipps für den erfolgreichen Anbau

Direkt an Ort und Stelle säen. Pastinaken mögen nicht umgepflanzt werden, darum lohnt es nicht, sie im Haus vorzuziehen. Junge Pflanzen regelmäßig gießen und frei von Unkraut halten.

### Ernte

Pastinaken können klein und jung im Sommer geerntet werden, traditionell lässt man sie aber bis Herbst im Beet. Angeblich sollen sie nach dem ersten Frost noch besser schmecken. Nach der Ernte können sie eingelagert werden (siehe S. 190–191).

### Probleme

- SCHÄDLINGE Möhrenfliege, Selleriefliege.
- KRANKHEITEN Falscher Mehltau, Wurzelfäule der Pastinake, Echter Mehltau, Violetter Wurzeltöter.

# Knollensellerie

**Sellerieknollen** mit dem grünen Blattschopf können den ganzen Winter über geerntet werden. Bei Gefahr von starkem Frost Stroh um die Stängel herum auslegen.

Knollensellerie sieht mit der knubbeligen Schale und dem Wurzelgewirr eher seltsam aus. Wäscht und schält man die Knolle, die keine Wurzel, sondern ein verdickter Spross ist, kommt ein herrlich weißes Gemüse mit wunderbar nussigem Geschmack zum Vorschein, das roh in Salaten, gebacken oder als Püree schmeckt.

| | J | F | M | A | M | J | J | A | S | O | N | D |
|---|---|---|---|---|---|---|---|---|---|---|---|---|
| im Haus säen | | | ■ | ■ | | | | | | | | |
| auspflanzen | | | | | ■ | ■ | | | | | | |
| ernten | ■ | ■ | ■ | | | | | | ■ | ■ | ■ | ■ |

INTERESSANTE SORTEN

- 'Brilliant'
- 'Giant Prague'
- 'Monarch'
- 'Prinz'
- 'Snow White'

## Standort

Knollensellerie ist recht unkompliziert, bevorzugt aber Boden, der im vorigen Herbst mit reichlich Kompost oder Stallmist verbessert wurde.

## Aussaat und Pflanzung

- WANN SÄEN? Im Haus im März oder April bei mindestens 10 °C.
- WANN PFLANZEN? Auspflanzen im Mai oder Juni.
- PFLANZABSTAND 30 cm.
- REIHENABSTAND 45 cm.

## Tipps für den erfolgreichen Anbau

Knollensellerie wächst langsam und muss früh vorgezogen werden, eventuell in einem beheizten Anzuchtkasten. Nach dem Auspflanzen die Sämlinge reichlich gießen, damit die Knollen auf eine ordentliche Größe anwachsen – bei Trockenheit zweimal wöchentlich.

## Ernte

Knollensellerie kann ab September geerntet werden. Mit einer Grabgabel die ganze Pflanze ausgraben, Wurzeln und Blätter abschneiden. Die Knollen können über Winter eingelagert werden (siehe S. 190–191).

## Probleme

- SCHÄDLINGE Selleriefliege, Schnecken.

# Stangensellerie

Stangensellerie ist anspruchsvoll und braucht vor allem eine ununterbrochene Wasserversorgung. Zarter sind die Stangen, wenn sie kein Licht bekommen. Traditionelle Sorten pflanzt man in Gräben und häufelt sie an oder legt ihnen Kragen an, um sie zu bleichen. Moderne Sorten sät man nicht in Reihen, sondern in dichten Blöcken. Kragen können trotzdem manchmal sinnvoll sein.

## INTERESSANTE SORTEN

**Selbst bleichende (Blocksaat)**

- 'Green Utah'
- 'Lathom Self Blanching'
- 'Pink Champagne'
- 'Tango'

**Traditionelle (Grabensaat)**

- 'Giant Red'
- 'Pascal'

| | J | F | M | A | M | J | J | A | S | O | N | D |
|---|---|---|---|---|---|---|---|---|---|---|---|---|
| **Selbst bleichend/grün** | | | | | | | | | | | | |
| im Haus säen | | | ■ | ■ | | | | | | | | |
| auspflanzen | | | | | ■ | ■ | | | | | | |
| ernten | | | | | | | ■ | ■ | ■ | ■ | | |
| **Grabenkultur** | | | | | | | | | | | | |
| im Haus säen | | | ■ | ■ | | | | | | | | |
| umpflanzen | | | | | ■ | ■ | | | | | | |
| ernten | | | | | | | | | | | ■ | ■ |

(von links nach rechts) **Zum Bleichen** lichtdichte Kragen um die Selleriepflanzen legen. **Traditionelle Sorten** werden während des Wachstums angehäufelt.

### Standort

Stangensellerie braucht nährstoffreichen, fruchtbaren Boden mit gutem Wasserhaltevermögen und einem leicht sauren pH-Wert um 6,7.

### Aussaat und Pflanzung

- WANN SÄEN? Im Haus im März oder April bei mindestens 15 °C.
- WANN PFLANZEN? Auspflanzen im Mai oder Juni.
- PFLANZABSTAND Selbst bleichende Sorten 25 cm in Blöcken, Grabenkultur 30–45 cm.
- REIHENABSTAND Grabenkultur 30 cm.

### Tipps für den erfolgreichen Anbau

Sämlinge nach dem Auspflanzen regelmäßig wässern, sonst werden sie faserig. Mulch speichert Feuchtigkeit im Boden. Grabensorten später anhäufeln, um sie zu bleichen. Grünen Sorten lichtdichte Kragen umlegen, vor allem den äußeren Pflanzen der Blöcke (siehe S. 89).

### Ernte

Selbst bleichende Sorten ab Hochsommer ernten, aber vorher gründlich wässern, damit sie knackig bleiben. Traditionelle Grabensorten können wesentlich später geerntet werden.

### Probleme

- SCHÄDLINGE Möhren-, Selleriefliege, Schnecken.
- KRANKHEITEN Pilzliche Blattfleckenkrankheiten, Stängelgrund- und Wurzelfäule, Violetter Wurzeltöter.

# Gemüsefenchel

Die »Knollen« des Gemüsefenchels sind streng genommen überlappende, fleischige Blattstiele. Damit hat Fenchel mehr mit Sellerie gemeinsam als mit Zwiebelgewächsen. Er hat ein ungewöhnliches Anisaroma und schmeckt roh oder gegart gleichermaßen gut.

## INTERESSANTE SORTEN

- 'Finale'
- 'Romanesco'
- 'Rudy'
- 'Zefa Fino'

| | J | F | M | A | M | J | J | A | S | O | N | D |
|---|---|---|---|---|---|---|---|---|---|---|---|---|
| im Haus säen | | | ■ | ■ | | | | | | | | |
| im Freiland säen | | | | | ■ | ■ | ■ | | | | | |
| auspflanzen | | | | | ■ | ■ | | | | | | |
| ernten | | | | | | ■ | ■ | ■ | ■ | ■ | | |

## Standort

Fenchel braucht durchlässigen, nährstoffreichen, fruchtbaren, leicht sandigen Boden mit neutralem pH-Wert.

## Aussaat und Pflanzung

■ WANN SÄEN? Im Haus im März oder April bei mindestens 15 °C, bei gleicher Temperatur direkt ins Freiland. Auspflanzen im Mai oder Juni.
■ SAATTIEFE 2,5 cm.
■ SAAT-/PFLANZABSTAND 30 cm.
■ REIHENABSTAND 30 cm.

## Tipps für den erfolgreichen Anbau

Die Samen brauchen Wärme und keimen im Freiland etwas unzuverlässig. Drei oder vier Korn pro Stelle legen und später ausdünnen. Regelmäßig wässern und mulchen, um Feuchtigkeit im Boden zu speichern. Knollen anhäufeln, um sie zu bleichen und zu stützen.

## Ernte

Die Knollen knapp über dem Boden abschneiden, wenn sie schön rund sind – aber bevor sie sich strecken und schießen.

## Probleme

Fenchel neigt bei Trockenheit oder Kälte dazu, in Saat zu schießen.
■ KRANKHEITEN Rhizoctonia ist ein Pilz, der Krüppelwuchs und gelbe, rote oder dunkelgrüne Flecken auf Knolle und Blattstielen verursacht. Es gibt kein Gegenmittel, die Pflanzen müssen vernichtet werden.

**Fenchel ernten,** wenn die Knollen schön rund und etwa so groß wie ein Apfel sind.

# Karotten

Frühe Karotten sät man im Frühling, Sorten für die Haupternte ab Mai. Legen Sie von beiden Typen Folgesaaten, können Sie von Juni bis Jahresende laufend ernten. Unterschieden werden sie auch nach Typen. Der Typ Amsterdam ist klein, schlank und zylindrisch, der Typ Nantes etwas dicker und länger, und Chantenay-Karotten sind kurz und konisch oder rund.

| | J | F | M | A | M | J | J | A | S | O | N | D |
|---|---|---|---|---|---|---|---|---|---|---|---|---|
| geschützt säen | | | ■ | | | | | | | | | |
| im Freiland säen | | | | ■ | ■ | ■ | ■ | ■ | | | | |
| ernten | | | | | | ■ | ■ | ■ | ■ | ■ | ■ | ■ |

## Standort

Karotten brauchen offenen, trockenen und leichten, aber fruchtbaren Boden mit einem pH-Wert von 6,5–7,5. Kompost oder Stallmist untergraben. Auf steinigem Boden verzweigen sich Karotten leicht, darum sind Hochbeete für den Anbau ideal.

## Aussaat und Pflanzung

■ WANN SÄEN? Im Haus oder unter Schutz ab März, Folgesaaten bis in den Sommer.
■ SAATTIEFE 1–2 cm.
■ SAATABSTAND 2,5 cm, allmählich auf 10 cm ausdünnen.
■ REIHENABSTAND 30 cm.

### INTERESSANTE SORTEN

**Frühe**
■ 'Adelaide'
■ 'Flyaway'
■ 'Gonsenheimer'
■ 'Nairobi'
■ 'Nantes'
■ 'Pariser Markt'
■ 'Parmex'

**Haupternte**
■ 'Bangor'
■ 'Bolerao'
■ 'Chantenay Red Core'
■ 'Sugarsnax'

## Tipps für den erfolgreichen Anbau

Junge Sämlinge werden leicht von Unkraut überwuchert, darum sorgfältig von Hand jäten. Vorsicht auch beim Ausdünnen. Schwache und zu eng stehende Sämlinge auszupfen, aber nicht abbrechen, sonst lockt der Geruch die Möhrenfliege an (siehe S. 85).

## Ernte

Frühe Sorten können schon sieben Wochen nach der Aussaat reif sein. Die Haupternte kann nach zehn bis elf Wochen beginnen. Trockenen oder verdichteten Boden vor dem Aufziehen der Wurzeln mit einer Grabgabel lockern.

## Probleme

■ SCHÄDLINGE Blattläuse, Möhrenfliege.
■ KRANKHEITEN Falscher Mehltau, Echter Mehltau, Violetter Wurzeltöter.

(ganz links) **Alte Sorten** gibt es in verschiedenen Farben von Scharlachrot bis Violett.
(links) **Chantenay-Karotten** sind knackig und süß.
(gegenüber) **Nancy-Karotten** wachsen schnell, haben eine glatte Schale und halten sich lange.

# Rüben

Rüben gehören wie Steckrüben zu den Kohlgewächsen. Sie werden ebenso kultiviert wie alle anderen Wurzelgemüse. Obwohl sie nicht als Gourmetgemüse gelten, schmecken sie jung ganz wunderbar süßlich und nussig. Man kann sie dünsten, im Ofen garen oder roh als Salat genießen.

### INTERESSANTE SORTEN

- 'Atlantic'
- 'Blanc de Croissy'
- 'Golden Ball'
- 'Ivory'
- 'Market Express'
- 'Oasis'
- 'Tokyo Cross'
- 'White Globe'

| | J | F | M | A | M | J | J | A | S | O | N | D |
|---|---|---|---|---|---|---|---|---|---|---|---|---|
| geschützt säen | | ■ | ■ | ■ | | | | | | | | |
| im Freiland säen | | | | ■ | ■ | ■ | ■ | ■ | | | | |
| ernten | | | | | ■ | ■ | ■ | ■ | ■ | ■ | ■ | ■ |

## Standort

Rüben sind nicht anspruchsvoll, mögen aber einen stickstoffreichen Boden mit neutralem pH-Wert (6,5–7).

## Aussaat und Pflanzung

- WANN SÄEN? Frühe Sorten können als Gruppensaat in Saatkästen ab Ende Februar im Frühbeet gesät werden. Sobald der Boden warm genug ist, von April bis Oktober Folgesaaten direkt ins Beet.
- SAATTIEFE 2 cm.
- SAATABSTAND Auf 5–10 cm ausdünnen.
- REIHENABSTAND 23–30 cm.

## Tipps für den erfolgreichen Anbau

Bei Saat in Saatkästen in jede Zelle vier Korn legen. Als Gruppen auspflanzen und nicht ausdünnen.

## Ernte

Rüben wachsen schnell. Frühe Sorten können 5–6 Wochen nach der Aussaat geerntet werden, wenn sie einen Durchmesser von 4–5 cm haben. Die jungen Blätter können wie Frühlings-Blattgemüse gedünstet werden. Späte Sorten dürfen ruhig etwas größer werden. Sie lassen sich gut einlagern.

## Probleme

- SCHÄDLINGE Kleine Kohlfliege, Hausmutter, Erdflöhe, Mehlige Kohlblattlaus, Drahtwürmer.
- KRANKHEITEN Kohlhernie, Falscher und Echter Mehltau.

(unten) **Frühe Sorten** mit violetter Schale nicht viel größer als Golfbälle werden lassen. **Mairüben** (rechts) reifen meist sehr früh.

# Ungewöhnliches Wurzelgemüse

Wer gern experimentiert, sollte einmal die folgenden Gemüsearten ausprobieren: Schwarzwurzel und die sogenannte Haferwurzel bilden lange, schmal zulaufende Wurzeln mit feinem, mildem Geschmack. Petersilienwurzel ist mit der Petersilie verwandt, wird aber wegen der Wurzeln kultiviert. Meerrettich müsste man wegen seiner Schärfe, die in die Nase steigt, eher als Gewürz bezeichnen.

### 1 Schwarzwurzel

Im April oder Mai ins Freiland in leichten, durchlässigen Boden säen, den die Wurzeln leicht durchdringen können. In verdichtetem oder staunassem Boden wachsen sie schlecht. Im Herbst oder Winter ernten, wenn die Wurzeln groß genug sind. Ansonsten im Beet lassen und im folgenden Frühling ernten. Gekocht haben sie einen mildwürzigen Geschmack.

### 2 Haferwurzel

Haferwurzeln werden wie Schwarzwurzeln im Frühling aus Samen gezogen. Sie wachsen langsam und können bis zum übernächsten Herbst im Boden bleiben, also volle 18 Monate. Die Zubereitung ist, ebenso wie bei der Schwarzwurzel, aufwendiger als der Anbau. Die schlanken Wurzeln lassen sich schlecht schälen, darum pellt man sie besser nach dem Kochen.

### 3 Petersilienwurzel

Die Wurzeln sehen aus wie Pastinaken, schmecken ähnlich und werden auch so kultiviert. Aussaat direkt an Ort und Stelle im März oder April, sobald der Boden offen ist. Im Sommer wässern und jäten, ab September bis ins folgende Frühjahr ernten.

### 4 Meerrettich

Meerrettich lässt sich schwer aus Samen ziehen. Einfacher ist es, eine ältere Pflanze zu teilen oder Wurzelstecklinge zu nehmen. Im Frühling pflanzen und im ersten Jahr die Wurzeln im Herbst ausgraben. Wenn sich die Pflanze etabliert hat, kann nach Bedarf geerntet werden.

# Kohl & Co.

Die meisten Mitglieder dieser Gruppe sind Kohlgewächse wie Weiß- und Rotkohl, Blumenkohl, Brokkoli, Rosenkohl und Grünkohl. Kohlrabi gehört zwar auch zu dieser Familie, wird aber nicht wegen seiner Blätter, sondern wegen des verdickten Sprosses angebaut. Alle Kohlsorten wachsen langsam und brauchen viel Platz. Leider sind sie recht anfällig für Krankheiten und Schädlinge, z. B. Kohlhernie, Kleine Kohlfliege, Raupen und gefräßige Vögel.

**Kohlgewächse** mögen es kühl und schießen bei trockener Hitze schnell in Saat. Regelmäßig wässern, um den Boden feucht zu halten.

(oben, von links nach rechts) **Junger Kohlrabi, Brokkoli 'Romanesco', Rotkohl**

(ganz links) **Krauser Grünkohl**

(links) **Sommer-Blumenkohl**

# Kohl

Kohlsorten werden meist anhand ihrer Erntezeit in Gruppen geordnet. Frühlings- und Sommersorten bilden runde oder spitze, relativ kleine oder lockere Köpfe, die bald nach der Ernte verbraucht werden sollten. Herbst- und Winterkohl bildet große, feste Köpfe und lässt sich gut lagern. Wirsingkohl hat stark geäderte, manchmal wellige oder gekräuselte Blätter.

| | J | F | M | A | M | J | J | A | S | O | N | D |
|---|---|---|---|---|---|---|---|---|---|---|---|---|
| **Frühlingskohl** | | | | | | | | | | | | |
| säen | | | | | | | ■ | ■ | | | | |
| auspflanzen | | | | | | | | | ■ | ■ | | |
| ernten | | | ■ | ■ | ■ | | | | | | | |
| **Sommer-, Herbst- und Rotkohl** | | | | | | | | | | | | |
| säen | | | ■ | ■ | ■ | | | | | | | |
| auspflanzen | | | | | ■ | ■ | | | | | | |
| ernten | | | | | | | | ■ | ■ | ■ | ■ | |
| **Winterkohl** | | | | | | | | | | | | |
| säen | | | | ■ | ■ | | | | | | | |
| auspflanzen | | | | | | ■ | ■ | | | | | |
| ernten | ■ | ■ | ■ | | | | | | | | ■ | ■ |

**Aus Samen gezogener Rotkohl** kann nach dem Abhärten im Frühsommer an seinen endgültigen Platz gepflanzt werden.

## Standort

Kohl braucht festen, nährstoffreichen Boden. Im vorherigen Herbst Kompost oder Stallmist untergraben und im Winter kalken, wenn der pH-Wert unter 6,8 liegt. Kohl nicht auf Beete pflanzen, auf denen in drei Vorjahren Kohlgewächse gestanden haben.

## Aussaat und Pflanzung

■ WANN SÄEN? Anzucht in Töpfen, Saatkästen oder einem Saatbeet, später umpflanzen. Sommer-, Herbst- und Rotkohl ab März, Winterkohl ab April oder Mai, Frühlingskohl für das folgende Frühjahr im Juli und August.
■ SAATTIEFE 2 cm.
■ PFLANZABSTAND 30–45 cm.
■ REIHENABSTAND 40–60 cm.

## Tipps für den erfolgreichen Anbau

Beim Auspflanzen den jungen Pflanzen Kragen zum Schutz vor der Kleinen Kohlfliege anlegen. Die Pflanzen eventuell während ihrer ganzen Wachstumszeit mit Netzen vor Raupen des Kohlweißlings und Vögeln, vor allem Tauben, schützen. Wenn die Köpfe größer und schwerer werden, die Strünke anhäufeln, um ihre Standfestigkeit zu verbessern.

## KOHL ERNTEN

Frühlings- und Frühsommersorten können geerntet werden, bevor sie feste Köpfe gebildet haben.

1 Im Frühling die Blätter schneiden, bevor die Kohlpflanzen Köpfe gebildet haben.

2 Ab Spätsommer knapp unter entwickelten Köpfen den harten Strunk mit einem scharfen Messer durchschneiden.

## Ernte

Den ersten Frühlingskohl kann man ernten, wenn die Blätter noch locker stehen. Alle anderen Sorten lässt man feste Köpfe bilden. Entweder die ganze Pflanze ausgraben oder den Strunk über dem Boden mit einem scharfen Messer abschneiden. Danach die Wurzel ausgraben.

## Probleme

- SCHÄDLINGE Vögel, Kohlmottenschildlaus, Kleine Kohlfliege, Kohlweißling, Hausmutter, Erdflöhe, Schnakenlarven, Mehlige Kohlblattlaus, Schnecken, Weiße Fliege.
- KRANKHEITEN Kohlhernie, Falscher Mehltau, Echter Mehltau, Weißrost.

## INTERESSANTE SORTEN

**Frühling**
- 'Duncan'
- 'Myatt's Offenham'
- 'Pixie'
- 'Spring Hero'
- 'Wheeler's Imperial'

**Sommer/Herbst**
- 'Derby Day'
- 'Hispi'
- 'Minicole'
- 'Stonehead'

**Winter**
- 'Celtic'
- 'January King'
- 'Protovoy'

**Rotkohl**
- 'Red Drumhead'
- 'Red Jewel'
- 'Savoy King'
- 'Tundra'

(unten, von links nach rechts) **Sommer-Rotkohl** ist mit seinen großen Köpfen in leuchtendem Rot ein schöner Blickfang und schmeckt obendrein angenehm pikant. **Wirsingkohl** ist robust und kann auch bei strenger Kälte im Beet bleiben.

# Rosenkohl

Am Rosenkohl scheiden sich die Geister. Manche lieben ihn, andere verabscheuen ihn. Fans beschreiben seinen Geschmack als nussig und würzig, Gegner als bitter oder streng. Wer sich bisher nicht für Rosenkohl begeistern konnte, sollte ihm noch eine Chance geben: jung und klein im eigenen Garten geerntet – und ganz frisch noch etwas bissfest gekocht.

### INTERESSANTE SORTEN

- 'Cascade'
- 'Darkmar'
- 'Maximus'
- 'Red Delicious'
- 'Revenge'
- 'Rubine'
- 'Trafalgar'

| | J | F | M | A | M | J | J | A | S | O | N | D |
|---|---|---|---|---|---|---|---|---|---|---|---|---|
| im Haus säen | | ■ | ■ | | | | | | | | | |
| im Freiland säen | | | | ■ | ■ | | | | | | | |
| auspflanzen | | | | | ■ | ■ | ■ | | | | | |
| ernten | ■ | ■ | ■ | | | | | | ■ | ■ | ■ | ■ |

## Standort

In Boden mit einem pH-Wert von mindestens 6,8 pflanzen, der im Vorjahr mit Kompost oder Stallmist verbessert und gut festgedrückt wurde. Nicht auf Beete pflanzen, auf denen in den vergangenen drei Jahren Rosenkohl stand.

## Aussaat und Pflanzung

- WANN SÄEN? Für die Ernte im Frühherbst im Februar oder März im Haus vorziehen und im Mai auspflanzen. Für die Winterernte im April und Mai säen und vor Ende Juli umpflanzen.
- SAATTIEFE 2 cm.
- PFLANZABSTAND 60 cm.
- REIHENABSTAND 60 cm.

## Tipps für den erfolgreichen Anbau

Auf große Pflanzabstände achten. Die Sämlinge tief pflanzen, weil die ausgewachsenen Pflanzen schwer werden. Kragen gegen die Kleine Kohlfliege anlegen und die Pflanzen mit Netzen vor Schmetterlingen und Vögeln schützen. Im Sommer mit stickstoffreichem Dünger oder organischem Flüssigdünger versorgen.

(von links nach rechts) **Roter Rosenkohl** behält auch beim Dämpfen seine attraktive Farbe. **Grüne Sorten** schmecken mild, tragen verlässlich und halten sich lange.

## Ernte

Die Röschen reifen von unten nach oben und werden ebenso geerntet. Alternativ die ganze Pflanze ausgraben und einige Tage in Wasser stellen.

## Probleme

- SCHÄDLINGE Vögel, Kohlmottenschildlaus, Kleine Kohlfliege, Kohlweißling, Hausmutter, Erdflöhe, Schnakenlarven, Mehlige Kohlblattlaus, Schnecken, Weiße Fliege.
- KRANKHEITEN Kohlhernie, Falscher Mehltau, Echter Mehltau, Weißrost.

# Blumenkohl

Wer die richtigen Sorten wählt und zur rechten Zeit sät und pflanzt, kann in milden Regionen fast ganzjährig frischen Blumenkohl ernten. Er ist nicht ganz unkompliziert und muss vor allem sehr regelmäßig bewässert werden. Moderne Züchtungen sind weniger heikel, und die neuen Sorten in Lindgrün, Violett und Orange sehen sogar sehr dekorativ aus.

| | J | F | M | A | M | J | J | A | S | O | N | D |
|---|---|---|---|---|---|---|---|---|---|---|---|---|
| **Frühsommer** | | | | | | | | | | | | |
| im Haus säen | ■ | | | | | | | | | | | |
| geschützt säen | | | | | | | | | | ■ | | |
| auspflanzen | | | ■ | | | | | | | | | |
| ernten | | | | | | ■ | | | | | | |
| **Sommer/Herbst** | | | | | | | | | | | | |
| im Haus säen | | | ■ | ■ | | | | | | | | |
| geschützt säen | | | ■ | ■ | ■ | | | | | | | |
| auspflanzen | | | | | ■ | ■ | ■ | | | | | |
| ernten | | | | | | | | ■ | ■ | ■ | ■ | |
| **Winter/Frühling** | | | | | | | | | | | | |
| säen | | | | | ■ | | | | | | | |
| auspflanzen | | | | | | | | ■ | | | | |
| ernten | ■ | ■ | ■ | ■ | ■ | | | | | | | ■ |

## INTERESSANTE SORTEN

**Frühsommer**
- 'Candid Charm'
- 'Mayflower'

**Sommer/Herbst**
- 'All The Year Round'
- 'Autumn Giant'
- 'Clapton'
- 'Graffiti'
- 'Gypsy'
- 'Snowball'

**Winter/Frühling**
- 'Galleon'
- 'Maystar'
- 'Medallion'

(oben) **Feste Köpfe** aus zahllosen winzigen, noch geschlossenen Blütenknospen.
(rechts) **Violette Sorten** brauchen weniger Sonnenschutz als weiße.

## Standort

Braucht fruchtbaren Boden mit einem pH-Wert von mindestens 6,8. Nicht auf Beete pflanzen, auf denen in den vorigen drei Jahren Blumenkohl stand.

## Aussaat und Pflanzung

- WANN SÄEN? Frühsommer-Sorten im Oktober ins Frühbeet säen und dort überwintern, im März auspflanzen. Sommer- und Herbstsorten im Haus oder Freiland im April und Mai säen. Winter- und Frühlingssorten im Mai säen, im August umpflanzen und überwintern.
- SAATTIEFE 2 cm.
- PFLANZABSTAND 60 cm.
- REIHENABSTAND 60–70 cm.

## Tipps für den erfolgreichen Anbau

Auf große Pflanzabstände achten. Sämlingen Kragen anlegen und Netze spannen, um Vögel und Schmetterlinge fernzuhalten. Regelmäßig wässern, um vorzeitige Saatbildung zu vermeiden.

## Ernte

Die Köpfe schneiden, wenn sie ausgewachsen, aber noch fest geschlossen sind und bevor die Samenbildung einsetzt.

## Probleme

- SCHÄDLINGE Vögel, Kohlmottenschildlaus, Kleine Kohlfliege, Kohlweißling, Hausmutter, Erdflöhe, Schnakenlarven, Mehlige Kohlblattlaus, Schnecken, Weiße Fliege.
- KRANKHEITEN Kohlhernie, Falscher Mehltau, Echter Mehltau, Molybdänmangel.

# Brokkoli

Neben dem vertrauten Kopf-Brokkoli gibt es eine weniger bekannte Form, die zahlreiche kleine, offene Köpfe bildet. Dies ist der Sprossbrokkoli, der traditionell in der asiatischen Küche verwendet und darum auch Wok-Brokkoli genannt wird. Kopf-Brokkoli wurde früher im Sommer geerntet, Sprossbrokkoli eher im Herbst und Winter, doch jetzt kann man fast ganzjährig ernten.

| | J | F | M | A | M | J | J | A | S | O | N | D |
|---|---|---|---|---|---|---|---|---|---|---|---|---|
| **Kopf-Brokkoli** | | | | | | | | | | | | |
| im Freiland säen | | | ■ | ■ | ■ | ■ | ■ | | | | | |
| ernten | | | | | | ■ | ■ | ■ | ■ | ■ | | |
| **Sprossbrokkoli** | | | | | | | | | | | | |
| im Haus säen | | ■ | ■ | ■ | ■ | | | | | | | |
| im Freiland säen | | | ■ | ■ | ■ | ■ | ■ | | | | | |
| umpflanzen unter Schutz | | | ■ | ■ | | | | | | | | |
| auspflanzen | | | | | ■ | ■ | ■ | ■ | | | | |
| ernten | ■ | ■ | ■ | ■ | | ■ | ■ | ■ | ■ | ■ | ■ | |

## INTERESSANTE SORTEN

**Kopf-Brokkoli**
- 'Belstar'
- 'Chevalier'
- 'Romanesco'
- 'Trixie'

**Spross-Brokkoli**
- 'Bordeaux'
- 'Claret'
- 'Rudolph'
- 'Early Purple Sprouting'
- 'Late Purple Sprouting'
- 'Early White Sprouting'
- 'White Star'

**Früher, weißer Sprossbrokkoli** ist schon zeitig im Frühjahr reif. Er schmeckt so gut wie die violette Form.

### Standort

Brokkoli braucht einen geschützten Platz mit fruchtbarem Boden. Im vorherigen Herbst Kompost oder Stallmist untergraben, bei einem pH-Wert unter 6,8 kalken und den Boden gut festdrücken. Nicht auf Beete pflanzen, auf denen in den vorherigen drei Jahren Kohlsorten standen.

### Aussaat und Pflanzung

- WANN SÄEN? Kopf-Brokkoli von März bis Juli ins Freiland säen. Spross-Brokkoli ab Februar in Schalen oder Saatkästen im Haus säen, ab März im Freiland, bei Bedarf jedoch unter Schutz.
- SAATTIEFE 2 cm.
- SAAT-/PFLANZABSTAND Kopf-Brokkoli 30 cm, Spross-Brokkoli 60 cm.
- REIHENABSTAND Kopf-Brokkoli 45 cm, Spross-Brokkoli 60 cm.

### Tipps für den erfolgreichen Anbau

Kopf-Brokkoli mag nicht umgepflanzt werden und sollte an Ort und Stelle gesät werden. Spross-Brokkoli ist weniger empfindlich und kann in Töpfen, Saatkästen oder einem Saatbeet vorgezogen und später an seinen endgültigen Platz gepflanzt werden. Frühsommer-Sorten im Haus vorziehen, im Frühling auspflanzen, jedoch schützen, bis keine Frostgefahr mehr besteht. Folgesaaten ab März bis Juli, um fast ganzjährig ernten zu können. Die späten Sorten überdauern einen durchschnittlichen Winter.

### Ernte

Bei Kopf-Brokkoli den mittig sitzenden Hauptkopf ernten, bevor er zu groß wird oder sich die Knospen öffnen. An den Seitentrieben bilden sich dann neue Köpfe, die später geerntet werden können.

Vom Spross-Brokkoli regelmäßig die Röschen abknipsen, bevor sie zu groß werden. Je mehr Sie ernten, desto mehr wachsen nach.

### Probleme

■ SCHÄDLINGE Vögel, Kohlmottenschildlaus, Kleine Kohlfliege, Kohlweißling, Hausmutter, Erdflöhe, Schnakenlarven, Mehlige Kohlblattlaus, Schnecken, Weiße Fliege.

■ KRANKHEITEN Kohlhernie, Falscher Mehltau, Echter Mehltau.

Den mittig sitzenden **Hauptkopf ernten,** wenn er etwa 10 cm Durchmesser hat und die Knospen noch fest geschlossen sind. In kühlen Sommern fallen die Köpfe am schönsten aus.

(rechts, von oben nach unten) **Hellgrüner 'Romanesco'** ist besonders nährstoffreich. **Violetter Spross-Brokkoli** eignet sich gut für Wok-Gerichte. **Kopf-Brokkoli** in bestem Zustand.

# Mangold

Dass Mangold und Rote Bete verwandt sind, sieht man an den Blättern, die beim Mangold verarbeitet werden. Allerdings bildet Mangold keine essbaren Wurzeln, während von Rote Beten wiederum nur selten die Blätter gegessen werden. Es gibt viele verschiedene Mangold-Sorten mit großen und kleinen Blättern. Manche haben fleischige Stiele in Rot, Orange, Weiß oder Violett.

| | J | F | M | A | M | J | J | A | S | O | N | D |
|---|---|---|---|---|---|---|---|---|---|---|---|---|
| im Freiland säen | | | | ■ | ■ | ■ | ■ | ■ | | | | |
| ernten | | | ■ | ■ | ■ | ■ | ■ | ■ | ■ | ■ | ■ | |

(von oben nach unten) Junger **Spinat, Mangold** mit roten Blattrippen, **Roter Mangold.**

## Standort

Mangold braucht nährstoffreichen Boden mit gutem Wasserhaltevermögen. Im vorherigen Herbst Kompost oder Stallmist untergraben und kalken, falls der pH-Wert unter 6,5 liegt.

## Aussaat und Pflanzung

- WANN SÄEN? April bis Juni für die Ernte bis November; Juli und August für die Ernte im folgenden Frühling.
- SAATTIEFE 2,5 cm.
- SAATABSTAND 10 cm (kleine Blätter für Salat) oder 30 cm (ausgewachsene Pflanzen).
- REIHENABSTAND 45 cm.

## Tipps für den erfolgreichen Anbau

Direkt ins Beet säen, regelmäßig jäten und wässern. Überwinternde Pflanzen für die Ernte im nächsten Frühling unbedingt mit Folientunneln schützen.

## Ernte

Junge Blätter für Salate fortlaufend ernten, wenn sie groß genug sind. Ausgewachsene Blätter nach Bedarf ernten und wie Spinat zubereiten. Die fleischigen Stiele am besten separat verwenden.

## Probleme

Probleme treten glücklicherweise kaum auf.

### INTERESSANTE SORTEN

- 'Bright Lights'
- 'Lucullus'
- 'Rainbow Chard'
- 'Rhubarb Chard'

(links) **Mangold mit leuchtend gelben Stielen** ist ein Hingucker im Gemüsebeet.

# Asiatische Kohlsorten

Samen für interessante, asiatische Gemüse kann man im Gartencenter kaufen oder bei Spezialversendern bestellen (s. Adressen am Schluss). Sie sind nicht schwierig anzubauen. Wichtig ist, sie nicht zu früh auszupflanzen, wenn der Boden noch kalt ist. Regelmäßiges Wässern verhindert, dass sie vorzeitig in Saat schießen. Als ungewöhnliche Zutat bringen sie Abwechslung in die Küche.

(links) **Pak choi** oder Bok choy wächst schnell. Einzelne Blätter können schon einen Monat nach der Aussaat geerntet werden. Lässt man ihn stehen, entwickeln sich Köpfe.

**1 Chinakohl**
Er bildet zylindrische Köpfe aus hellen, dicht gefügten Blättern. Aussaat ab Mai, Ernte vom Juli bis zum ersten Frost. Später gesäte Pflanzen schießen nicht so leicht in Saat.

**2 Pak choi**
Im Sommer säen, damit er nicht so leicht schießt. Reichlich gießen. Junge Blätter für Salat nach einem Monat ernten. Größere Blätter dünsten oder im Wok verarbeiten.

**3 Choy sum**
Dieser Sammelbegriff für blühende chinesische Blattgemüse beschreibt streng genommen blühende Formen des Pak choi. Erst säen, wenn die Temperatur

konstant über 20 °C bleibt. Blühende Triebe ernten, bevor sich die Knospen öffnen und wie Brokkoli zubereiten.

### 4 Chinesischer Brokkoli

Wie Choy sum wird auch der Chinesische Brokkoli wegen seiner blühenden Triebe kultiviert, die wie violetter Spross-Brokkoli schmecken. Im Sommer säen, im Herbst ernten und dünsten oder im Wok zubereiten.

### 5 Tatsoi

Dieser enge Verwandte des Pak choi bildet Rosetten aus löffelförmigen Blättern. Er wird wie Pak choi angebaut und zubereitet.

### 6 Asiatische Blattsalate

Häufig werden Samenmischungen mit verschiedenen asiatischen Blättern angeboten. Sie enthalten normalerweise Senfkohl und andere Blattgemüse wie Pak choi, Mizuna, Komatsuna und eine Sorte von Chinakohl, die keine Köpfe bildet.

### 7 Senfkohl 'Red Giant'

'Red Giant' ist eine der größeren – und ausgesprochen dekorativen – asiatischen Senfkohl-Sorten. Die jungen Blätter geben Salaten pfeffrige Würze, größere Blätter gart man besser.

### 8 Komatsuna

Komatsuna hat aufrechte, dunkelgrüne oder rötliche Blätter, deren Geschmack zwischen Spinat und Kohl angesiedelt ist. Wie Pflücksalat kultivieren oder die Blätter bis in den Winter hinein wachsen lassen und für Wok-Gerichte verwenden.

### 9 Mizuna

Die tief gezähnten Blätter von Mizuna sehen Rucola ähnlich und schmecken ebenso pfeffrig-pikant. Im Sommer für Salate säen, im Winter unter Schutz für Wok-Gerichte. Auf Befall mit Erdflöhen achten.

### 10 Mibuna

Dieses Gemüse ist eng mit Mizuna verwandt und schmeckt ähnlich, hat aber glattrandige Blätter. Kann in milden Gegenden im Folientunnel kultiviert werden, um bis in den Winter hinein frisches Grün zu ernten.

# Kohlrabi

Kohlrabi ist ein Gemüse mit eigentümlichem Aussehen. Seine Fans finden die knollige Sprossverdickung mit den großen Blättern aber durchaus attraktiv und schätzen auch den mild-scharfen Geschmack der weißen, grünen oder violetten Knollen.

| | J | F | M | A | M | J | J | A | S | O | N | D |
|---|---|---|---|---|---|---|---|---|---|---|---|---|
| im Haus säen | | ■ | ■ | | | | | | | | | |
| im Freiland säen | | | | ■ | ■ | ■ | ■ | ■ | | | | |
| auspflanzen | | | | ■ | ■ | | | | | | | |
| ernten | | | | | | ■ | ■ | ■ | ■ | ■ | ■ | ■ |

## Standort

Den Boden im vorherigen Herbst mit Kompost oder Stallmist anreichern und gut andrücken. Der pH-Wert sollte bei 7 liegen. Kohlrabi nicht auf Beete pflanzen, auf denen in den vorherigen drei Jahren Kohlsorten gestanden haben.

## Aussaat und Pflanzung

■ WANN SÄEN? Für die frühe Ernte im Februar oder März im Haus säen und im April oder Mai auspflanzen. Wenn sich der Boden erwärmt, direkt ins Freiland säen.
■ SAATTIEFE 2 cm.
■ SAAT-/PFLANZABSTAND 25 cm.
■ REIHENABSTAND 30 cm.

## Tipps für den erfolgreichen Anbau

Kohlrabi wächst schnell. Folgesaaten im Frühling und Sommer sorgen für eine fortlaufende Ernte. Wenn in zu kaltem Boden gesät wird, neigen die Pflanzen aber zum Schießen. Regelmäßig wässern.

## Ernte

Die Knollen über der Wurzel abschneiden, wenn sie etwa so groß wie ein Golfball oder Tennisball sind. Moderne Sorten können bis Jahresende im Boden bleiben, müssen aber eventuell mit Folientunneln vor Frost geschützt werden.

## Probleme

■ SCHÄDLINGE Vögel, Kleine Kohlfliege, Erdflöhe, Schnecken.
■ KRANKHEITEN Kohlhernie.

(ganz links) **Knapp über der Erde** sitzen die Knollen und sind sehr bequem zu ernten.

(links) **Die mittleren Blätter** nach der Ernte nicht abschneiden, dann halten Kohlrabi sich länger.

### INTERESSANTE SORTEN

■ 'Azur Star'
■ 'Kolibri'
■ 'Logo'
■ 'Purple Delicacy'
■ 'Superschmelz'
■ 'White Danube'

# Spinat

Theoretisch ist Spinat das ideale Gemüse für nördliche Breiten. Er mag kühle Witterung und Regen und gedeiht sogar im Halbschatten. Wer in einem solchen Klima lebt, sollte ihn einmal ausprobieren. Nur wenn es im Sommer heiß und trocken wird, muss einmal täglich gewässert werden, sonst schießt er blitzschnell in Saat.

| | J | F | M | A | M | J | J | A | S | O | N | D |
|---|---|---|---|---|---|---|---|---|---|---|---|---|
| im Haus säen | ■ | ■ | | | | | | | | | | |
| im Freiland säen | | | ■ | ■ | ■ | | | ■ | ■ | | | |
| auspflanzen | | | ■ | | | | | | | | | |
| ernten | | | | ■ | ■ | ■ | ■ | ■ | ■ | ■ | ■ | |

## Standort

Spinat wächst fast überall, im Sommer sogar im Halbschatten. Er braucht aber fruchtbaren Boden, in den viel Kompost oder Stallmist eingearbeitet wurde oder einen stickstoffreichen Dünger.

## Aussaat und Pflanzung

- WANN SÄEN? Sommerspinat: im Januar und Februar im Haus säen, im März auspflanzen. Freilandaussaat von März bis April. Herbst- und Wintersorten Ende August oder September säen.
- SAATTIEFE 2 cm.
- SAATABSTAND Auf 7–15 cm ausdünnen.
- REIHENABSTAND 30 cm.

## Tipps für den erfolgreichen Anbau

Vor allem anfangs sorgfältig jäten, reichlich und regelmäßig wässern. Spinat braucht viel Wasser und schießt in Saat, sobald er austrocknet.

### INTERESSANTE SORTEN

- 'Bloomsdale'
- 'Giant Winter'
- 'Medania'
- 'Reddy'
- »Neuseeländer Spinat« ist eine andere Art, wird aber genauso kultiviert.

(oben, von links nach rechts) **Echter Spinat** schmeckt jung und knackig am besten. Der sogenannte **Neuseeländer Spinat** ist vielseitig und verträgt im Gegensatz zu normalem Spinat auch Trockenheit.

## Ernte

Die äußeren Blätter etwa acht Wochen nach der Aussaat ernten, für Salate auch früher. Entweder einzelne Blätter schneiden (dann wachsen neue nach) oder die ganze Pflanze knapp über dem Boden abschneiden.

## Probleme

- SCHÄDLINGE Blattläuse, Vögel, Schnecken.
- KRANKHEITEN Falscher Mehltau.

# Grünkohl

Grünkohl ist nahezu unverwüstlich. Er verträgt kalte Winter mit Minusgraden und einigen Sorten machen auch heiße Sommer nichts aus. Nicht einmal sein Wasserbedarf ist sehr hoch. Allerdings ist er, wie alle Mitglieder der Kohlfamilie, anfällig für die Kohlhernie und sollte außerdem mit Netzen gegen Vögel und Schmetterlinge verteidigt werden.

(von oben nach unten) **Grünkohl,** auch die roten Sorten, enthält sehr viel Vitamin C. **'Cavolo Nero'** hat gekräuselte, schlankere Blätter.

| | J | F | M | A | M | J | J | A | S | O | N | D |
|---|---|---|---|---|---|---|---|---|---|---|---|---|
| im Haus säen | | | | ■ | ■ | ■ | | | | | | |
| im Freiland säen | | | | | ■ | ■ | ■ | | | | | |
| auspflanzen | | | | | | ■ | ■ | ■ | | | | |
| ernten | ■ | ■ | ■ | ■ | | | | | | | ■ | ■ |

### Standort
Grünkohl ist unkompliziert, bevorzugt aber durchlässigen Boden und reichlich Platz, um sich auszubreiten.

### Aussaat und Pflanzung
- WANN SÄEN? Im Haus ab April, im Freiland ab Mai. Aus-/umpflanzen ab Juni.
- SAATTIEFE 2 cm.
- PFLANZABSTAND Auf 45–60 cm ausdünnen.
- REIHENABSTAND 45 cm.

### Tipps für den erfolgreichen Anbau
Grünkohl kann in Töpfen, Saatkästen oder einem Saatbeet vorgezogen und später, vielleicht nach der Ernte der Frühkartoffeln oder Dicken Bohnen, auf eine frei werdende Beetfläche umgepflanzt werden.

### Ernte
Im Sommer 10 cm lange Blätter für Salate pflücken. Ausgewachsene Blätter können den ganzen Winter lang geerntet werden.

### Probleme
- SCHÄDLINGE Vögel, Kohlmottenschildlaus, Kleine Kohlfliege, Kohlweißling, Mehlige Kohlblattlaus, Schnecken, Weiße Fliege.
- KRANKHEITEN Kohlhernie, Falscher Mehltau.

## INTERESSANTE SORTEN
- 'Cavolo Nero'
- 'Dwarf Green Curled'
- 'Pentland Brig'
- 'Redbor'
- 'Red Russian'

# Zwiebeln und Verwandte

Zur Familie der Zwiebeln gehören auch Schalotten, Knoblauch und Porree sowie verschiedene Zierlauch-Sorten mit hübschen Blüten. Porree und Frühlingszwiebeln zieht man aus Samen, normale Zwiebeln und Schalotten kann man säen oder aus Steckzwiebeln ziehen. Steckzwiebeln sind etwas teurer, aber einfacher zu kultivieren, weil sie weniger Ansprüche an den Boden stellen und weniger anfällig für Krankheiten sind. Andererseits neigen sie eher dazu, Blüten und Samen zu bilden. Knoblauch wird fast nie ausgesät, sondern aus einzelnen Zehen gezogen.

**Zwiebelgewächse** gehören in jeden Nutzgarten, weil sie in halbwegs fruchtbarem, durchlässigem Boden leicht gedeihen. Damit die Ernte jedes Jahr gesund ausfällt, sollten Sie die Zwiebelgewächse in den Fruchtfolgeplan einbeziehen und alljährlich an einen anderen Platz pflanzen, z. B. als Nachfolger von Kohlsorten.

(oben, von links nach rechts) **Zwiebel, Frühlingszwiebel, Knoblauch**

(ganz links) **Porree**

(links) **Schalotte**

# Zwiebeln

Zwiebeln sind recht leicht aus Samen zu ziehen, üblicher ist aber die Pflanzung von Steckzwiebeln. Diese winzigen Zwiebeln werden kommerziell produziert und sind garantiert virusfrei. Weil Zwiebeln langsam wachsen, sollte man sie früh im Jahr säen oder pflanzen. Alternativ wählen Sie überwinternde Sorten, die schon im Vorjahr gesät werden können.

| | J | F | M | A | M | J | J | A | S | O | N | D |
|---|---|---|---|---|---|---|---|---|---|---|---|---|
| im Haus säen | ■ | ■ | | | | | | | | | | |
| im Freiland säen | | | ■ | ■ | | | | ■ | | | | |
| umpflanzen | | | ■ | ■ | | | | | | | | |
| Steckzwiebeln im Freiland pflanzen | | | ■ | ■ | | | | | ■ | ■ | | |
| ernten | | | | | | ■ | ■ | ■ | ■ | | | |

## Standort
Ein Beet in offener Lage mit fruchtbarem, durchlässigem Boden. Kalken, wenn der pH-Wert unter 6,5 liegt. Zwiebeln nicht auf Beete pflanzen, auf denen in den beiden vorherigen Jahren Angehörige derselben Familie wuchsen.

## Aussaat und Pflanzung
■ WANN SÄEN? Für die Haupternte im März oder April im Freiland säen oder im Haus vorgezogene Sämlinge auspflanzen, alternativ Steckzwiebeln pflanzen. Überwinternde Sorten im August säen und im folgenden Frühling ernten.
■ SAATTIEFE 2 cm.
■ SAAT-/PFLANZABSTAND 5–10 cm.
■ REIHENABSTAND 30 cm.

## Tipps für den erfolgreichen Anbau
Regelmäßig jäten, aber nicht zu viel gießen.

## Ernte
Wenn die Blätter gelb werden und umfallen, die Zwiebeln vorsichtig aufziehen und in der Sonne trocknen lassen. Bei Regen unter Dach ausbreiten, am besten auf Gittern.

## Probleme
■ SCHÄDLINGE Zwiebelfliege, Zwiebelblasenfuß.
■ KRANKHEITEN Falscher Mehltau, Zwiebelhalsfäule, Mehlkrankheit.

(oben) **In dichten Gruppen** gesäte Zwiebeln nutzen den Platz optimal aus.
(gegenüber) **Rote Zwiebeln** schmecken oft besonders mild und können roh für Salate verwendet werden.

### INTERESSANTE SORTEN

**Haupternte**
■ 'Golden Bear'
■ 'Red Baron'
■ 'Setton'
■ 'Sturon'

**Zur Überwinterung**
■ 'Keepwell'
■ 'Radar'
■ 'Senshyu'

(links) **Nach der Ernte** Schalotten bei trockenem Wetter auf dem Beet abtrocknen lassen.

(rechts) **'Longor'** ist eine länglich-spitze Sorte mit feinem Geschmack.

# Schalotten

Schalotten sehen aus wie kleine Zwiebeln, haben aber einen milderen, feineren Geschmack. Sie wachsen nicht einzeln, sondern bilden Gruppen, die leicht eine Hand füllen können. Man kann sie säen, einfacher und verlässlicher ist aber die Pflanzung von Steckzwiebeln, die früher im Jahr möglich ist als die Aussaat.

| | J | F | M | A | M | J | J | A | S | O | N | D |
|---|---|---|---|---|---|---|---|---|---|---|---|---|
| im Freiland pflanzen | | ■ | ■ | | | | | | | | | |
| ernten | | | | | | | ■ | ■ | | | | |

## INTERESSANTE SORTEN

- 'Delvad'
- 'Golden Gourmet'
- 'Jermor'
- 'Longor'
- 'Mikor'
- 'Picasso'
- 'Pikant'
- 'Red Sun'

### Standort

Ein Beet in offener Lage mit fruchtbarem, durchlässigem Boden. Kalken, wenn der pH-Wert unter 6,5 liegt. Schalotten nicht auf Beete pflanzen, auf denen in den beiden vorherigen Jahren Angehörige derselben Familie wuchsen.

### Aussaat und Pflanzung

- WANN PFLANZEN? Steckzwiebeln im Februar oder März pflanzen.
- PFLANZTIEFE 2,5 cm.
- PFLANZABSTAND 15–20 cm.
- REIHENABSTAND 30 cm.

### Tipps für den erfolgreichen Anbau

Nur gießen, wenn der Boden sehr trocken wird.

### Ernte

Wenn die Blätter abfallen, die Schalotten vorsichtig aus der Erde ziehen und in der Sonne trocknen lassen.

### Probleme

- SCHÄDLINGE Vögel, Zwiebelfliege u. -blasenfuß.
- KRANKHEITEN Falscher Mehltau, Zwiebelhalsfäule, Mehlkrankheit der Zwiebel.

# Knoblauch

Knoblauch ist leicht zu ziehen. Einfach eine Knolle in Zehen zerlegen, nicht zu tief in die Erde stecken – nach einigen Monaten ist aus jeder Zehe eine neue Knolle gewachsen. Nehmen Sie aber keinen Knoblauch aus dem Supermarkt, sondern lieber speziellen Pflanzknoblauch, der garantiert frei von Viren und anderen Krankheiten ist.

| | J | F | M | A | M | J | J | A | S | O | N | D |
|---|---|---|---|---|---|---|---|---|---|---|---|---|
| Zehen im Freiland pflanzen | ■ | ■ | ■ | | | | | | | ■ | ■ | ■ |
| ernten | | | | | ■ | ■ | ■ | ■ | | | | |

## Standort

Ein Beet in offener Lage mit fruchtbarem, durchlässigem Boden. Kalken, wenn der pH-Wert unter 6,5 liegt. Knoblauch nicht auf Beete pflanzen, auf denen in den beiden vorherigen Jahren Angehörige derselben Familie wuchsen.

## Aussaat und Pflanzung

■ WANN PFLANZEN? Für die Ernte im folgenden Sommer am besten im Oktober oder November pflanzen, sonst jederzeit im Winter, wenn der Boden nicht gefroren ist.
■ PFLANZTIEFE 2,5 cm (in leichten Böden tiefer).
■ PFLANZABSTAND 18 cm.
■ REIHENABSTAND 30 cm.

## Tipps für den erfolgreichen Anbau

Knoblauch verträgt auch strenge Winter. Möglichst im Herbst pflanzen, damit die Knollen Zeit haben, schön groß zu werden.

## Ernte

Im Herbst gepflanzter Knoblauch ist früher reif als im Frühling gepflanzter. Wenn die Blätter gelb werden, die Knollen ausgraben und in der Sonne trocknen lassen. Bei Regen unter Dach trocknen.

## Probleme

■ SCHÄDLINGE Zwiebelfliege, Zwiebelblasenfuß.
■ KRANKHEITEN Falscher Mehltau, Zwiebelhalsfäule, Mehlkrankheit der Zwiebel, Rost.

**Knoblauch** hält sich lange, wenn die Knollen trocken sind. Feuchte Knollen faulen leicht.

### INTERESSANTE SORTEN

■ 'Lautrec Wight'
■ 'Purple Wight'
■ 'Solent Wight'
■ 'Sultop'

# Porree

Porree gehört zwar zur Familie der Zwiebelgewächse, bildet aber keine rundlichen Zwiebeln, sondern lange, dicke Stangen, die man anhäufelt, damit sie kein Licht bekommen und weiß bleiben. Wertvoll ist Porree, weil er die Zwiebeln perfekt ablöst: Wenn im Herbst die letzten Zwiebeln geerntet sind, wird gerade der erste Porree reif. Geerntet wird er bis ins nächste Frühjahr, und dann gibt es schon die allerersten Zwiebeln.

INTERESSANTE SORTEN

- 'Apollo'
- 'Giant Winter'
- 'Hannibal'
- 'Jolant'
- 'Musselburgh'
- 'Toledo'

| | J | F | M | A | M | J | J | A | S | O | N | D |
|---|---|---|---|---|---|---|---|---|---|---|---|---|
| im Haus säen | ■ | ■ | | | | | | | | | | |
| im Freiland säen | | | ■ | ■ | | | | | | | | |
| auspflanzen | | | | | ■ | ■ | ■ | | | | | |
| ernten | ■ | ■ | ■ | ■ | | | | | ■ | ■ | ■ | ■ |

**Porree lässt sich nicht gut lagern** und sollte bis zum Verbrauch im Beet bleiben. Vorsichtig mit der Grabgabel lockern und darauf achten, dass wenig Erde zwischen die Blätter gelangt.

## Standort

Porree braucht tiefgründigen, durchlässigen Boden, der mit verrottetem Kompost oder Stallmist angereichert wurde. Nicht auf Beete pflanzen, auf denen in den vorigen zwei Jahren Zwiebeln, Knoblauch oder Schalotten standen.

## Aussaat und Pflanzung

- WANN SÄEN? Anzucht im Haus in Saatkästen im Januar und Februar, in einem Saatbeet im Freien im März und April. Umpflanzen zwischen Mai und Juli.
- SAATTIEFE 2,5 cm.
- PFLANZTIEFE 15 cm.
- PFLANZABSTAND 15–20 cm.
- REIHENABSTAND 30–40 cm.

## Tipps für den erfolgreichen Anbau

Aus Samen gezogenen Porree pflanzt man meist um die Jahresmitte um, wenn Beetfläche frei wird (siehe auch S. 108). Wenn die Stangen wachsen, müssen sie angehäufelt werden.

## Ernte

Porree sollte bis zum Verbrauch im Boden bleiben, weil er sich nicht gut lagern lässt. Die Stangen vorsichtig mit einer Grabgabel lockern und aufziehen.

## Probleme

- SCHÄDLINGE Hausmutter, Lauchmotte, Zwiebelfliege, Zwiebelblasenfuß.
- KRANKHEITEN Falscher Mehltau, Porreerost, Halsfäule der Zwiebel, Mehlkrankheit der Zwiebel.

# Frühlingszwiebeln

Frühlingszwiebeln sind unkompliziert und vielseitig. Meist erntet man sie jung und isst sie roh in Salaten. Lässt man sie länger im Beet, wachsen sie weiter und bilden größere Zwiebeln, die roh und gekocht gleichermaßen gut schmecken.

| | J | F | M | A | M | J | J | A | S | O | N | D |
|---|---|---|---|---|---|---|---|---|---|---|---|---|
| im Freiland säen | | | ■ | ■ | ■ | ■ | ■ | ■ | ■ | | | |
| ernten | | | ■ | ■ | ■ | ■ | ■ | ■ | ■ | | | |

### Standort

Offene, sonnige Lage und leichter, durchlässiger Boden. Bei einem pH-Wert unter 6,5 kalken.

### Aussaat und Pflanzung

- WANN SÄEN? Direktsaat im Freiland ab März, dann Folgesaaten bis in den Frühherbst legen. Im August und September gesäte Zwiebeln überwintern mit etwas Glück und können im folgenden Frühling geerntet werden.
- SAATTIEFE 1–2 cm.
- SAATABSTAND 1 cm.
- REIHENABSTAND 30 cm.

### Tipps für den erfolgreichen Anbau

Regelmäßig jäten und wässern. Überwinternde Frühlingszwiebeln bei Bedarf vor Frost schützen.

### Ernte

Wenn Frühlingszwiebeln etwa 15 cm hoch sind, kann die Ernte beginnen. Wie beim Ausdünnen vorgehen und die übrigen Pflanzen weiterwachsen lassen.

### Probleme

- SCHÄDLINGE Hausmutter, Zwiebelfliege, Zwiebelblasenfuß.
- KRANKHEITEN Falscher Mehltau, Halsfäule der Zwiebel, Mehlkrankheit der Zwiebel.

INTERESSANTE SORTEN

- 'Crimson Forest'
- 'Eiffel'
- 'North Holland Blood Red'
- 'White Lisbon'
- 'White Lisbon Winter Hardy'

**Rote und weiße Frühlingszwiebeln** bringen Farbe und Geschmack in knackige Salate.

# Ungewöhnliche Zwiebeln

Wenn Sie Spaß am Zwiebelanbau haben, probieren Sie doch einmal interessante, weniger bekannte Sorten aus. Man kann sie bei Spezialanbietern und per Versandhandel bestellen.

**1 Winterzwiebeln**
Sie sehen aus wie Frühlingszwiebeln, sind aber bis 45 cm hoch und werden normalerweise in Gruppen kultiviert. Ihre hohlen, grünen Halme schmecken roh und gekocht. Sie verdicken sich nach unten hin, bilden aber keine großen Zwiebeln. Man sät sie im Frühling, um im Herbst zu ernten. Die Pflanzen sind mehrjährig, überstehen also den Winter und bringen einige Jahre lang Erträge.

**2 Japanische Lauchzwiebeln**
Wie Winterzwiebeln, mit denen sie verwandt sind, werden auch diese Gruppen kultiviert. Manche Sorten sind zierlich wie Frühlingszwiebeln, andere fast so groß wie Porree.
Auch japanische Lauchzwiebeln sind mehrjährig, überwintern in unseren Breiten aber nicht zuverlässig. Darum werden sie normalerweise einjährig kultiviert. Folgesaaten im Freiland von März bis September, auch eher und später, wenn die Sämlinge bei Frost abgedeckt werden.

**3 Etagenzwiebeln**
Bei dieser ungewöhnlichen Art wachsen die Zwiebeln nicht in der Erde, sondern in Gruppen an knie- bis hüfthohen Stielen, die anstelle von Blütenständen erscheinen. Wenn sich die kopflastigen Stiele unter ihrem eigenen Gewicht biegen und die Zwiebeln den Boden berühren, wurzeln sie manchmal und bilden neue Pflanzen für das nächste Jahr. Steckzwiebeln einzeln im Frühling oder Herbst pflanzen und im Sommer ernten. Sie sind allerdings nicht allzu robust. Die Zwiebeln kann man trocknen und einlagern.

1

2

3

# Erbsen, Bohnen und andere Hülsenfrüchte

Erbsen, Busch- und Stangenbohnen, Dicke Bohnen, aber auch Linsen und Erdnüsse sind Hülsenfrüchte. Kultiviert werden sie wegen ihrer Hülsen, meist Schoten genannt, in denen sich die Samen befinden. Im Nutzgarten sind sie beliebt, weil sie einfach anzubauen sind. Ganz frisch aus dem Garten schmecken sie am süßesten und besten, denn vom Moment der Ernte an beginnen sich die in ihnen enthaltenen Zuckerstoffe langsam in Stärke zu verwandeln. Deshalb schmecken sie selbst angebaut unvergleichlich gut. Damit können gekaufte Erbsen und Bohnen nicht konkurrieren.

**Hülsenfrüchte** schmecken nicht nur gut, sondern sehen mit ihren Blüten in Weiß, Rosa oder Rottönen auch hübsch aus. Einige Sorten bilden auch farbige oder bunt marmorierte Hülsen.

(oben, von links nach rechts) **Kletternde Bohnen, Stangenbohnen, Mangetout-Erbsen**

(ganz links) **Dicke Bohnen in der Blüte**

(links) **Zuckererbsen**

# Erbsen

Frisch gepalte Erbsen aus dem eigenen Garten schmecken viel besser als gekaufte. Frisch gepflückt haben sich ihre Zuckerstoffe noch nicht in Stärke verwandelt, darum sollte der Weg aus dem Beet auf den Teller möglichst kurz sein. Mangetout-Erbsen, auch Kaiserschoten genannt, isst man mitsamt ihrer zarten Hülse.

| | J | F | M | A | M | J | J | A | S | O | N | D |
|---|---|---|---|---|---|---|---|---|---|---|---|---|
| im Haus säen | ■ | ■ | | | | | | | | | ■ | |
| geschützt säen | | ■ | | | | | | | | ■ | | |
| im Freiland säen | | | ■ | ■ | ■ | ■ | ■ | | | | | |
| auspflanzen | | | ■ | ■ | ■ | | | | | | | |
| ernten | | | | | | ■ | ■ | ■ | ■ | ■ | | |

## Standort

Erbsen vertragen keine Extreme. Sie mögen Sonne, aber keine intensive Hitze. Sie brauchen Wasser, mögen aber keine Staunässe. Am besten gedeihen sie in neutralem bis schwach alkalischem Boden (pH-Wert 6,5–7).

## Aussaat und Pflanzung

■ WANN SÄEN? Für eine frühe Ernte im Winter im Haus aussäen und im Frühling auspflanzen. Ins Freiland erst säen, wenn es etwa 10 °C warm ist. Dann Folgesaaten bis in den Hochsommer legen.
■ SAATTIEFE 4–5 cm.
■ PFLANZABSTAND 5 cm in einzelnen oder doppelten Reihen.
■ REIHENABSTAND Sollte der Höhe der ausgewachsenen Pflanzen entsprechen.

### INTERESSANTE SORTEN

**Erbsen**
■ 'Cavalier'
■ 'Feltham First'
■ 'Hurst Green Shaft'
■ 'Kelvedon Wonder'
■ 'Rondo'
■ 'Waverex'

**Mangetout-Erbsen**
■ 'Oregon Sugar Pod'

**Zuckererbsen**
■ 'Sugar Ann'
■ 'Sugar Snap'

**Junge Erbsenpflanzen** brauchen eine Stütze, sobald sich die Halteranken bilden. Geeignet sind verästelte Reiser oder Netze zwischen Stäben.

## Tipps für den erfolgreichen Anbau

Zwei Dinge sind wichtig. Erstens Stützen, an denen sie sich in die Höhe ziehen können, um vom Boden – und den Schnecken – wegzukommen. Ideal sind verästelte Hasel- oder Birkenreiser. Zweitens Netze, damit die Vögel nicht ernten. Ansonsten regelmäßig jäten und ab Beginn der Blüte wässern.

## Ernte

Die ersten Erbsen sind im Juni reif. Immer von unten nach oben ernten. Regelmäßig junge Hülsen pflücken und auch alle älteren, die Sie übersehen haben, entfernen. Um die Hülsenbildung anzuregen, nach der ersten Ernte die Triebspitzen ausknipsen. Man kann sie für Salate verwerten.

## Probleme

■ SCHÄDLINGE Blattläuse, Vögel, Mäuse, Erbsenwickler, Erbsenblasenfuß.
■ KRANKHEITEN Falscher Mehltau, Brennfleckenkrankheit, Echter Mehltau.

# Stangenbohnen

Es gibt nichts einfacheres, als Stangenbohnen anzubauen, das Schwierigste ist vielleicht das Errichten der Stangen. Sobald sich der Boden erwärmt hat und keine Frostgefahr mehr besteht, an den Fuß jeder Stange ein oder zwei Samen legen, den Rest erledigen die Pflanzen von allein. Sie müssen nur auf Schädlinge achten, regelmäßig wässern und jäten – und natürlich ernten.

| | J | F | M | A | M | J | J | A | S | O | N | D |
|---|---|---|---|---|---|---|---|---|---|---|---|---|
| im Haus säen | | | | ■ | ■ | | | | | | | |
| geschützt säen | | | | | ■ | | | | | | | |
| im Freiland säen | | | | | ■ | ■ | | | | | | |
| auspflanzen | | | | | | ■ | | | | | | |
| ernten | | | | | | | ■ | ■ | ■ | ■ | | |

## Standort

Stangenbohnen sind tolerant, mögen aber einen sonnigen, windgeschützten Platz. Weil sie so hoch werden, brauchen sie viele Nährstoffe, also einen tiefgründigen, fruchtbaren Boden, in den reichlich verrotteter Kompost oder Stallmist eingearbeitet wurde.

## Aussaat und Pflanzung

■ WANN SÄEN? Wenn die Bodentemperatur bei 12 °C liegt und keine Frostgefahr mehr besteht, direkt ins Freiland säen. In kühlen Gegenden im April und Mai unter Schutz säen und im Juni auspflanzen, um frühzeitig ernten zu können.

■ SAATTIEFE 5 cm.

■ PFLANZABSTAND 23–30 cm.

■ REIHENABSTAND 60 cm.

(oben) **Bohnenstangen** müssen so stabil sein, dass sie die hohen, schwer beladenen Pflanzen tragen können.
(gegenüber) **Regelmäßig** pflücken. Nicht zu viele Bohnen pflanzen, sie wachsen üppig.

## Tipps für den erfolgreichen Anbau

Stangenbohnen klettern von Natur aus, werden aber schwer und brauchen darum stabile Stützen. Traditionell stellt man dicke Bambusstangen in Zweierreihen oder wie runde Zeltgestänge auf. Die Samen an der Innenseite der schräg stehenden Stangen säen und die Sämlinge eventuell anfangs mit Schnur anbinden, bis sie von allein klettern. Wenn die Pflanzen die Enden der Stangen erreicht haben, die Triebspitzen ausknipsen. Sobald sich Blüten bilden, regelmäßig wässern. Den Boden um die Pflanzen mulchen, damit die Wurzeln nicht austrocknen.

## Ernte

Etwa ab Juli tragen Stangenbohnen unermüdlich. Alle zwei bis drei Tage pflücken, sonst werden die Hülsen zu groß und faserig-zäh.

## Probleme

■ SCHÄDLINGE Schwarze Bohnenblattlaus, Schnecken.

■ KRANKHEITEN Stängelgrund- und Wurzelfäule, Gelbfleckigkeit.

### INTERESSANTE SORTEN

- 'Enorma'
- 'Lady Di'
- 'Painted Lady'
- 'Polestar'
- 'Red Rum'
- 'White Lady'

# Buschbohnen

Zu den Buschbohnen, auch Prinzessbohnen genannt, gehören auch besondere Sorten wie Kenia-Bohnen, Kidneybohnen oder Borlotti-Bohnen. Die Hülsen und auch die Samen können grün, gelb, rotviolett oder mehrfarbig sein. Manche Hülsen isst man im Ganzen. Andere, darunter Flageolets oder Cannellini, erntet man halbreif und palt sie aus wie Erbsen. Weiße Bohnen und Kidneybohnen lässt man ganz ausreifen und trocknet sie für den Vorrat. Die meisten Buschbohnen wachsen niedrig und kompakt, einige Sorten klettern auch.

| | J | F | M | A | M | J | J | A | S | O | N | D |
|---|---|---|---|---|---|---|---|---|---|---|---|---|
| im Haus säen | | | | ■ | ■ | | | | | | | |
| geschützt säen | | | | | ■ | | | | | | | |
| im Freiland säen | | | | | ■ | ■ | ■ | | | | | |
| auspflanzen | | | | | | ■ | | | | | | |
| ernten | | | | | | | ■ | ■ | ■ | ■ | ■ | |

## Standort

Buschbohnen mögen es warm und sonnig, Wind und Kälte vertragen sie schlecht. Ein Frosteinbruch früh oder spät in der Saison macht ihnen den Garaus. Am besten wachsen sie in fruchtbarem Boden, in den viel verrotteter Kompost oder Stallmist eingearbeitet wurde. Der pH-Wert sollte bei 5,5–7 liegen, also neutral bis schwach sauer sein.

## Aussaat und Pflanzung

■ WANN SÄEN? Für eine frühe Ernte im Haus oder unter Schutz im April und Mai säen und im Juni auspflanzen. Ins Freiland erst nach dem letzten Frost säen, wenn die Temperatur bei 12 °C liegt.
■ SAATTIEFE 5 cm.
■ PFLANZABSTAND Niedrige Sorten 10 cm Abstand in einzelnen Reihen, 15–22 cm in versetzten Doppelreihen. Kletternde Sorten 30 cm Abstand.
■ REIHENABSTAND 45 cm.

**Buschbohnen mit violetten Hülsen** tragen genauso reich wie die grünen Sorten. Leider verliert sich die interessante Farbe beim Kochen.

INTERESSANTE SORTEN

**Kletternde**

- 'Blue Lake'
- 'Borlotto Lingua di Fuoco'
- 'Cobra'
- 'Purple Podded Climbing'

**Niedrige**

- 'Goldfield'
- 'Masterpiece'
- 'Purple Queen'
- 'Rocquencourt'
- 'Sonesta'
- 'Speedy'
- 'The Prince'

## Tipps für den erfolgreichen Anbau

Kletternde Sorten brauchen Stangen (Doppelreihen oder runde Zeltgestänge) als Stütze. Die Triebspitzen ausknipsen, wenn sie die Stangenenden erreicht haben. Niedrige Sorten anhäufeln, wenn sie reich tragen, oder mit Zweigen oder Erbsenreisern stützen. Sobald sich Blüten zeigen, regelmäßig wässern. Den Boden ringsum mulchen, damit die Wurzeln nicht austrocknen.

## Ernte

Zwei bis drei Monate nach der Aussaat können die ersten Bohnen gepflückt werden, also meist im Juli. Alle zwei bis drei Tage die jungen, schlanken Bohnen ernten, denn ältere Bohnen können faserig werden. Je mehr man pflückt, desto mehr neue Hülsen werden gebildet, jedenfalls solange es Blüten gibt.

## Probleme

- SCHÄDLINGE Schwarze Bohnenblattlaus, Schnecken.
- KRANKHEITEN Stängelgrund- und Wurzelfäule, Gelbfleckigkeit.

**Buschbohnen** schmecken jung am besten. Ältere Hülsen haben eine harte Haut oder werden faserig.

# Dicke Bohnen

Frisch gepflückte Dicke Bohnen aus dem eigenen Garten schmecken fantastisch, mit gekauften Produkten nicht zu vergleichen. Wie alle Erbsen und Bohnen sollte man sie jung pflücken und so schnell wie möglich nach der Ernte verwenden. Ganz junge Hülsen kann man sogar wie Zuckerschoten zubereiten.

| | J | F | M | A | M | J | J | A | S | O | N | D |
|---|---|---|---|---|---|---|---|---|---|---|---|---|
| im Haus säen | ■ | ■ | | | | | | | | | | |
| geschützt säen | ■ | ■ | | | | | | | | ■ | ■ | |
| im Freiland säen | | ■ | ■ | ■ | | | | | | ■ | ■ | |
| auspflanzen | | | ■ | ■ | | | | | | | | |
| ernten | | | | | | ■ | ■ | ■ | | | | |

## Standort

Dicke Bohnen mögen fruchtbaren, durchlässigen Boden, in den verrotteter Kompost oder Stallmist eingearbeitet wurde. Ansonsten sind sie recht anspruchslos.

## Aussaat und Pflanzung

■ WANN SÄEN? Für die Ernte im folgenden Frühsommer im Herbst aussäen und die Pflanzen überwintern. Alternativ im Frühling zwischen Februar und April säen und etwas später ernten. Wenn der Boden im Januar und Februar gefroren ist, im Haus in Töpfen vorziehen und im März und April auspflanzen.

■ SAATTIEFE 5 cm.

■ PFLANZABSTAND 23 cm.

■ REIHENABSTAND 45 cm in einzelnen Reihen, 60 cm in versetzten Doppelreihen.

## Tipps für den erfolgreichen Anbau

Sobald sich Blüten zeigen, regelmäßig wässern. Wenn sich die ersten Hülsen bilden, die Triebspitzen ausknipsen, um den Ertrag zu verbessern. Wenn die Hülsen reifen, können die Pflanzen kopflastig werden und zusätzliche Stützen benötigen.

## Ernte

Die Bohnen pflücken, wenn sie klein und jung sind. im Idealfall, wenn die Haut auf der Innenseite der Hülsen noch weiß oder grün ist.

## Probleme

■ SCHÄDLINGE Vögel, Schwarze Bohnenblattlaus, Mäuse, Erbsenwickler.

■ KRANKHEITEN Schokoladenfleckenkrankheit, Stängelgrund- und Wurzelfäule.

**Frisch gepflückte Dicke Bohnen** sind zart und stecken voller Vitamine. Man kann sie gut einfrieren.

### INTERESSANTE SORTEN

- 'Aquadulce Claudia'
- 'Imperial Green Longpod'
- 'Stereo'
- 'Superaquadulce'
- 'The Sutton'
- 'Witkiem Manita'

# Ungewöhnliche Bohnen

Wer Herausforderungen liebt, könnte es einmal mit Bohnen aus den tropischen oder subtropischen Regionen Amerikas, Afrikas oder Südostasiens probieren. Die Kultur in gemäßigtem Klima ist schwierig, aber nicht unmöglich. Wer sie im Haus, Gewächshaus oder Folientunnel aussät und mit einem langen, warmen Sommer gesegnet ist, kann durchaus eine akzeptable Ernte erwarten.

### Sojabohnen

Sojabohnen brauchen eigentlich ein heißes Klima mit konstanten Sommertemperaturen zwischen 20 und 30 °C. Moderne Züchtungen wie 'Ustie' gedeihen auch in gemäßigtem Klima. Angebaut werden sie wie Buschbohnen. Die frischen Hülsen, in Salzwasser gekocht, werden in Japan als vegetarische Delikatesse geschätzt. Man kann die Kerne auch trocknen.

### Lima-Bohnen

Die flachen Bohnen mit weißen oder grünen Kernen nennt man auch Butterbohnen. Buschige Sorten werden wie Buschbohnen kultiviert, kletternde wie Stangenbohnen. Die Samen keimen erst ab 18 °C, und die Pflanzen brauchen einen warmen, geschützten Platz in voller Sonne.

### Schlangenbohnen

Diese Bohnen kann man kochen, dünsten oder für Pfannengerichte verwenden. Sie stammen aus Südostasien, wo sie bis zu einem Meter lang werden können. Man erntet sie bei halber Länge, weil sie sonst faserig werden. In gemäßigtem Klima gelingt die Kultur meist nur in großen Folientunneln, und Pflanzen von einem halben Meter Länge sind schon ein beachtlicher Erfolg.

**Sojabohnen** sind wegen ihres hohen Proteingehalts in vielen Ländern der Welt ein Grundnahrungsmittel. Wer sie selbst anbaut, kann sie frisch verbrauchen oder trocknen.

# Blattsalate

Für einen Salat kann man fast alle Blätter verwenden, die im Garten wachsen – solange sie schmecken und nicht giftig sind. Bei aller Exotik haben aber auch die Klassiker ihren Platz verdient, etwa der feine Kopfsalat in all seinen Sorten, traditionelle Salate wie Endivie und Chicoree mit ihrem leicht bitteren Geschmack oder kälteverträgliche Wintersalate wie Feldsalat und Gartenkresse. Übrigens schmecken auch die ganz jungen Blätter vieler Kohlarten, von Grünkohl über Brokkoli bis Kohlrabi, ausgezeichnet in Salaten und die würzigen asiatischen Blattgemüse oder auch die essbaren Blüten haben ihre ganz eigene Fangemeinde.

**Blattsalate** gedeihen in den meisten Böden, schießen aber bei Hitze und Trockenheit schnell in Saat und müssen darum regelmäßig gegossen werden. Viele kann man jung als Schnittsalat ernten, dann bilden sich über längere Zeit neue Blätter.

(oben, von links nach rechts) **Grünkohl** und **Mizuna, Kopfsalat, Kresse**

(ganz links) **Radicchio**
(links) **Sommerportulak**

# Rauke

Rauke, auch als Rucola bekannt, hat einen frischen, leicht bitteren Geschmack mit Anklängen an Senf. Neben der kultivierten Rauke ist auch Wildrauke als Saatgut zu haben. Kultivierte Rauke hat größere Blätter und ein milderes Aroma, Wildrauke hat schmalere Blätter, ist bitterer, aber schießt im Sommer weniger leicht und verträgt Kälte besser.

| | J | F | M | A | M | J | J | A | S | O | N | D |
|---|---|---|---|---|---|---|---|---|---|---|---|---|
| geschützt säen | | | ■ | ■ | | | | | ■ | | | |
| im Freiland säen | | | | | ■ | ■ | ■ | ■ | | | | |
| ernten | | | | ■ | ■ | ■ | ■ | ■ | ■ | ■ | ■ | ■ |

## Standort

Rauke gedeiht in den meisten fruchtbaren Böden mit gutem Wasserhaltevermögen, verträgt aber keine heiße Sonne. Im Hochsommer im Halbschatten säen.

## Aussaat und Pflanzung

■ WANN SÄEN? Direkt ins Freiland, sobald sich der Boden erwärmt hat. Eventuell vor Frost schützen. Folgesaaten im Frühling und Sommer.
■ SAATTIEFE 1 cm.
■ SAATABSTAND Auf 15 cm ausdünnen.
■ REIHENABSTAND 15 cm.

## Tipps für den erfolgreichen Anbau

Regelmäßig gießen, damit Rauke nicht schießt.

## Ernte

Einzelne Blätter pflücken oder alle abschneiden und die Wurzel im Boden lassen, damit sie wieder austreibt.

## Probleme

■ SCHÄDLINGE Erdflöhe, Schnecken.

**Rauke** – kultiviert oder wild – ist eine Bereicherung für den Garten und die Salatschüssel. Ihr charakteristisches, leicht bitteres Aroma gibt milderen Blattsalaten einen würzigen Kick.

# Blattsalat

Die vielen Sorten der Blattsalate teilt man in vier Gruppen ein: Locker-rundliche Kopfsalate mit zarten Blättern, zylindrisch-schlanke Romana-Salate mit knackigeren Blättern, Eisbergsalat mit festen, runden Köpfen und Pflücksalate, die gar keine Köpfe bilden.

| | J | F | M | A | M | J | J | A | S | O | N | D |
|---|---|---|---|---|---|---|---|---|---|---|---|---|
| im Haus säen | | ■ | ■ | | | | | | | | | |
| geschützt säen | | | ■ | ■ | | | | | ■ | | | |
| im Freiland säen | | | | ■ | ■ | ■ | ■ | ■ | ■ | | | |
| auspflanzen | | | | ■ | ■ | | | | | | | |
| ernten | | | ■ | ■ | ■ | ■ | ■ | ■ | ■ | ■ | ■ | |

### Standort
Salat wächst in fast jedem fruchtbaren Boden mit gutem Wasserhaltevermögen. Nicht auf Beete pflanzen, auf denen in den letzten drei Jahren Salat stand.

### Aussaat und Pflanzung
■ WANN SÄEN? Für die frühe Ernte ab Februar im Haus in Saatkästen oder Töpfen vorziehen, alternativ im September des Vorjahres und unter Folie überwintern. Ab April oder Mai Folgesaaten von jeweils nur wenigen Korn im Freiland.
■ SAATTIEFE 1 cm.
■ Saat-/Pflanzabstand kleine/mittelgroße Sorten 15–25 cm; große 35 cm.
■ REIHENABSTAND kleine/mittelgroße Sorten 23–30 cm; große 40 cm.

### Tipps für den erfolgreichen Anbau
Salat keimt oft nicht, wenn es zu warm oder zu kalt ist. Nicht zu zeitig im Frühjahr säen und bei Sommersaaten bis zum frühen Abend warten, wenn es kühler wird. Regelmäßig gießen, damit er nicht in Saat schießt.

### Ernte
Von Pflücksalaten einzelne Blätter nach Bedarf ernten oder die ganze Pflanze aufziehen. Kopfsalat, Romana- und Eisbergsalat ernten, wenn sich Köpfe gebildet haben – aber bevor sie in Saat schießen (bei Hitze und Trockenheit) oder faulen (bei Regenwetter).

### Probleme
■ SCHÄDLINGE Blattläuse (schwarze und grüne), Hausmutter, Schnakenlarven, Salatwurzelläuse, Schnecken, Drahtwürmer.

1 **'Lollo Rossa'** ist ein Pflücksalat mit gekräuselten Blättern. 2 **'Mottistone'**, ein rot-grüner Kopfsalat. 3 **'Nymans'**, ein attraktiver, roter Romana-Salat. 4 **Verschiedene** Romana-Salate, als Pflücksalat kultiviert. 5 **'Sioux'**, ein knackiger Eisbergsalat mit einem Hauch Rot. 6 **'Winter Density'**, frosttoleranter Romana-Salat zum Überwintern.

## INTERESSANTE SORTEN

**Kopfsalat**
■ 'All The Year Round'
■ 'Clarion'
■ 'Marvel of Four Seasons'
■ 'Mottistone'
■ 'Sangria'
■ 'Tom Thumb' (Mini)

**Romana-Salat**
■ 'Freckles'
■ 'Little Gem' (Mini)
■ 'Lobjoits Green Cos'
■ 'Nymans'
■ 'Pinokkio'

**Eisbergsalat**
■ 'Black Seeded Simpson'
■ 'Iceberg'
■ 'Saladin'
■ 'Set'
■ 'Sioux'
■ 'Webb's Wonderful'

**Pflücksalat**
■ 'Cocarde'
■ 'Fristina'
■ 'Lollo Rosso'
■ 'Red Salad Bowl'

**Überwinternde Sorten**
■ 'Arctic King'
■ 'Winter Density'

2
3
5
6

# Feldsalat

Feldsalat, auch Ackersalat oder Rapunzelsalat genannt, kann ganzjährig geerntet werden. Zieht man ihn im Folientunnel oder unter Dach, liefert er selbst im Winter frische Vitamine. Er ist in zwei Formen erhältlich. Eine bildet lockere Rosetten aus hellgrünen, großen Blättern. Die andere hat kleinere, dunkelgrüne Blätter und wächst etwas aufrechter.

| | J | F | M | A | M | J | J | A | S | O | N | D |
|---|---|---|---|---|---|---|---|---|---|---|---|---|
| geschützt säen | | | | ■ | ■ | | | | ■ | | | |
| im Freiland säen | | | | | | ■ | ■ | ■ | | | | |
| ernten | ■ | ■ | ■ | ■ | ■ | ■ | ■ | ■ | ■ | ■ | ■ | ■ |

### Standort
Feldsalat wächst in fast jedem Boden und verträgt Sonne wie auch Halbschatten.

### Aussaat und Pflanzung
■ WANN SÄEN? Ab April, eventuell unter Schutz. Folgesaaten fortlaufend im Frühling und Sommer.
■ SAATTIEFE 1 cm.
■ SAATABSTAND Auf 10 cm ausdünnen.
■ REIHENABSTAND 15 cm.

### Tipps für den erfolgreichen Anbau
Solange die Pflanzen klein sind, sorgfältig jäten. Regelmäßig wässern.

### Ernte
Junge Blätter nach Bedarf pflücken oder die Pflanze über der Wurzel abschneiden, sie treibt dann meist wieder aus.

### Probleme
■ SCHÄDLINGE Blattläuse, Schnecken.
■ KRANKHEITEN Echter Mehltau.

**Feldsalat** und anderes Blattgemüse wächst schnell. Die Reihen auslichten, damit die Pflanzen nicht miteinander um Wasser und Licht konkurrieren. Aufgezogene Jungpflanzen kann man in Salaten essen.

# Endivie

Endivie ist ein Zichoriensalat aus Nordamerika mit leicht bitterem Geschmack. Es gibt krausblättrige Sorten, wie den Friseesalat, und glattblättrige, Batavia-Salat gehört dazu. Beide haben einen leicht bitteren Geschmack, der sich durch Bleichen abmildern lässt.

| | J | F | M | A | M | J | J | A | S | O | N | D |
|---|---|---|---|---|---|---|---|---|---|---|---|---|
| im Haus säen | | | | ■ | ■ | | | | | | | |
| im Freiland säen | | | | | | ■ | ■ | | | | | |
| auspflanzen | | | | | | ■ | ■ | | | | | |
| ernten | ■ | ■ | ■ | | | | | | ■ | ■ | ■ | ■ |

## Standort

Endivie wächst in den meisten fruchtbaren Böden mit gutem Wasserhaltevermögen. Sie bevorzugt volle Sonne, toleriert im Sommer aber auch Halbschatten.

## Aussaat und Pflanzung

■ WANN SÄEN? Nicht zu früh säen. Im Haus etwa ab April, im Freiland ab Juni.
■ SAATTIEFE 1 cm.
■ SAAT-/PFLANZABSTAND 25–40 cm.
■ REIHENABSTAND 25–40 cm.

## Tipps für den erfolgreichen Anbau

Regelmäßig jäten und wässern. Krause Endivie mit umgedrehten Tellern bedecken, damit die Blätter kein Licht bekommen und hell bleiben. Die Köpfe breitblättriger Endivien zum Bleichen zusammenbinden.

## Ernte

Einzelne Blätter nach Bedarf ernten oder alle oberhalb der Wurzel abschneiden, die dann meist wieder austreibt. Im Herbst und Winter mit Folientunneln oder Frühbeeten schützen.

**Glatte Endivie** verträgt Kälte besser als ihre krausblättrige Verwandte und empfiehlt sich deshalb für die Frühwinter-Ernte. (ganz oben) **'Jeti'** (oben) **'Pancalieri'**.

## Probleme

■ SCHÄDLINGE Blattläuse, Raupen, Salatwurzelläuse, Schnecken.
■ KRANKHEITEN Fäulnis (bei Nässe beim Bleichen).

### INTERESSANTE SORTEN

**Krause Endivie**
■ 'Frisee Glory'
■ 'Moss Curled'
■ 'Pancalieri'

**Glatte Endivie**
■ 'Batavian Full Heart'
■ 'Jeti'

# Chicoree

Der klassische Chicoree bildet zapfenförmige Köpfe aus fast weißen Blättern. Radicchio hat rötliche Blätter und bildet dichte Köpfe aus knackigen Blättern, die wie kleine Eisbergsalate aussehen. Grüner Zichoriensalat oder Zuckerhut bildet lockere Köpfe aus grünen Blättern. Nur der klassische Chicoree wird gebleicht.

| | J | F | M | A | M | J | J | A | S | O | N | D |
|---|---|---|---|---|---|---|---|---|---|---|---|---|
| **Klassischer Chicoree** | | | | | | | | | | | | |
| im Freiland säen | | | | | ■ | ■ | | | | | | |
| Wurzeln ausgraben | | | | | | | | | | ■ | ■ | ■ |
| Getriebene Köpfe ernten | ■ | ■ | ■ | | | | | | | | | |
| **Zuckerhut und Radicchio** | | | | | | | | | | | | |
| im Haus säen | | | | ■ | ■ | | | | | | | |
| im Freiland säen | | | | | | ■ | ■ | ■ | | | | |
| auspflanzen | | | | | | ■ | | | | | | |
| ernten | | | | | | | ■ | ■ | ■ | ■ | | |

(gegenüber) **Radicchio** 'Treviso Precoce Mesola' (unten links) **Radicchio** 'Palla Rossa Bella' (unten rechts) **Klassischer Chicoree**

## Standort

Zichoriensalate wachsen in fast jedem Boden und vertragen Sonne oder Halbschatten.

## Aussaat und Pflanzung

- WANN SÄEN? Direkt ins Freiland im Mai oder Juni.
- SAATTIEFE 1 cm.
- SAATABSTAND Auf 23–30 cm ausdünnen.
- REIHENABSTAND 30 cm.

## Tipps für den erfolgreichen Anbau

Jäten und regelmäßig wässern, damit er nicht in Saat schießt. Um klassischen Chicoree zu bleichen, die Wurzeln ausgraben und stutzen, dann in einen Topf pflanzen und mit einem lichtundurchlässigen Gefäß abdecken, damit die neu austreibenden Blätter weiß bleiben (siehe S. 183).

## Ernte

Radicchio und Zuckerhut können ab Juli bis Ende Oktober geerntet werden. Sie sind recht robust und vertragen auch die ersten Nachtfröste.

## Probleme

- SCHÄDLINGE Blattläuse, Salatwurzelläuse, Schnecken.

### INTERESSANTE SORTEN

**Klassischer Chicoree**
- 'Brussels Witloof'
- 'Zoom'

**Radicchio**
- 'Rossa di Treviso'
- 'Palla Rossa'

**Zuckerhut**
- 'Pan di Zucchero'
- 'Sugar Loaf'

# Ungewöhnliche Salate

Schon seit einiger Zeit geht der Trend zum »Minisalat«, ganz jung geernteten Blättern verschiedener Salatsorten. Tatsächlich kann man die Blätter von fast allen Gemüsearten jung ernten und im Salat essen, ehe sie hart werden oder streng schmecken, z. B. von Rote Beten, Radieschen, Kohlrabi, Brokkoli, Mangold oder asiatischem Blattgemüse. Auch die folgenden sollten Sie einmal probieren.

1 **Gartenkresse**
Gartenkresse ist mit der Brunnenkresse verwandt, hat aber größere Blätter, braucht nicht im Wasser kultiviert zu werden und verträgt Kälte besser. Sie kann bis in den Winter geerntet werden.

2 **Sommerportulak**
Von März bis Juli im Freiland säen und die dicken, fleischigen Stiele und knackigen, glattrandigen Blätter von Mai bis September ernten.

3 **Winterportulak**
Winterportulak wird im August gesät und im Herbst und Frühwinter geerntet, sobald die Blätter etwa fingernagelgroß sind. Je mehr man abschneidet, desto mehr wachsen nach.

4 **Senfkohl oder Japanischer Senf**
Für Salate die Blätter pflücken, solange sie klein und mild sind. Lässt man sie größer werden, schmecken sie zu scharf, um sie roh zu essen. Dann sollte man sie besser garen (siehe S. 227).

5 **Salatchrysanthemen**
Die jungen Blätter verschiedener Chrysanthemensorten schmecken sehr aromatisch. Im Frühling in Schalen oder ins Freiland säen und wie Schnittsalat ernten, ehe sich Blüten bilden.

6 **Grünkohl**
Junger Grünkohl sieht in Salaten sehr dekorativ aus und hat einen milden Kohlgeschmack (siehe S. 230). Geeignet sind alle gängigen Sorten – glatt- und krausblättrige, rote und grüne, auch der attraktive 'Cavolo Nero'.

7 **Abessinischer Senf**
Eine schnell wachsende Art, die aus äthiopischem Senf gezüchtet wurde. Folgesaaten von Frühling bis Herbst, Ernte sechs bis sieben Wochen später. Neigt im Hochsommer dazu, schnell in Saat zu schießen.

8 **Senf 'Red Frills'**
Dunkelrote, tief eingeschnittene Blätter mit mildem Senfgeschmack, die etwa einen Monat nach der Aussaat erntereif sind.

9 **Shiso**
Vom japanischen Shiso, auch Perilla genannt, gibt es rot- und grünblättrige Formen. Für Salate nur die jungen Blätter verwenden, später wird der Geschmack zu scharf.

10 **Mizuna und Mibuna**
Zwei weitere asiatische Blattgemüse, deren junge Blätter gut in Salaten schmecken (siehe S. 227). Beide wachsen sehr schnell. Mizuna (Foto) hat stark eingeschnittene Blätter, die an wilde Rauke erinnern und leicht nach Senf schmecken. Mibuna hat größere, glattrandige Blätter und einen etwas schärferen Geschmack.

11

**11 Roter Ampfer**
Diese Form hat etwas dickere, dunklere Blätter als der klassische Sauerampfer. Die Blattrippen sind rot, der Geschmack ist zitronig-frisch.

**12 Sauerampfer**
Alle Ampfer-Sorten schmecken säuerlich nach Zitrone. Sie wachsen gut im Schatten, schießen aber in Saat, sobald sie austrocknen. Falls das geschieht, einfach abschneiden, dann treiben sie wieder aus.

**13 Zichorien-Sorten**
Der aufrecht wachsende 'Italiko Rosso' wird manchmal auch italienischer Löwenzahn genannt. Die Blätter sind schmal und stark gezackt mit deutlicher, roter Mittelrippe. Der Geschmack ist herb und leicht bitter, ähnlich wie Löwenzahn oder Rauke.

**14 Griechische Kresse**
Kleine, glatte Blätter, die wie Petersilie aussehen, aber pfeffrig wie Kresse schmecken. In Schalen oder Hochbeeten ziehen und zu Jahresbeginn und -ende vor Frost schützen.

**15 Gartenmelde**
Melde kann von Frühling bis Herbst direkt ins Freiland gesät werden. Junge Blätter regelmäßig ernten. Werden sie größer, kann man sie wie Spinat zubereiten.

**16 Schnittsellerie**
Eine interessante und ungewöhnliche Salatzutat: Die Blätter sehen aus wie Petersilie, schmecken aber wie Sellerie.

**»Mikro-Gemüse ist der neueste Trend. Gleich nach dem Entrollen die zarten Blätter ernten.«**

# Fruchtgemüse

Von den Gemüsearten im folgenden Kapitel verwertet man nicht Wurzeln, Blätter oder Sprosse, sondern die Früchte. Darum nennt man Tomaten, Auberginen, Paprika und Mais auch Fruchtgemüse. Alle stammen aus heißen Ländern. Ihre Samen brauchen zur Keimung Wärme. Damit die Früchte ausreifen, sind neben regelmäßiger Wasserversorgung ebenfalls Wärme und Sonne nötig. In gemäßigtem Klima werden sie darum oft unter Folie oder im Gewächshaus angebaut. Es gibt aber auch gute Freilandsorten, von denen man selbst in gemäßigtem Klima nach einem warmen Sommer eine gute Ernte erwarten kann.

**Die Samen** von Fruchtgemüse brauchen normalerweise viel Wärme zur Keimung. Wer im Haus wenig Platz zum Vorziehen hat, sollte Jungpflanzen kaufen, die etwa ab Mai in den Gärtnereien angeboten werden.

(oben, von links nach rechts) **Roma-Tomaten, Auberginen, Habanero-Chilis**

(ganz links) **Grüne Chili-Paprika**

(links) **Gemüsemais**

# Tomaten

Nicht alle Tomatensorten sind für den Garten geeignet, es sei denn, Sie haben ein Gewächshaus. Viele keimen nicht oder reifen später nicht aus, wenn sie keinen ausreichend warmen Platz haben. Es gibt jedoch eine Vielzahl von Freilandsorten: große, kleine, längliche, Fleischtomaten, rote, gelbe, orangefarbene, schwarze und sogar gestreifte. Rispentomaten wachsen hoch und aufrecht, Strauchtomaten haben einen eher ausladenden Wuchs und manche Sorten liegen dazwischen.

| | J | F | M | A | M | J | J | A | S | O | N | D |
|---|---|---|---|---|---|---|---|---|---|---|---|---|
| im Haus säen | | ■ | ■ | ■ | | | | | | | | |
| auspflanzen | | | | | ■ | ■ | | | | | | |
| ernten | | | | | | | ■ | ■ | ■ | ■ | | |

**Für kleine Gärten** gibt es auch zwergwüchsige Strauchtomaten. Sie tragen im Hochsommer viele süße, aromatische Früchte.

## Standort

Tomaten brauchen volle Sonne und fruchtbaren, nährstoffreichen Boden, der mit Kompost oder Stallmist angereichert ist. Alternativ mit phosphorreichem Dünger oder pelletiertem Geflügelmist düngen. Nur bei einem pH-Wert von 5,5 oder niedriger kalken.

## Aussaat und Pflanzung

■ WANN SÄEN? Tomaten brauchen zur Keimung Wärme. Zwischen Februar und April im Haus vorziehen und erst im Mai oder Juni auspflanzen, wenn es warm genug ist.
■ SAATTIEFE 2 cm.
■ PFLANZABSTAND Rispentomaten 38–45 cm, Strauchtomaten 30–90 cm.
■ REIHENABSTAND 90 cm.

## Tipps für den erfolgreichen Anbau

Sämlinge von Freilandtomaten können abgehärtet und ausgepflanzt werden, wenn sich die ersten Blüten bilden. Nicht zu früh auspflanzen. Falls noch Frostgefahr besteht, die Pflanzen nachts abdecken. Vor allem müssen Tomaten regelmäßig gegossen und gedüngt werden. Sobald sich die ersten Früchte bilden, einen speziellen Flüssigdünger für Tomaten geben. Die Pflanzen nie austrocknen lassen. Rispentomaten brauchen stabile Stützen. Die Seitentriebe müssen ausgegeizt werden (siehe S. 127). Wenn sie vier oder fünf Fruchtrispen gebildet haben, die Spitze des Haupttriebes ausknipsen.

## Ernte

Tomaten sollten möglichst an der Pflanze ausreifen (siehe S. 158). Wenn gegen Ende der Saison Nachtfrost droht, die letzten grünen Früchte abnehmen und im Haus nachreifen lassen.

## Probleme

■ SCHÄDLINGE im Freiland: Zikaden, Kartoffelzysten-Nematoden. Im Gewächshaus: Blattläuse, Rote Spinnmilben, Weiße Fliege.
■ KRANKHEITEN Blütenendfäule, Stängelgrund- und Wurzelfäule, Kraut- und Blattfäule, Geisterfleckenkrankheit.

# Top-Tomatensorten

Die Auswahl der Tomatensorten ist so groß, dass man am liebsten quer durch den Gemüsegarten alle gleichzeitig ausprobieren würde. Bevor Sie sich hinreißen lassen: Schauen Sie genau hin, was zu Ihnen und Ihren Gartenbedingungen passt. Rispen- oder Strauchtomaten oder eine Zwischenform, Gewächshaus- oder Freilandsorten, groß- oder kleinfrüchtige, Roma- oder Fleischtomaten. Manche der ungewöhnlichen Sorten sind zwar verlockend, doch nicht alle reifen in kühlerem Klima im Freiland aus.

1 **Rispentomaten**
Diese Tomaten wachsen in Rispen an einem einzelnen, aufrechten Haupttrieb. Wenn die Früchte reifen und schwer werden, müssen sie gestützt werden. Traditionell sind dies Gewächshaustomaten, doch inzwischen gibt es auch zahlreiche gute Freilandsorten.
■ SORTEN 'Ailsa Craig', 'Alicante', 'Fantasio' (Foto), 'Outdoor Girl'.

2 **Roma-Tomaten**
Die länglich-ovalen Früchte wurden früher hauptsächlich in der italienischen Küche verwendet. Heute gibt es mehr Sorten, darunter Rispen- und Strauchtypen, Gewächshaus- und Freilandsorten.
■ SORTEN 'Olivade', 'Roma', 'Summer Sweet' (Foto).

3 **Kirschtomaten**
Die meisten Sorten dieser »mundgerechten« Tomaten sind ausgesprochen süß. Die hohen Pflanzen tragen meist lange Rispen voller Früchte.
■ SORTEN 'Gardener's Delight', 'Sun Cherry' (Foto), 'Sweet Million'.

4 **Fleischtomaten**
Weil die Früchte stattliche Größe erreichen, müssen Strauch- und Rispenformen gestützt werden. Moderne Sorten wie 'Country Taste' können Früchte von über 300 g Gewicht bilden.
■ SORTEN 'Marmande' (Foto), 'Brandywine', 'Country Taste', 'Amaral'.

5 **Gestreifte Tomaten**
Vor allem unter den alten Sorten gibt es verschiedene mit interessanten Mustern. 'Tigerella' sieht gut aus und schmeckt ausgezeichnet. Die Früchte sind zuerst grün, dann orange, dann entwickelt sich das rot-gelbe Streifenmuster.
■ SORTEN 'Green Zebra', 'Tigerella' (Foto), 'Tiger Tom'.

6 **Gelbe und orangefarbene Tomaten**
Die Tomaten werden zwar hauptsächlich wegen ihrer ungewöhnlichen Farbe gezüchtet, viele schmecken aber auch sehr gut. 'Sungold' ist wohl eine der süßesten, 'Yellow Brandywine' ist die gelbe Variante einer berühmten Fleischtomate aus dem 19. Jahrhundert.
■ SORTEN 'Yellow Brandywine', 'Golden Cherry', 'Golden Sunrise', 'Sungold' (Foto).

7 **Strauchtomaten**
Strauchtomaten sind breitwüchsig und bilden mehrere Triebe, an denen Früchte stehen. Sie müssen nicht ausgegeizt werden. Zwergwüchsige Sorten kann man auch in Hängeampeln pflanzen.
■ SORTEN 'Tornado', 'Tumbler' (Foto).

8 **Schwarze Tomaten**
Auch bei Tomaten gibt es Modefarben: Schwarz ist der letzte Schrei. Schwarze Tomaten, die es schon vor 150 Jahren in der Ukraine gab, haben sogar ein ausgezeichnetes Aroma. Es lohnt sich, die Kataloge von Spezialanbietern durchzublättern (s. Adressen am Schluss des Buches).
■ SORTEN 'Black Cherry' (Foto), 'Black Krim', 'Chocolate Cherry'.

# Paprika und Chili

Alle Paprika- und Chili-Sorten gehören zur Capsicum-Familie, doch sie unterscheiden sich in Aussehen und Geschmack erheblich. Gemüsepaprika sind groß, rundlich und mild. Chili-Paprika dagegen sind klein und scharf, manche treiben einem das Wasser in die Augen. Der Anbau ist nicht schwierig, sofern sie nur genügend Sonnenschein, Wärme und Wasser bekommen.

| | J | F | M | A | M | J | J | A | S | O | N | D |
|---|---|---|---|---|---|---|---|---|---|---|---|---|
| im Haus säen | | | ■ | ■ | | | | | | | | |
| auspflanzen | | | | | ■ | ■ | | | | | | |
| ernten | | | | | | | ■ | ■ | ■ | ■ | | |

### INTERESSANTE SORTEN

- 'Ariane'
- 'Atris'
- 'Bell Boy'
- 'Bontempi'
- 'Gypsy'
- 'Gourmet'
- 'Hunor'
- 'Mavras'
- 'Sweet Chocolate'

## Standort

Alle Paprikasorten brauchen leichten, fruchtbaren Boden mit gutem Wasserhaltevermögen. Weil sie aus den Tropen und Subtropen stammen, sind Wärme und Feuchtigkeit außerordentlich wichtig. Wer kein Gewächshaus hat, pflanzt sie an einen sehr geschützten, sonnigen Platz.

## Aussaat und Pflanzung

- WANN SÄEN? Paprikaschoten brauchen zur Keimung Wärme. Im März und April im Haus vorziehen und erst nach dem letzten Frost auspflanzen. Direktsaat im Freiland ist unzuverlässig.
- SAATTIEFE Samen Nur dünn mit Erde bedecken.

■ PFLANZABSTAND 38–45 cm.
■ REIHENABSTAND 60–75 cm.

## Tipps für den erfolgreichen Anbau

Die Früchte brauchen viel Zeit, um voll auszureifen. In gemäßigtem Klima, wo die Saison kurz ist, im Haus bei 18–21 °C aussäen, um die Keimung sicherzustellen. Die Sämlinge abhärten und erst auspflanzen, wenn keine Frostgefahr mehr besteht. Unkrautfrei halten und regelmäßig wässern. Sobald sich Früchte bilden, alle zwei Wochen einen Flüssigdünger für Tomaten geben. Kopflastige Pflanzen stützen.

## Ernte

Die Früchte der meisten Paprika ändern während der Reifung die Farbe von Grün über Gelb und Orange bis Rot oder sogar Dunkelviolett in der Vollreife. Erntet man sie jung, schmecken sie nicht so süß, aber die Pflanze wird zu weiterer Fruchtbildung angeregt.

## Probleme

■ SCHÄDLINGE Blattläuse, Rote Spinnmilbe, Weiße Fliege.
■ KRANKHEITEN Grauschimmel.

(oben) **Chili-Paprika** reifen unterschiedlich heran. Dabei können an einer einzelnen Pflanze reizvolle Farbkombinationen entstehen.

(unten, von links nach rechts) **Paprikapflanzen** brauchen Stützen, wenn die Früchte reifen. Bei der Ernte den Stiel an der Frucht lassen.

# Scharf, schärfer, am schärfsten

Manche Chili-Paprika sind so mild, dass sie gerade den Gaumen kitzeln, andere sind so scharf, dass man sie mit Handschuhen verarbeiten sollte. Für die Schärfe ist Capsaicin verantwortlich, das in den Samen und dem weißen, watteartigen Gewebe im Inneren enthalten ist. Es reizt die Nervenenden von Mund, Rachen und Haut.

1 **'Alma Paprika'** )
Mild, süß, fleischig und vielfarbig. Lohnend ist auch die ähnliche 'Anaheim'.

2 **'Hungarian Hot Wax'** ) )
Mittelscharfe, fleischige Chili. Zuerst gelb, in der Reife rot. Probieren Sie auch die kleinere 'Apache'.

3 **'Aji Amarillo'** ) )
Lang, schlank und mittelscharf. Stammt aus Südamerika. Ebenfalls interessant ist die mexikanische 'Jalapeno'.

4 **'Cherry Bomb'** ) )
Kleine, runde, fleischige Früchte, die sich mit der Reife von Grün nach Rot verfärben. Mittelscharf.

5 **'Prairie Fire'** ) ) )
Schnell wachsende, kleine, feurig-scharfe Früchte. Probieren Sie auch 'Thai Dragon' und 'Ring of Fire'.

6 **'Habanero'** ) ) )
Ungewöhnliche, pfirsichfarbene Variante aus der mittelamerikanischen Chili-Familie, die für ihre Schärfe berüchtigt ist.

7 **'Dorset Naga Pepper'** ) ) ) )
Angeblich eine der schärfsten Chilis der Welt. Mit äußerster Vorsicht zu genießen.

# Auberginen

Wie Tomaten und Paprika stammen auch Auberginen aus den feuchtwarmen Tropen und Subtropen und sind bei uns etwas schwierig zu kultivieren, sofern man kein Gewächshaus hat oder der Sommer lang und sonnig ausfällt. Wer ihnen die richtigen Bedingungen bieten kann, sollte einmal die ungewöhnlicheren Sorten in Cremeweiß, blassem Lila, Gelb oder Violett gestreift ausprobieren.

| | J | F | M | A | M | J | J | A | S | O | N | D |
|---|---|---|---|---|---|---|---|---|---|---|---|---|
| im Haus säen | | | ■ | ■ | | | | | | | | |
| auspflanzen | | | | | ■ | ■ | | | | | | |
| ernten | | | | | | | ■ | ■ | ■ | ■ | | |

## Standort
Warmer, sonniger, geschützter Standort mit fruchtbarem, nährstoffreichem Boden mit gutem Wasserhaltevermögen.

## Aussaat und Pflanzung
■ WANN SÄEN? Die Samen keimen bei 21–30 °C. Im März und April im Haus aussäen und erst im Mai oder Juni nach den letzten Frösten auspflanzen.
■ SAATTIEFE Samen nur dünn mit Erde bedecken.
■ PFLANZABSTAND 60–75 cm.
■ REIHENABSTAND 75–90 cm.

## Tipps für den erfolgreichen Anbau
Vorgezogene Jungpflanzen abhärten, sobald sie Blüten bilden. Auspflanzen erst, wenn keine Frostgefahr mehr besteht. Regelmäßig jäten und gießen. Wenn die ersten Früchte erscheinen, alle zwei Wochen einen flüssigen Tomatendünger geben. Die Pflanzen stützen, wenn sie kopflastig werden.

INTERESSANTE SORTEN
- 'Black Beauty'
- 'Bonica'
- 'Long Purple'
- 'Moneymaker'
- 'Slim Jim'
- 'Snowy'

## Ernte
Auberginen pflücken, wenn die Haut glänzt. Wird sie matt, schmecken sie bald bitter.

## Probleme
■ SCHÄDLINGE Blattläuse, Raupen, Schmierläuse, Rote Spinnmilbe, Weiße Fliege.
■ KRANKHEITEN Grauschimmel.

(von links nach rechts) **Dunkel glänzend, perfekt reif** – eine frühe Sorte. **Mini-Auberginen** mit marmorierter Haut sehen attraktiv aus und bewähren sich im Anbau.

# Gemüsemais

Mais kann bis 2 m hoch werden. Weil er durch den Wind bestäubt wird, pflanzt man ihn nicht in Reihen, sondern in kompakten Gruppen. Wenn Sie genug Platz haben, lohnt sich der Versuch unbedingt. Nach der Ernte sollte er schnell verbraucht werden, ehe die Zuckerstoffe sich in Stärke verwandeln. Reife Kolben kann man zum Glück direkt von der Pflanze weg essen.

INTERESSANTE SORTEN

- 'Incredible'
- 'Minipop'
- 'Sundance'
- 'Sweet Nugget'
- 'Swift'

| | J | F | M | A | M | J | J | A | S | O | N | D |
|---|---|---|---|---|---|---|---|---|---|---|---|---|
| im Haus säen | | | | ■ | | | | | | | | |
| im Freiland säen | | | | | ■ | | | | | | | |
| auspflanzen | | | | | ■ | ■ | | | | | | |
| ernten | | | | | | | | ■ | ■ | | | |

## Standort

Gemüsemais braucht volle Sonne und Schutz vor starkem Wind. Weil die Pflanzen hoch werden, ist fruchtbarer, nährstoffreicher Boden wichtig.

## Aussaat und Pflanzung

- WANN SÄEN? Im April im Haus, im Freiland erst, wenn sich der Boden auf 10 °C erwärmt hat.
- SAATTIEFE 2,5–4 cm.
- SAAT-/PFLANZABSTAND 35–45 cm.
- REIHENABSTAND 45–60 cm.

## Tipps für den erfolgreichen Anbau

Im Haus vorgezogene Sämlinge abhärten und auspflanzen, wenn keine Frostgefahr mehr besteht. Die Pflanzen werden durch Wind bestäubt. Darum in kompakten Gruppen pflanzen. Regelmäßig wässern, vor allem wenn die Kolben anwachsen.

## Ernte

Wenn sich die Faserschöpfe bräunlich färben, die Reife testen. Die Hüllblätter vorsichtig öffnen und ein Korn anstechen. Der Kolben ist reif, wenn der austretende Saft milchig ist.

## Probleme

- SCHÄDLINGE Blattläuse, Vögel, Mäuse, Eichhörnchen.
- KRANKHEITEN Maisbrand (Pilz).

**Zuckermais** nennt man moderne Züchtungen, deren Zuckergehalt höher ist als bei traditionellen Sorten. Sie schmecken fein.

# Okra

Okra, auch Gumbo genannt, bildet lange, schlanke, schotenähnliche Früchte mit runden Samen. Die Früchte sind meist grün, seltener rot oder weiß. Die jungen Früchte kocht man im Ganzen. Die Pflanze stammt vermutlich aus Ostafrika und braucht einen wirklich warmen und feuchten Sommer. In kühlgemäßigtem Klima empfiehlt sich der Anbau im Gewächshaus.

| | J | F | M | A | M | J | J | A | S | O | N | D |
|---|---|---|---|---|---|---|---|---|---|---|---|---|
| im Haus säen | | | ■ | ■ | | | | | | | | |
| auspflanzen | | | | | ■ | ■ | | | | | | |
| ernten | | | | | | | ■ | ■ | ■ | | | |

(rechts) **Okra** ist mit der Baumwolle verwandt. Beide brauchen feuchte Wärme. Die Früchte nicht länger als 8 cm werden lassen.

## Standort

Warm, sonnig und geschützt. Fruchtbarer, nährstoffreicher Boden mit gutem Wasserhaltevermögen.

## Aussaat und Pflanzung

■ WANN SÄEN? Die Samen keimen nicht unter 16 °C. Im März und April im Haus vorziehen und erst Ende Mai oder im Juni auspflanzen.
■ SAATTIEFE Samen nur dünn mit Erde bedecken.
■ PFLANZABSTAND 40–60 cm.
■ REIHENABSTAND 60–75 cm.

## Tipps für den erfolgreichen Anbau

Die Samen in warmem Wasser einweichen. Falls klimabedingt nötig, für die Anzucht einen beheizbaren Kasten verwenden. In milden Regionen die Jungpflanzen abhärten und auspflanzen, wenn sie etwa 8–10 cm hoch sind. Wenn die Pflanzen höher werden, stützen und anbinden. In kühlen Gegenden reifen die Früchte im Freiland meist nicht aus.

## Ernte

Die Früchte regelmäßig ernten. Nicht größer als 8 cm werden lassen, sonst werden sie hart und holzig.

## Probleme

■ SCHÄDLINGE Freiland: Blattläuse; Gewächshaus: Rote Spinnmilbe, Weiße Fliege.
■ KRANKHEITEN Grauschimmel.

### INTERESSANTE SORTEN

■ 'Clemson's Spineless'
■ 'Pure Luck'

# Kürbisse und Gurken

Kürbisse und Gurken enthalten Samen und sind darum streng genommen Früchte. Zubereitet werden sie als herzhaftes Gemüse oder süß, als Kuchen oder Kompott. Die Größe in dieser Gruppe reicht von winzigen Cornichons bis zu Riesenkürbissen mit bis zu 4,5 m Umfang und gigantischen 450 kg Gewicht. Aber unabhängig von der Größe sind alle ausgesprochen einfach zu kultivieren. Sie brauchen nur Nährstoffe und reichlich Wasser.

**Zu den Kürbisgewächsen** gehören viele Sorten, die bei guten Bedingungen kräftig wachsen und viel Beetfläche einnehmen. Ihre großen, leicht stacheligen Blätter unterdrücken Unkraut. Außer den Früchten sind auch die großen, gelben Blüten essbar.

(oben, von links nach rechts) **Sommerkürbisse, Winterkürbis, Gurken**

(ganz links) **Winterkürbisse**

(links) **Zucchini**

# Markkürbis

Bei Markkürbissen scheint es eher um die Größe zu gehen als um den Geschmack. Sie sehen aus wie übergroße Zucchini und schmecken recht fade. Fans geben ihnen aber einen Ehrenplatz auf einem Beet mit hohem Kompost- oder Mistanteil und hätscheln sie, um mit ihnen bei Ausstellungen anzutreten.

| | J | F | M | A | M | J | J | A | S | O | N | D |
|---|---|---|---|---|---|---|---|---|---|---|---|---|
| im Haus säen | | | | ■ | ■ | | | | | | | |
| im Freiland säen | | | | | | ■ | | | | | | |
| auspflanzen | | | | | ■ | ■ | | | | | | |
| ernten | | | | | | | ■ | ■ | ■ | ■ | | |

## Standort

Ein sonniger, geschützter Platz ist gut und fruchtbarer Boden mit einem hohen Anteil an organischer Substanz.

## Aussaat und Pflanzung

- WANN SÄEN? Im April oder Mai im Haus bei mindestens 20 °C vorziehen. Ab Mai abhärten und auspflanzen. Aussaat im Freiland im Juni.
- SAATTIEFE 2,5 cm.
- SAAT-/PFLANZABSTAND 90 cm.
- REIHENABSTAND 1,2 m.

## Tipps für den erfolgreichen Anbau

Regelmäßig wässern und einen Flüssigdünger geben, sobald sich Früchte bilden. Größere Früchte auf Steine legen, damit sie nicht faulen. Gelegentlich drehen, damit die Schale gehärtet wird.

## Ernte

Zum Essen die Früchte nicht größer als 15 cm werden lassen.

## Probleme

- SCHÄDLINGE Blattläuse, Schnecken.
- KRANKHEITEN Gurken-Mosaikvirus, Stängelgrund- und Wurzelfäule, Echter Mehltau.

### INTERESSANTE SORTEN

- 'Emerald Cross'
- 'Long Green Bush'
- 'Long Green Trailing'
- 'Tiger Cross'

**Große Markkürbisse** können für den Winter eingelagert werden, wenn sie ausgewachsen, gleichmäßig gereift und in der Sonne gehärtet sind. Bretter oder Steine unter die Früchte schieben, damit sie trocken liegen und nicht faulen.

# Zucchini und Sommerkürbisse

Pflanzen Sie nicht zu viele Zucchini. Im Sommer bilden sie enorm viele Früchte, und man kann Mühe haben, sie alle zu verbrauchen. Für eine durchschnittliche Familie reichen zwei oder drei gewöhnliche grüne Zucchinipflanzen, vielleicht ein paar runde, gelbe und eine von den ungewöhnlicheren Sommersorten aus, um die ganze Saison lang reichlich zu ernten.

## INTERESSANTE SORTEN

**Zucchini**

- 'Black Forest'
- 'Defender'
- 'Jemmer'
- 'Parador'
- 'Tondo Chiaro di Nizza'
- 'Zucchini'

**Sommerkürbisse**

- 'Custard White'
- 'Patty Pan'
- 'Sunburst'

| | J | F | M | A | M | J | J | A | S | O | N | D |
|---|---|---|---|---|---|---|---|---|---|---|---|---|
| im Haus säen | | | | ■ | ■ | | | | | | | |
| im Freiland säen | | | | | | ■ | | | | | | |
| auspflanzen | | | | | ■ | ■ | | | | | | |
| ernten | | | | | | | ■ | ■ | ■ | ■ | | |

**Zucchini wachsen so schnell,** dass sie viel Hunger und Durst haben. In nährstoffreichen Boden pflanzen und mulchen, um die Verdunstung zu reduzieren. Sie können sogar eine Pflanze auf die oberste Schicht Ihres Komposthaufens setzen.

## Standort
Ein sonniger, geschützter Platz mit fruchtbarem Boden, in den reichlich organische Substanz eingearbeitet wurde.

## Aussaat und Pflanzung
- WANN SÄEN? Im April oder Mai im Haus bei mindestens 20 °C vorziehen. Ab Mai abhärten und auspflanzen. Direktsaat im Freiland im Juni.
- SAATTIEFE 2,5 cm.
- SAAT-/PFLANZABSTAND 90 cm.
- REIHENABSTAND 90 cm.

## Tipps für den erfolgreichen Anbau
Zucchini sind frostempfindlich und dürfen nicht zu früh gesät oder gepflanzt werden. Im Gewächshaus und unter Folie können Insekten die Bestäubung eventuell nicht erledigen – dann müssen Sie selbst nachhelfen (siehe S. 62).

## Ernte
Häufig die noch jungen Früchte ernten. Lässt man sie zu groß werden, schmecken sie fade und wässrig.

## Probleme
- SCHÄDLINGE Freiland: Blattläuse, Schnecken; Gewächshaus: Blattläuse, Rote Spinnmilbe, Weiße Fliege.
- KRANKHEITEN Gurken-Mosaikvirus, Stängelgrund- und Wurzelfäule, Echter Mehltau.

# Winterkürbisse

Zucchini und Sommerkürbisse erntet man jung und verbraucht sie sofort. Winterkürbisse dagegen können für den Winter eingelagert werden. Damit sie sich lange halten, müssen sie voll ausreifen und in der Sonne nachreifen, sodass ihre Schale gehärtet wird.

**Kürbisse ernten,** wenn der Stiel rissig wird. Mit einem kurzen Stielansatz abschneiden und etwa zehn Tage in der Sonne nachreifen lassen, damit die Schale hart wird.

| | J | F | M | A | M | J | J | A | S | O | N | D |
|---|---|---|---|---|---|---|---|---|---|---|---|---|
| im Haus säen | | | | ■ | ■ | | | | | | | |
| im Freiland säen | | | | | | ■ | | | | | | |
| auspflanzen | | | | | ■ | ■ | | | | | | |
| ernten | | | | | | | | | ■ | ■ | | |

## Standort

Alle Kürbisse brauchen viel Platz zum Ausbreiten in sonniger Lage auf fruchtbarem Boden.

## Aussaat und Pflanzung

■ WANN SÄEN? Im April oder Mai im Haus oder Gewächshaus vorziehen. Jungpflanzen ab Mai abhärten und auspflanzen, wenn keine Frostgefahr mehr besteht. Direktsaat im Freiland im Juni.

■ SAATTIEFE 2,5 cm.

■ SAAT-/PFLANZABSTAND 1–1,5 m.

■ REIHENABSTAND 1 1,5 m.

### INTERESSANTE SORTEN

- 'Atlantic Giant'
- 'Becky'
- 'Jack o'Lantern'
- 'Rouge Vif d'Etampes'
- 'Butternut'
- 'Crown Prince'
- 'Golden Hubbard'
- 'Queensland Blue'
- 'Spaghetti Squash'
- 'Sweet Dumpling'
- 'Turk's Turban'
- 'Uchiki Kuri'

## Tipps für den erfolgreichen Anbau

Vor der Pflanzung reichlich nährstoffreiche, gut verrottete organische Substanz in den Boden einarbeiten. Damit Kürbisse groß werden können, brauchen sie viel Wasser und sollten gemulcht werden, um die Verdunstung zu verringern. Kleine Sorten können an Stangen und anderen Rankhilfen gezogen werden.

## Ernte

Früchte, die eingelagert werden sollen, möglichst lange an der Pflanze lassen. Dann abschneiden und in der Sonne nachreifen lassen.

## Probleme

■ SCHÄDLINGE Blattläuse, Schnecken.

■ KRANKHEITEN Gurken-Mosaikvirus, Stängelgrund- und Wurzelfäule, Echter Mehltau.

# Reizvolle Kürbisse

Beim Stichwort Kürbis denken die meisten Leute an kugelige Giganten, aus denen man Laternen schnitzen kann. Damit unterschätzen sie dieses vielseitige Gemüse völlig. Kürbisse gibt es in den verschiedensten Größen, Farben und Formen, auch im Geschmack unterscheiden sie sich erheblich. Es gibt große und kleine, längliche und runde, glattschalige und knubbelige. Manche klettern in die Höhe, andere breiten sich am Boden aus. Hier eine Auswahl:

1 **Patty Pan 'Sunburst'**
Diese kleinen Sommerkürbisse erntet man am besten unreif, wenn ihr Durchmesser etwa 5–8 cm beträgt.

2 **'Queensland Blue'**
Ein großer Winterkürbis, der voll ausgereift 5–9 kg schwer werden kann. Sein goldgelbes Fleisch ist aromatisch, süßlich und fest. Die Sorte hält sich lange.

3 **'Little Gem Rolet'**
Diese Sorte trägt zahlreiche Früchte mit mildem Geschmack. Erntet man sie jung, wenn sie etwa faustgroß sind, braucht man sie vor der Zubereitung nicht zu schälen.

4 **'Türkenturban'**
Die Abschnürung auf der Oberseite hat diesem Winterkürbis zu seinem Namen verholfen. Er wird oft als Zierkürbis verwendet und hält sich, wenn er unversehrt ist, recht lang.

5 **'Tromboncino'**
Lässt man diesen Sommerkürbis auf dem Boden wachsen, bildet er skurril gebogene Früchte. Kann er an Stützen aufwärts wachsen, werden die Früchte gerade und bis 90 cm lang.

6 **'Uchiki Kuri'**
Diese Sorte ist auch als Hokkaido-Kürbis bekannt. Die kleinen Früchte mit dem feinen, festen Fleisch und dem nussigen Geschmack halten sich lange.

7 **'Butternut'**
Es gibt verschiedene Butternuss-Kürbisse, darunter auch spezielle Züchtungen für gemäßigtes Klima. Alle haben eine längliche Birnenform und leuchtend orangefarbenes, süßliches Fleisch.

8 **'Sweet Dumpling'**
Die hübschen, kleinen Winterkürbisse haben orangefarbenes, süßlich-mildes Fleisch. Man kann sie gut füllen und im Ganzen garen.

9 **'Crown Prince'**
Unter der metallisch graublauen Schale dieses attraktiven Winterkürbisses verbirgt sich festes, orangefarbenes Fleisch mit süßlich-nussigem Geschmack. Er hält sich lange und eignet sich gut zum Garen im Ofen und für Suppen.

## WEITERE SORTEN-TIPPS:

**'Golden Hubbard'**
Großer, zwiebelförmiger Winterkürbis mit leicht gerillter, runzliger Schale und orangefarbenem, süßlichem Fleisch. Gut lagerfähig.

**'Summer Crookneck'**
Diese Sommerkürbis-Sorte trägt zahlreiche längliche, gelbe Früchte mit gebogenem »Hals«. Ernten, wenn sie etwa 15 cm lang sind.

**'Tennessee Sweet Potato'**
Eine amerikanische Sorte mit großen, birnenförmigen Früchten mit grün-cremeweiß gestreifter Schale und cremefarbenem Fleisch. Sehr dekorativ.

**'Spaghetti-Kürbis'**
Die Früchte sind zuerst weiß, dann elfenbeinfarbig und in der Reife gelb. Sie lassen sich gut für den Winter einlagern.

1
2
3
4
5
6
7
8
9

# Gurken

Bei Gurken kommt es auf die Sortenwahl an. Freilandgurken haben eine raue, manchmal fast stachelige Schale und vertragen auch kühlere Temperaturen gut. Gewächshausgurken sind länger und glatter, brauchen aber Wärme und gedeihen in gemäßigtem Klima nur im Gewächshaus oder unter Folie. Es gibt jedoch immer mehr neue Züchtungen, die sich auch bei uns für Freiland- und Gewächshauskultur eignen.

| | J | F | M | A | M | J | J | A | S | O | N | D |
|---|---|---|---|---|---|---|---|---|---|---|---|---|
| im Haus säen | | | ■ | ■ | | | | | | | | |
| geschützt säen | | | ■ | ■ | ■ | | | | | | | |
| im Freiland säen | | | | | | ■ | | | | | | |
| auspflanzen | | | | | ■ | ■ | | | | | | |
| ernten | | | | | | | ■ | ■ | ■ | | | |

## Standort

Freilandgurken brauchen einen sonnigen, geschützten Platz und fruchtbaren, nährstoffreichen Boden. Nur bei saurem Boden kalken.

## Aussaat und Pflanzung

■ WANN SÄEN? Ab März im Haus in Töpfen oder Saatkästen vorziehen. Aussaat im Freiland oder unter Schutz erst ab einer Temperatur von 20 °C. Ab Mai abhärten und auspflanzen. Direktsaat nicht vor Juni.

■ SAATTIEFE 2,5 cm.

■ SAAT-/PFLANZABSTAND Kletternde Sorten 45 cm; kriechende Sorten 90 cm.

■ REIHENABSTAND 75 cm.

## Tipps für den erfolgreichen Anbau

Falls nötig, vor der Pflanzung reichlich verrotteten Kompost oder Stallmist untergraben. Kletternde Sorten an zeltartig aufgestellten Stangen, Spalieren oder gespannten Schnüren oder Drähten ziehen. Die Triebspitzen ausknipsen, wenn sie das Ende der Stützen erreicht haben. Sobald sich Früchte bilden, alle 14 Tage einen flüssigen Universaldünger geben. Regelmäßig wässern.

## EINLEGEGURKEN ANBAUEN

Einlegegurken sind nichts anderes als kleine, unreife Gurken. Es gibt aber einige Sorten, die speziell zum Einlegen gezüchtet wurden. Sie werden meist Cornichons genannt.

Man pflückt sie, wenn sie etwa 2,5 cm lang sind (Cornichons). Wenn man sie etwa 8 cm lang werden lässt, heißen sie Gewürzgurken. Beide werden in Salzlake oder gewürzten Essigsud eingelegt.

**Cornichons** wachsen schnell und müssen geerntet werden, solange sie noch ganz klein sind.

## Ernte

Gurken schmecken am besten und haben noch kleine Kerne, wenn man sie jung erntet – kleiner als ihre Verwandten im Supermarkt. Je mehr man pflückt, desto mehr wachsen nach, Sie brauchen sich also nicht zurückzuhalten. Gelbe, reife Früchte entfernen, sonst entziehen sie der Pflanze Energie. Bis zum ersten Frost muss die Ernte abgeschlossen sein.

## Probleme

■ SCHÄDLINGE Freiland: Blattläuse, Schnecken; Gewächshaus: Blattläuse, Rote Spinnmilbe, Weiße Fliege.

■ KRANKHEITEN Gurken-Mosaikvirus, Stängelgrund- und Wurzelfäule, Echter Mehltau.

(oben links) **Freilandgurken,** die auf dem Boden liegen, werden oft von Schnecken angefressen.

(oben rechts) **'Crystal Apple'** und 'Crystal Lemon' sind ungewöhnliche, fast kugelrunde Gurken mit gelber Schale (Foto). Sie schmecken köstlich und sind angeblich leichter verdaulich.

### INTERESSANTE SORTEN

- 'Burpless Tasty Green'
- 'Carmen'
- 'Crystal Apple'
- 'La Diva'
- 'Marketmore'
- 'Tanja'

# Mehrjährige Gemüse

Die meisten Gemüsearten werden einjährig kultiviert. Spargel, Artischocken, Topinambur und Rhabarber sind langlebig. Einmal gepflanzt bringen sie Jahr für Jahr Erträge, man muss sie also nicht jedes Jahr aufs Neue pflanzen oder säen. Ewig leben aber auch diese Gemüsearten nicht. Artischocken und Rhabarber sollte man nach einigen Jahren ausgraben, teilen und jüngere Stücke des Ballens wieder einpflanzen, damit diese dann »verjüngt« wieder austreiben.

**Mehrjährige Gemüse** sind attraktiv und vielfältig. Je nach Art erntet man Sprosse, Knollen oder Blütenknospen. Die Pflanzen sind robust und winterhart und brauchen weniger Pflege als das meiste einjährige Gemüse.

(oben, von links nach rechts) **Artischocke, Topinambur, Spargel**

(links) **Rhabarber**

# Spargel

Wer Spargel pflanzt, muss langfristig denken, denn die Pflanzen können 20 Jahre lang Erträge bringen. So lange bleiben sie an ihrem Platz. Jedes Frühjahr erscheinen zuerst die köstlichen, essbaren Sprosse und dann das hohe, fiedrige Laub, das im Herbst abgeschnitten wird.

| | J | F | M | A | M | J | J | A | S | O | N | D |
|---|---|---|---|---|---|---|---|---|---|---|---|---|
| pflanzen | | | ■ | ■ | | | | | | | | |
| ernten | | | | ■ | ■ | | | | | | | |

**Spargel** möglichst unmittelbar vor dem Verbrauch mit einem scharfen Messer knapp unter der Erdoberfläche abschneiden.

## Standort

Geschützter Standort mit leichtem, durchlässigem Boden mit einem pH-Wert zwischen 6,5 und 7,5. Sandiger Boden ist ideal. Wer tonigen Boden hat, baut Spargel lieber in Wall- oder Hochbeeten an.

## Aussaat und Pflanzung

- WANN PFLANZEN? Im März oder April neue Wurzelstöcke pflanzen oder ältere teilen.
- PFLANZTIEFE 10 cm tief in Gräben von 20 cm Tiefe.
- PFLANZABSTAND 30–40 cm.
- REIHENABSTAND 45 cm.

## Tipps für den erfolgreichen Anbau

Die Wurzelstöcke in vorbereitete Gräben pflanzen (siehe S. 56), regelmäßig wässern und unkrautfrei halten. Zweimal jährlich düngen: im März und nach der Ernte. Das gelbe Laub im Herbst abschneiden (siehe S. 159) und das Beet mit verrottetem Kompost oder Stallmist mulchen.

## Ernte

Spargel im ersten Jahr nach der Pflanzung nicht ernten. Danach die Stangen 13–18 cm lang werden lassen und knapp unter der Erdoberfläche abschneiden.

## Probleme

- SCHÄDLINGE Spargelhähnchen, Schnecken.
- KRANKHEITEN Stängelgrund- und Wurzelfäule, Violetter Wurzeltöter.

### INTERESSANTE SORTEN

- 'Ariane'
- 'Connover's Colossal'
- 'Gijnlim'
- 'Jersey Knight'
- 'Purple Pacific'

# Artischocken

Artischocken kann man aus Samen ziehen, einfacher ist es aber, Seitentriebe älterer Pflanzen zu bewurzeln (siehe S. 76). Die Pflanzen bringen drei bis vier Jahre Erträge, dann sollten von ihnen wiederum Seitentriebe abgenommen werden, um den Bestand zu verjüngen.

| | J | F | M | A | M | J | J | A | S | O | N | D |
|---|---|---|---|---|---|---|---|---|---|---|---|---|
| im Haus säen | | ■ | ■ | | | | | | | | | |
| auspflanzen | | | | ■ | ■ | | | | | | | |
| Seitentriebe pflanzen | | | | ■ | ■ | | | | | | | |
| ernten | | | | | ■ | ■ | ■ | ■ | ■ | | | |

(rechts) **Die oberste Knospe** zuerst ernten. (gegenüber) **Violette Knospen** heben sich gegen das frische grüne Laub hübsch ab.

## Standort

Ein sonniger, geschützter Platz mit fruchtbarem, leicht saurem Boden (pH-Wert 6,5).

## Aussaat und Pflanzung

■ WANN SÄEN/PFLANZEN? Aussaat im Haus im Februar oder März. Auspflanzen oder Seitentriebe pflanzen im April oder Mai.

■ PFLANZTIEFE 5 cm.

■ PFLANZABSTAND 90 cm.

■ REIHENABSTAND 90 cm.

## Tipps für den erfolgreichen Anbau

Von neuen Pflanzen im ersten Standjahr die Hauptknospe abschneiden, sobald sie sich zeigt. Im Herbst das abgestorbene Laub abschneiden, die Pflanzen über Winter mit Reisig abdecken. Im Frühling mulchen, düngen.

## Ernte

Die oberste Knospe abschneiden, wenn sie sich rundet. Dann von oben nach unten ernten.

## Probleme

■ SCHÄDLINGE Ohrenkneifer, Schnecken.

■ KRANKHEITEN Pilzbefall.

(links) **Dicke, runde Artischocken** müssen geerntet werden, bevor sich die Schuppen öffnen und die Blüten erscheinen.

### INTERESSANTE SORTEN

■ 'Green Globe'

■ 'Gros Vert de Laon'

■ 'Purple Globe'

■ 'Violetto di Chioggia'

# Topinambur

Topinambur bildet, ähnlich wie Kartoffeln, zwischen den Wurzeln unterirdische Knollen. Die Pflanze ist mit der Sonnenblume verwandt und kann bis zu 3 m hoch werden. Weil die Pflanzen mehrjährig sind, wachsen aus Knollen, die in der Erde vergessen wurden, im folgenden Jahr neue Pflanzen heran.

| | J | F | M | A | M | J | J | A | S | O | N | D |
|---|---|---|---|---|---|---|---|---|---|---|---|---|
| Knollen im Freiland pflanzen | | ■ | ■ | ■ | | | | | | | | |
| ernten | ■ | ■ | | | | | | | | | ■ | ■ |

(oben) **Eine wüchsige Pflanze** kann bis zu zehn Knollen bilden.

(links) **Die Knollen** nach Bedarf ab Mitte Herbst ernten, aber nicht, wenn der Boden gefroren ist.

## Standort

Topinambur wächst in Sonne oder Schatten und in jedem Boden, der nicht staunass oder zu sauer ist. Bei einem pH-Wert unter 6,5 kalken.

## Aussaat und Pflanzung

- WANN PFLANZEN? Neue Knollen im Februar oder März pflanzen, sobald der Boden bearbeitet werden kann.
- PFLANZTIEFE 10–15 cm.
- PFLANZABSTAND 30–40 cm.
- REIHENABSTAND 30–40 cm.

## Tipps für den erfolgreichen Anbau

Die hohen Pflanzen müssen anfangs angehäufelt und später gestützt werden. Im Juli oder August die Stiele auf 1,5 m herunterschneiden und die Blüten entfernen. Dadurch steht der Pflanze mehr Energie zur Knollenbildung zur Verfügung. Im Herbst das gelbe Laub knapp über dem Boden abschneiden.

## Ernte

Die Knollen bis zum Verbrauch im Boden lassen. Wie Kartoffeln ernten.

## Probleme

- SCHÄDLINGE Schnecken.
- KRANKHEITEN Sclerotinia (ein weißlicher Pilz).

### INTERESSANTE SORTEN

- 'Fuseau'
- 'Dwarf Sunray'

# Rhabarber

Eine ausgewachsene Rhabarberpflanze kann im Sommer 2 m Durchmesser erreichen. Wer einen großen Garten hat, sollte aber auf Rhabarber nicht verzichten. Er ist vielseitig und dekorativ. Wenn die Pflanzen einmal angewachsen sind, brauchen sie kaum Pflege, bringen aber monatelang Erträge.

| | J | F | M | A | M | J | J | A | S | O | N | D |
|---|---|---|---|---|---|---|---|---|---|---|---|---|
| im Haus säen | | ■ | | | | | | | | | | |
| umpflanzen | | | | | ■ | | | | | | | |
| ältere Pflanzen teilen | ■ | ■ | ■ | | | | | | | ■ | ■ | ■ |
| ernten | | | ■ | ■ | ■ | ■ | ■ | | | | | |

## INTERESSANTE SORTEN

- 'Timperley Early'
- 'Victoria'

### Standort

Ein offener, sonniger Platz mit fruchtbarem Boden, der im Winter nicht staunass wird.

### Aussaat und Pflanzung

- WANN SÄEN/PFLANZEN? Aussaat im Februar, auspflanzen im Mai. Teilung älterer Pflanzen jederzeit während der Winterruhe (Oktober bis März), wenn der Boden nicht gefroren ist.
- PFLANZTIEFE Wurzelhals knapp über der Erdoberfläche.
- PFLANZABSTAND 90 cm.
- REIHENABSTAND 30–40 cm.

### Tipps für den erfolgreichen Anbau

Rhabarber auszusäen ist mühsam. Viel einfacher ist es, einen »Ableger« von einer älteren Pflanze abzuteilen und einzupflanzen (siehe S. 192). Im Sommer die Blütenstiele entfernen. Im Herbst das welke Laub beseitigen und rings um die Pflanzen verrotteten Stallmist oder Kompost verteilen. Den Wurzelhals über Winter nicht abdecken.

### Ernte

Man kann Rhabarber treiben, um schon ab Januar zarte, helle Stängel zu ernten (siehe S. 38). Ab Anfang März die Stangen nach Bedarf abbrechen.

### Probleme

- SCHÄDLINGE Blattläuse, Schnecken.
- KRANKHEITEN Wurzelhalsfäule, Hallimasch.

**Rhabarber** mag, wenn er einmal angewachsen ist, nicht umgepflanzt werden. Im Sommer braucht er Wasser und Dünger, im Winter Frost für jahrelange gute Ernte.

# Kräuter

Eine Auswahl verschiedener Kräuter gehört in jeden Nutzgarten, denn sie sind fast so wichtig wie Obst und Gemüse. Viele braucht man tagtäglich in der Küche, andere haben kosmetischen oder heilenden Wert oder sind im Haushalt nützlich. Wer Kräuter selbst zieht, kann großzügiger mit ihnen umgehen und auch mit ungewöhnlicheren Sorten experimentieren, die man im Laden nicht kaufen kann. Petersilie und Basilikum kennt heute jeder, aber wissen Sie auch, wie Kerbel, Liebstöckel und Bohnenkraut schmecken?

**Frische Kräuter** duften herrlich und geben dem Gemüse aus eigenem Anbau erst die richtige Würze.

(oben, von links nach rechts) **Rotes Basilikum, gelber Majoran, Schnittknoblauch**

(ganz links) **Salbei 'Tricolor'**

(links) **Basilikumminze**

# Empfehlungen für den Kräutergarten

Töpfe mit Kräuter-Jungpflanzen gibt es überall in Gärtnereien und Baumschulen zu kaufen. Es kann aber sehr viel mehr Spaß machen, ungewöhnliche Kräuter aus Samen zu ziehen. Hier ein paar würzige, duftende Vorschläge:

1 **Basilikum**
Basilikum stammt aus den Tropen Asiens und braucht viel Wärme und Sonne. In gemäßigtem Klima gedeiht es im Freiland nicht so leicht. Die Blätter regelmäßig pflücken und die Triebspitzen ausknipsen, damit die Pflanzen buschig wachsen.

2 **Estragon**
Es gibt zwei Sorten, den französischen und den russischen Estragon. Französischer Estragon hat das feinere Aroma – mild, leicht süßlich aber würzig eignet er sich hervorragend für Salate. Samen sind nicht erhältlich. Jungpflanzen kaufen oder Stecklinge von älteren Pflanzen schneiden. Über Winter mit Stroh mulchen.

3 **Kerbel**
Ein einjähriges Kraut mit fein fiedrigen Blättern, das leicht nach Anis schmeckt. Im Halbschatten von Frühjahr bis Herbst direkt an Ort und Stelle säen und im Sommer regelmäßig wässern.

4 **Schnittlauch**
Nicht nur die Halme, auch die Blüten sind essbar. Im Frühling aussäen oder ältere Horste im Herbst teilen.

5 **Koriander**
Sowohl die frischen Blätter als auch die Samen der einjährigen Pflanze werden zum Würzen verwendet. Von Frühling bis Spätsommer direkt an Ort und Stelle säen. Regelmäßig ernten.

### 6 Thymian
Thymian kauft man am besten als Jungpflanze. Es gibt viele Sorten mit feinen Geschmacksunterschieden. Ältere Pflanzen können auch durch Teilung, Stecklinge oder Senker vermehrt werden. Nach der Blüte kräftig zurückschneiden, um den Neuaustrieb von Blättern anzuregen.

### 7 Liebstöckel
Der mehrjährige Liebstöckel sieht aus wie glatte Petersilie, kann aber bis 2 m hoch werden. Er schmeckt ein wenig wie Sellerie. Im Frühling an Ort und Stelle säen oder eine vorhandene Pflanze teilen. Im Frühsommer vor der Blüte stark zurückschneiden, um den Neuaustrieb anzuregen.

### 8 Fenchel
Fenchel sieht aus wie Dill und schmeckt auch ähnlich, gehört aber einer anderen Art an. Um Kreuzbestäubungen zu vermeiden, die beiden nicht nebeneinander pflanzen. Direktsaat ab April. Im Herbst die Blätter dicht über dem Boden abschneiden. Reife Samenstände können getrocknet werden.

### 9 Majoran
Majoran wird meist frisch verwendet, Oregano (Wilder Majoran) kann man auch gut trocknen. Beide brauchen Wärme und Sonnenschein. Die Samen keimen unzuverlässig, darum ist es günstiger, Jungpflanzen zu teilen, Stecklinge zu bewurzeln oder ältere Pflanzen zu teilen.

### 10 Bohnenkraut
Sommer-Bohnenkraut und Berg-Bohnenkraut haben immergrüne Blätter, die wie Thymian aussehen und schmecken. Sommer-Bohnenkraut ist einjährig, Berg-Bohnenkraut eine mehrjährige Staude. Aussaat im Frühling oder Sommer. Die Blätter schmecken am besten, wenn sie jung geerntet werden.

### 11 Minze
Es gibt zahllose Minzesorten mit unterschiedlichen Aromen von Ananas bis Ingwer. Alle sind nahezu unverwüstlich und wuchern so stark, dass man sie fast als Unkraut betrachten könnte. Am besten in ein Hochbeet oder einen Kübel, der in die Erde eingesenkt wird, pflanzen.

**12 Salbei**
Die immergrüne Pflanze mit graugrünen, rötlichen oder panaschierten Blättern kann man im Frühling säen, im Sommer aus halb verholzten Stecklingen oder im Herbst aus verholzten Risslingen heranziehen. Ältere Pflanzen im Frühling zurückschneiden, im Sommer die Triebspitzen ausknipsen.

**13 Rosmarin**
Die duftenden, immergrünen Sträucher brauchen Sonne und Wärme, vertragen aber Trockenheit gut. Die Anzucht aus Samen ist schwierig, aber im Spätsommer geschnittene Stecklinge bewurzeln leicht. Im Frühling schneiden, um die Sträucher in Form zu halten.

**14 Dill**
Einjähriges Kraut mit fiedrigen, farnartigen Blättern und zartem Anisgeschmack. Das Aroma der Samen ist intensiver. Dill mag nicht verpflanzt werden, darum von April bis Juli Folgesaaten an Ort und Stelle legen. Die Blätter direkt vor dem Verbrauch ernten. Regelmäßig gießen.

**15 Petersilie**
Petersilie ist zweijährig, doch die glatten und krausen Sorten werden jährlich neu ausgesät, weil die Blätter geerntet werden und nicht die im zweiten Jahr erscheinenden Blüten. Im Haus in Töpfen oder Saatkästen ziehen, alternativ ab Mai ins Freiland säen. Petersilie keimt langsam, aber zuverlässig.

## ZUM AUSPROBIEREN

**Lorbeer**
Der immergrüne Strauch verträgt strenge Winter nicht. Die Anzucht aus Samen ist schwierig. Kaufen Sie lieber eine Jungpflanze oder bewurzeln Sie Stecklinge. Die Blätter können ganzjährig geerntet werden und schmecken fantastisch in Eintöpfen.

**Zitronenmelisse**
Die krautige Staude mit den minzartigen Blättern, die zart nach Zitrusfrüchten und Wald duften, wird meist für Tee verwendet. Sie ist winterhart, leicht zu kultivieren und kann bei guten Bedingungen bis 1,5 m hoch werden. Im Frühling an Ort und Stelle aussäen oder ältere Pflanzen teilen.

# Obst

Das meiste Obst, das in unseren Breiten gedeiht, wächst entweder an Bäumen oder an Sträuchern. Bei den Baumfrüchten unterscheidet man Kernobst (Äpfel und Birnen) und Steinobst (Pflaumen, Kirschen, Aprikosen, Pfirsiche, Nektarinen usw.). Nicht jedes Baumobst fühlt sich in gemäßigtem Klima wohl. Empfindliche Arten brauchen optimale Bedingungen, und Arten, die aus dem Subtropen stammen (etwa Zitrusfrüchte und Granatäpfel) reifen bei uns bestenfalls im Gewächshaus.

Beerenfrüchte wachsen meist an Sträuchern (Johannisbeeren und Stachelbeeren) oder an Ruten (Himbeeren, Brombeeren und deren Hybriden). Heidelbeersträucher und Cranberrys, die in Heidelandschaften mit saurem Boden heimisch sind, bleiben meist niedriger. Erdbeeren, Weintrauben, Kapstachelbeeren und Melonen bilden jeweils eigene Kategorien.

**Stachelbeeren** sind nicht immer grün. Einige Sorten sind in der Vollreife rot, groß und so süß und saftig, dass man sie direkt vom Strauch essen kann.

## Obst-Familien

- **Baumobst** sind einerseits die frostverträglichen Arten wie Äpfel, Birnen, Pflaumen und Kirschen. Zu dieser Gruppe gehören aber auch Aprikosen, Pfirsiche, Nektarinen und Feigen, die einen geschützten Standort und einen langen, warmen Sommer brauchen.
- **Zum Beerenobst** gehören alle Sorten, die an Sträuchern und Ruten wachsen, aber auch Erdbeeren (eigentlich niedrige, krautige Stauden) und Melonen (botanisch enge Verwandte von Kürbissen und Gurken, jedoch viel empfindlicher).
- **Weintrauben** werden manchmal als eigenständige Gruppe mit der Bezeichnung Rebenfrüchte aufgefasst.

# Äpfel

Apfel-Literatur gibt es eine ganze Menge. Es kann einen Hobbygärtner einschüchtern, sich durch all die Fachbegriffe zu arbeiten. Aber so kompliziert ist es nicht. Grundsätzlich unterscheidet man die Früchte in »Dessertäpfel« zum baldigen, rohen Verzehr und »Kochäpfel«. Ein weiteres Unterscheidungskriterium ist die Reifezeit. Merkmale zur Kategorisierung der Bäume sind die Größe (abhängig von der Veredelungsunterlage) und die Wuchsform (abhängig von Schnitt und Erziehung, z.B. am Spalier oder als Fächer). Auch anhand der Blütezeit kann eine Zuordnung erfolgen.

| | J | F | M | A | M | J | J | A | S | O | N | D |
|---|---|---|---|---|---|---|---|---|---|---|---|---|
| pflanzen | ■ | ■ | ■ | | | | | | | | ■ | ■ |
| Winterschnitt | ■ | ■ | | | | | | | | | ■ | ■ |
| Sommerschnitt bei Spalierobst | | | | | | | ■ | ■ | | | | |
| ernten | | | | | | | | ■ | ■ | ■ | | |

### Standort

Apfelbäume mögen einen geschützten Platz in voller Sonne mit fruchtbarem, durchlässigem Boden mit einem pH-Wert um 6,5. Nicht in Frostfallen pflanzen.

### Pflanzung

■ WANN PFLANZEN? Wurzelnackte Bäume am besten während der Ruhezeit von November bis März pflanzen. Dieser Zeitraum ist auch für Containerware optimal, wenngleich diese auch zu anderen Zeiten gepflanzt werden können, sofern die Bedingungen es zulassen.
■ PFLANZTIEFE Auf Höhe der Erdspuren am Stamm.
■ PFLANZABSTAND Je nach Wüchsigkeit der Unterlage zwischen 75 cm (Zwerg-Säulenäpfel) bis 6,5 m (große, einzeln stehende Bäume).

(links, von oben nach unten) **'Ellison's Orange'** hat ein feines süßes Aroma, ist resistent gegen Schorf, aber anfällig für Obstbaumkrebs. **'Winston'** ist ein fester, leicht säuerlicher Apfel, der an kräftig wachsenden Bäumen reift. **'Egremont Russet'** ist eine verlässliche Sorte mit gutem, saftigem Geschmack.

## INTERESSANTE SORTEN

**Kochäpfel**
- 'Boscop'
- 'Bramley's Seedling'
- 'Grenadier'

**Dessertäpfel, frühe**
- 'Katy'
- 'Klarapfel'

**Dessertäpfel, mittelfrühe**
- 'Ellison's Orange'
- 'Egremont Russet'
- 'Gravensteiner'
- 'James Grieve'
- 'Queen Cox'

**Dessertäpfel, späte**
- 'Altländer Pfannkuchenapfel'
- 'Fiesta'
- 'Howgate Wonder'
- 'Laxton's Superb'
- 'Tydeman's Late Orange'
- 'Winston'

**Reife Äpfel** lassen sich leicht pflücken. Die Frucht mit einer Hand festhalten und behutsam drehen. Wenn sie sich nicht löst, ist sie noch nicht reif.

### Tipps für den erfolgreichen Anbau

Die meisten Apfelsorten brauchen einen Bestäubungspartner einer anderen Sorte, die zur gleichen Zeit blüht. Wenn mehrere Bäume in Ihrem Garten zu unterschiedlichen Zeiten blühen, werden sie eher wenig tragen. Darum ist es wichtig, zwei Bäume zu pflanzen, die einander als Bestäubungspartner dienen. Sofern der Abstand nicht zu groß ist, tragen Insekten den Pollen von einem Baum zum anderen.

(unten links) **'Howgate Wonder'** und (rechts) **'Bramley's Seedling'** sind klassische Kochäpfel. Sie reifen spät, halten sich lange und besitzen eine feine Säure.

(oben) **Insekten** tragen den Pollen von einem Baum zum anderen. Für eine gute Ernte muss für jeden Apfelbaum ein passender Bestäubungspartner in der Nähe stehen.

(gegenüber) **'Kidd's Orange Red'** ist ein Abkömmling von 'Cox's Orange Pippin' mit deutlich süßeren Früchten. Er trägt regelmäßig, wenn auch nicht überreichlich und wird relativ spät geerntet.

Im Frühling um den Stamm einen Universaldünger verteilen und mit verrottetem Kompost mulchen.

Im Frühsommer werfen die meisten Bäume einen Teil ihrer jungen, etwa eichelgroßen Früchte ab. So sorgen sie selbst dafür, dass sie nicht überreich tragen und sich verausgaben. Dennoch sollten Sie kranke Früchte entfernen und zusätzlich ausdünnen: Dessertäpfel auf Abstände von 10–15 cm, Kochäpfel auf 15–23 cm.

## Schnitt und Erziehung

Beim Winterschnitt während der Ruhezeit von November bis Februar alle toten, beschädigten und kranken Zweige entfernen. Bei Spalier- und Fächerobst im Sommer alle unerwünschten Zweige abschneiden, um die Bildung neuer, fruchtender Triebe zu fördern.

## Ernte

Frühe Sorten rasch verbrauchen. Spät reifende Äpfel können eingelagert werden (siehe S. 174).

## Probleme

■ SCHÄDLINGE Blattläuse, Apfel-Sägewespe, Apfelblattsauger, Vögel, Blattwanzen, Raupen, Apfelwickler.
■ KRANKHEITEN Stippigkeit, Blütenwelke, Braunfäule, Obstbaumkrebs, Feuerbrand, Echter Mehltau, Schorf.

## TIPPS FÜR DEN APFELBAUMKAUF

Beim Kauf von Apfelbäumen ist zweierlei zu bedenken: Veredelungsunterlage und Wuchsform des Baums. Die Veredelungsunterlage bildet das Wurzelwerk und den Hauptstamm, auf den in der Baumschule ein Edelreis der jeweiligen Fruchtsorte aufgepfropft wird. Je nach Veredelungsunterlage kann ein Baum zwergwüchsig bis hoch und ausladend ausfallen.

Hinsichtlich der Form unterscheidet man zwischen der kelchförmig-offen wachsenden Buschform und der schlankeren, eher konischen Spindelform. Zum Spalierobst zählen auch Fächerformen mit einem oder mehreren geraden Stämmen. Säulenäpfel sind streng genommen kleinwüchsige Spaliere. Echte Spalierbäume haben mehrere symmetrische, parallele »Arme«, und echte Fächerformen sehen eben aus wie große spanische Fächer.

# Birnen

Birnen haben viele Gemeinsamkeiten mit Äpfeln. Sie werden ebenso vermehrt und veredelt, gezogen und geschnitten. Allerdings blühen Birnbäume früher als Apfelbäume, die Blüten sind also stärker durch späten Frost gefährdet. Damit die Früchte ausreifen, brauchen sie mehr Wärme und Sonne als Äpfel, darum werden sie oft als Spalierobst an einer Südwand gezogen. Weil Birnbäume enorm hoch werden können, verwendet man meist als Veredelungsunterlage die weniger starkwüchsige Quitte.

## INTERESSANTE SORTEN

- 'Beth'
- 'Williams' Bon Chrétien'
- 'Beurré Superfin'
- 'Concorde'
- 'Conference'
- 'Doyenné du Comice'

| | J | F | M | A | M | J | J | A | S | O | N | D |
|---|---|---|---|---|---|---|---|---|---|---|---|---|
| pflanzen | ■ | ■ | ■ | | | | | | | | ■ | ■ |
| Winterschnitt | ■ | ■ | | | | | | | | | ■ | ■ |
| Sommerschnitt bei Spalierobst | | | | | | | ■ | ■ | | | | |
| ernten | | | | | | | | ■ | ■ | ■ | | |

### Standort

Birnen brauchen einen warmen, geschützten Standort mit tiefgründigem, durchlässigem, schwach saurem Boden (pH-Wert etwa 6,5).

### Pflanzung

■ WANN PFLANZEN? Wurzelnackte Bäume nur während der Winterruhe zwischen November und März pflanzen. Containerware kann

(unten, von links nach rechts) **Die Blüten** sind frostempfindlich. Junge Früchte auf zwei pro Gruppe ausdünnen.

jederzeit gepflanzt werden, am günstigsten ist aber auch hier die winterliche Ruhezeit.

■ PFLANZTIEFE Auf Höhe der Erdspuren am Stamm.

■ PFLANZABSTAND Je nach Wüchsigkeit der Veredelungsunterlage zwischen 75 cm (Zwerg-Säulenbirnen) bis 5,5 m (große, einzeln stehende Bäume).

## Tipps für den erfolgreichen Anbau

Wie Äpfel brauchen auch Birnen einen Bestäubungspartner, der zur gleichen Zeit blüht. Nach der Bestäubung bilden sich kleine Früchte, von denen der Baum etwa im Juni einen Teil abwirft. Trotzdem sollten Sie kranke oder missgeformte Birnen entfernen und eventuell den Behang ausdünnen, damit die restlichen Früchte genug Platz haben, um sich gesund zu entwickeln.

Im Frühling wie Apfelbäume düngen und mulchen (siehe S. 292).

## Schnitt und Erziehung

Birnen können als einzeln stehende Bäume gehalten werden oder als Spalier- oder Fächerobst gezogen werden. Winterschnitt an frei stehenden Bäumen während der Winterruhe zwischen November und Februar. Kranke, beschädigte, abgestorbene oder zu dicht stehende Zweige entfernen und die Gesamtform der Krone korrigieren. Im Sommer von Spalierobst unerwünschte Zweige entfernen, um die Bildung neuer, fruchtender Triebe anzuregen.

## Ernte

Der optimale Erntezeitpunkt ist bei Birnen schwer einzuschätzen. Pflücken Sie sie im Zweifelsfall etwas unreif. Um die Reife zu testen, eine Frucht mit der Handfläche anheben und leicht drehen. Wenn sie sich samt Stiel vom Baum löst, ist sie vermutlich reif. Frühe Birnen müssen binnen weniger Wochen verbraucht werden. Späte Sorten können bis zur Vollreife gelagert werden (siehe S. 174).

## Probleme

■ SCHÄDLINGE Blattläuse, Vögel, Blattwanzen, Raupen, Wickler-Larven, Birnenpockenmilbe, Birnen-Gallmücke, Schwarze Kirschblattwespe (winzige schwarze Larven, die Blätter bis aufs Skelett abfressen).

■ KRANKHEITEN Blütenfäule, Braunfäule, Obstbaumkrebs, Feuerbrand. Schorf.

(unten) **Der Erntetermin** wird durch mehrere Faktoren beeinflusst: Wuchskraft von Unterlage und Fruchtsorte, Bodenqualität, Wetter während der Saison sowie Schnitt oder Form des Baums. 'Gorham' (Foto), eine saftige, würzige Sorte, trägt zuverlässig.

# Pflaumen

Pflaumen gibt es in vielen Größen und in Farben von dunkelviolett bis hellgelb. Manche schmecken saftig und süß, andere eher herb. Zur Familie der Pflaumen gehören auch Mirabellen, Renekloden, Zwetschgen, Damaszenerpflaumen und die weniger bekannten wilden Verwandten wie z. B. Schlehen. Manche sind Selbstbestäuber, können also allein im Garten stehen. Andere brauchen in der Nähe einen Bestäubungspartner, dessen Pollen sie zur Fruchtbildung benötigen.

| | J | F | M | A | M | J | J | A | S | O | N | D |
|---|---|---|---|---|---|---|---|---|---|---|---|---|
| pflanzen | ■ | ■ | | | | | | | | | ■ | ■ |
| schneiden | | | | ■ | ■ | ■ | ■ | ■ | | | | |
| ernten | | | | | | | ■ | ■ | ■ | ■ | | |

## Standort

Pflaumen gedeihen in durchschnittlich fruchtbarem, durchlässigem Boden, brauchen aber einen warmen, geschützten Platz mit gutem Frostschutz.

## Pflanzung

■ WANN PFLANZEN? Während der Winterruhe zwischen November und Februar.
■ PFLANZTIEFE Auf Höhe der Erdspuren am Stamm.
■ PFLANZABSTAND Halbzwerge 2,5–3,6 m; mäßig wüchsige 3,6–5 m, wüchsige 5,5–6,5 m oder mehr.

## Tipps für den erfolgreichen Anbau

Sogenannte Halbzwerge auf schwach wüchsigen Veredelungsunterlagen wie 'Pixie' werden kaum höher als 2 Meter. Früh blühende und damit frostempfindliche Sorten dieser Größe lassen sich gut mit Vlies schützen. Im Juni oder Juli die etwa halb ausgewachsenen Früchte ausdünnen, falls der Baum droht, überreich zu tragen.

## Schnitt und Erziehung

Niemals Steinobst im Winter schneiden, die Gefahr des Befalls mit Bleiglanz wäre zu groß. Junge Bäume im Frühling nach Beginn des Laubwachstums schneiden. Aus älteren Bäumen nur kranke, beschädigte tote und zu dicht stehende Zweige entfernen. Bei Spalierbäumen die Form korrigieren.

## Ernte

Dessertpflaumen pflücken, sobald sie reif sind und sich leicht vom Baum lösen. Früchte zum Kochen und Backen (Kochpflaumen) lieber etwas unreif ernten.

## Probleme

■ SCHÄDLINGE Blattläuse, Vögel, Raupen, Pflaumenwickler, Wespen.
■ KRANKHEITEN Bakterienbrand, Braunfäule, Bleiglanz.

(im Uhrzeigersinn von oben links) **'Reine Claude de Bavay'**, ist eine süße, spät reifende Reneklode französischer Herkunft. **'Giant Prune'**-Pflaumen sind groß und süß. **'Warwickshire Drooper'** reift an Bäumen mit attraktivem Trauerwuchs. Die rot-violette **'Laxton's Cropper'** ist seit Jahrhunderten bekannt.

### INTERESSANTE SORTEN

**Dessertpflaumen**
■ 'Cambridge Gage'
■ 'Opal'
■ 'Oullins Golden Gage'
■ 'Victoria'

**Kochpflaumen**
■ 'Marjorie's Seedling'

**Zwetschgen**
■ 'Farleigh'
■ 'Merryweather'

# Kirschen

Süßkirschen schmecken roh, direkt vom Baum, wunderbar. Sauerkirschen kann man ebenfalls roh essen, meist werden sie aber eingemacht. Der Anbau ist recht einfach – schwieriger ist es, die Vögel an der Ernte zu hindern. Große Bäume mit Netzen zu schützen ist recht unpraktisch. Inzwischen gibt es aber auch Sorten, die auf kleinwüchsiger Unterlage veredelt sind.

## INTERESSANTE SORTEN

- 'Merton Glory'
- 'Stella'
- 'Sunburst'
- 'Sweetheart'

**Sauerkirschen**

- 'Morello'
- 'Nabella'

| | J | F | M | A | M | J | J | A | S | O | N | D |
|---|---|---|---|---|---|---|---|---|---|---|---|---|
| pflanzen | ■ | ■ | | | | | | | | | ■ | ■ |
| schneiden | | | ■ | ■ | | | ■ | ■ | ■ | | | |
| ernten | | | | | | ■ | ■ | ■ | ■ | | | |

### Standort
Ein warmer, geschützter Platz mit tiefgründigem, durchlässigem, leicht saurem Boden (pH-Wert ca. 6,5).

### Pflanzung
- WANN PFLANZEN? Während der Ruhezeit zwischen November und Februar.
- PFLANZTIEFE Wie Erdspuren am Stamm.
- PFLANZABSTAND Zwergwüchsige 2,5–2,7 m Abstand, mittelgroße 3,6–5 m, wüchsige 6–7 m.

### Tipps für den erfolgreichen Anbau
Kirschblüten können durch späten Frost geschädigt werden. Süßkirschen und manche Sauerkirschen brauchen einen Bestäubungspartner in der Nähe.

### Schnitt und Erziehung
Steinobst nicht im Winter schneiden, sonst besteht hohes Risiko der Infektion mit Bleiglanz oder Obstbaumkrebs. Junge Bäume im Frühling nach Einsetzen des Laubwachstums schneiden. Bei älteren Bäumen im Sommer nur tote Äste entfernen.

### Ernte
Die Kirschen samt Stielen abschneiden. Bleiben die Stiele am Baum oder wird die Rinde eingerissen, können Krankheitserreger eindringen. Die Früchte binnen weniger Tage verwerten.

### Probleme
- SCHÄDLINGE Schwarze Kirschblattlaus, Vögel, Raupen.
- KRANKHEITEN Bakterienbrand, Obstbaumkrebs, Blütenfäule, Braunfäule, Bleiglanz.

(unten, von links nach rechts) **Süßkirschen** brauchen einen Bestäubungspartner in der Nähe. **Früchte** mit Stiel abschneiden.

# Pfirsiche und Nektarinen

Pfirsiche und Nektarinen stellen dieselben Ansprüche. Sie sind frostverträglich und überleben auch kalte Winter, blühen aber sehr früh, wenn es noch kalt ist und wenig bestäubende Insekten fliegen. Damit die Früchte gut ausreifen, brauchen sie einen langen Sommer mit sehr vielen Sonnenstunden.

| | J | F | M | A | M | J | J | A | S | O | N | D |
|---|---|---|---|---|---|---|---|---|---|---|---|---|
| pflanzen | | | | | | | | | ■ | ■ | ■ | ■ |
| schneiden | | | | ■ | ■ | ■ | ■ | ■ | ■ | | | |
| ernten | | | | | | | ■ | ■ | ■ | | | |

**Pfirsiche** (oben) brauchen nicht ganz so viel Wärme wie **Nektarinen** (unten) und tragen daher im Freiland oft etwas besser.

## Standort

Ein warmer, sonniger Platz mit Schutz vor Wind und Frost. Tiefgründiger, fruchtbarer, leicht saurer Boden (pH-Wert ca. 6,5)

## Pflanzung

- WANN PFLANZEN? Während der Ruhezeit zwischen September und Dezember. Wurzelnackte Bäume am besten im November.
- PFLANZTIEFE Auf Höhe der Erdspuren am Stamm.
- PFLANZABSTAND Buschformen 4,5–5,5 m Abstand, Fächer 3,5–4,5 m.

## Tipps für den erfolgreichen Anbau

Ein nach Süden gerichtetes Fächerspalier an einer warmen Wand oder einem Zaun bietet in gemäßigtem Klima die besten Erfolgschancen. Pfirsiche und Nektarinen sind Selbstbestäuber, müssen wegen der frühen Blüte aber manchmal von Hand bestäubt werden (siehe S. 62).

## Schnitt und Erziehung

Nicht im Winter schneiden. Ältere Fächer im Frühling und im Spätsommer oder Herbst nach der Ernte schneiden. Früchte auf Abstände von 15–23 cm ausdünnen.

## Ernte

Die Früchte sind reif, wenn sie um den Stielansatz etwas weich werden. Bei vorsichtigem Drehen lösen sie sich leicht vom Baum.

## Probleme

- SCHÄDLINGE Blattläuse, Vögel, Weiche Schildläuse, Rote Spinnmilbe, Wespen.
- KRANKHEITEN Bakterienbrand, Braunfäule, Kräuselkrankheit, Bleiglanz.

### INTERESSANTE SORTEN

**Pfirsiche**

- 'Duke of York'
- 'Peregrine'
- 'Rochester'

**Nektarinen**

- 'Lord Napier'

# Aprikosen

Aprikosen werden ähnlich kultiviert wie Pfirsiche und Nektarinen, sind aber weniger krankheitsanfällig. In gemäßigtem Klima reifen die Früchte allerdings nicht immer perfekt aus. Besonders kritisch ist das zeitige Frühjahr. Aprikosen blühen noch früher als Pfirsiche, müssen daher vor Frost geschützt werden und, falls noch zu wenige Insekten unterwegs sind, von Hand bestäubt werden.

| | J | F | M | A | M | J | J | A | S | O | N | D |
|---|---|---|---|---|---|---|---|---|---|---|---|---|
| pflanzen | | | | | | | | | | ■ | ■ | ■ |
| schneiden | | | | ■ | ■ | ■ | ■ | ■ | ■ | | | |
| ernten | | | | | | | ■ | ■ | ■ | | | |

**Auch in kühleren Lagen** kann man reichlich ernten, wenn man die Pflanzen mit Vlies vor Frost schützt. Wenn sich die Blüten öffnen, das Vlies tagsüber entfernen.

### INTERESSANTE SORTEN

- 'Flavorcot'
- 'Moorpark'
- 'New Large Early'
- 'Tomcot'

## Standort

Aprikosen brauchen einen warmen, sonnigen, möglichst vor Frost geschützten Platz mit tiefgründigem, einigermaßen fruchtbarem Boden. Der pH-Wert sollte zwischen 6,5 und 7,5 liegen.

## Pflanzung

■ WANN PFLANZEN? Während der Ruhezeit von Oktober bis Dezember, wurzelnackte Bäume am besten im November.

■ PFLANZTIEFE Wie Erdspuren am Stamm.

■ PFLANZABSTAND Buschformen 3,5–5,5 m, Fächer 4,5 m.

## Tipps für den erfolgreichen Anbau

Die Bäume buschig mit offenem Zentrum oder als Fächer an einer Wand oder einem Zaun ziehen. Auf der kleinwüchsigen Unterlage 'Pixie' veredelte Bäume bleiben recht klein und damit pflegeleichter. Im März düngen und mit Kompost mulchen.

## Schnitt und Erziehung

Niemals im Winter schneiden. Ältere Fächer im Frühling und nochmals nach der Ernte im Spätsommer oder Herbst schneiden.

## Ernte

Die Früchte sind reif, wenn sie etwas weich werden, kräftig gefärbt sind und sich leicht vom Baum lösen.

## Probleme

■ SCHÄDLINGE Blattläuse, Vögel, Weiche Schildläuse, Rote Spinnmilben.

■ KRANKHEITEN Zweigsterben der Aprikose (alle betroffenen Zweige abschneiden), Bakterienbrand, Bleiglanz.

# Feigen

Feigenbäume sind eigentlich unkompliziert, aber im Freiland reifen die Früchte nur an einem warmen, geschützten, relativ frostfreien Platz, etwa an der Südwand eines Schuppens. Sie brauchen einen langen, warmen Sommer. Feigenbäume können auch im Gewächshaus gehalten werden, aber Vorsicht: Sie können sehr groß werden, wenn sie nicht im Kübel stehen.

| | J | F | M | A | M | J | J | A | S | O | N | D |
|---|---|---|---|---|---|---|---|---|---|---|---|---|
| pflanzen | ■ | ■ | ■ | | | | | | | | ■ | ■ |
| schneiden | | | | ■ | | ■ | ■ | | | | | |
| ernten | | | | | | | | ■ | ■ | | | |

## Standort
Feigen brauchen einen warmen, sonnigen, vor Frost geschützten Platz in durchlässigem Boden. Damit der Baum nicht zu groß wird, in einen Kübel pflanzen.

## Pflanzung
- WANN PFLANZEN? Zwischen November und März, optimal ist der März.
- PFLANZTIEFE Auf Höhe der Erdspuren am Stamm.
- PFLANZABSTAND 4–5 m.

## Tipps für den erfolgreichen Anbau
In kühlen Regionen reifen Feigen, die im Frühling gebildet werden, bis zum Herbst nicht aus. Im November alle Früchte, die Kirschgröße erreicht haben, entfernen (siehe S. 184). Kleinere, erbsengroße Feigen im Bereich der Zweigspitzen stehen lassen.

## Schnitt und Erziehung
Im April kranke, beschädigte und überlange Zweige sowie einen Teil des alten Holzes entfernen. Im Juni oder Juli neue Triebe auf vier oder fünf Blätter zurückschneiden. So wird die Bildung kleiner »Fruchtembryonen« angeregt.

## Ernte
Feigen ernten, wenn sie gut gefärbt sind und etwas weich werden. Wenn am »Auge« an der Unterseite der Frucht ein Nektartropfen erscheint, ist der ideale Zeitpunkt erreicht.

## Probleme
- SCHÄDLINGE Vögel.
- KRANKHEITEN Rotpustelkrankheit.

**Wer in gemäßigtem Klima** reife Feigen ernten will, muss die winzigen Früchte über Winter schützen. Am Spalier gezogene Bäume können mit Vlies oder Stroh und Netzen geschützt werden, kleine Bäume in Kübeln kann man an einen frostfreien Platz bringen.

### INTERESSANTE SORTEN
- 'Brown Turkey'
- 'Brunswick'
- 'White Marseilles'

# Erdbeeren

Die meisten Erdbeeren tragen einmal im Jahr, je nach Sorte früh, mittelfrüh oder spät, also zwischen Ende Mai und Ende Juli. Monatserdbeeren bilden den ganzen Sommer lang bis zum ersten Frost Früchte, manchmal bis in den Oktober. Erdbeerpflanzen sind zwar Stauden, aber nicht sehr langlebig, nach drei bis vier Jahren sollten sie ersetzt werden.

| | J | F | M | A | M | J | J | A | S | O | N | D |
|---|---|---|---|---|---|---|---|---|---|---|---|---|
| **einmal tragende** | | | | | | | | | | | | |
| pflanzen | | | ■ | ■ | ■ | ■ | ■ | ■ | ■ | ■ | | |
| ernten | | | | | ■ | ■ | ■ | | | | | |
| **Monatserdbeeren** | | | | | | | | | | | | |
| pflanzen | | | ■ | ■ | ■ | ■ | ■ | ■ | ■ | ■ | | |
| ernten | | | | | ■ | ■ | ■ | ■ | ■ | ■ | | |

## INTERESSANTE SORTEN

**Einmal tragende**
- 'Cambridge Favourite'
- 'Honeoye'
- 'Mae'
- 'Florence'

**Monatserdbeeren**
- 'Flamenco'
- 'Mara des Bois'
- 'Aromel'

## WALDERDBEEREN

Diese Miniaturausgaben der üblichen Erdbeeren sind unkompliziert. Man kauft sie in Töpfen oder zieht sie aus virusfreien Samen. Im Haus im zeitigen Frühjahr vorziehen und im Mai auspflanzen. Eventuell werden schon im ersten Jahr einige Früchte gebildet, ab dem zweiten Jahr fällt die Ernte reicher aus. Ältere Pflanzen breiten sich aus und sind auch als Bodendecker beliebt.

**Walderdbeeren** sind winzig, kaum größer als Erbsen. Die Früchte reifen im Sommer. Sie sind nicht ganz so süß wie normale Erdbeeren, werden aber wegen ihres Duftes und intensiven Aromas geschätzt.

### Standort

Ideal ist ein Platz in voller Sonne mit leichtem, durchlässigem, fruchtbarem Boden mit einem leicht sauren pH-Wert (6–6,5). Man kann sie durch Plastikfolie pflanzen, die über Hochbeete gespannt ist.

### Pflanzung

- WANN PFLANZEN? Wurzelnackte oder im Topf gezogene Ausläufer zwischen März und Oktober pflanzen, am besten aber zwischen Juli und September. Im Frühling gepflanzte Ausläufer sollten im ersten Jahr keine Früchte bilden (Blüten abknipsen), im Herbst gepflanzte dürfen im ersten Erntejahr nur wenige Früchte bilden. Kalt gelagerte Ausläufer, die von März bis Juli gepflanzt werden, fruchten nach etwa zwei Monaten.
- PFLANZTIEFE Wurzelhals sollte auf Erdniveau oder knapp darüber liegen.
- PFLANZABSTAND 45 cm.
- REIHENABSTAND 1 m.

### Tipps für den erfolgreichen Anbau

Erdbeeren nicht auf Beete pflanzen, auf denen in den letzten drei Jahren Erdbeeren gestanden haben.

Regelmäßig wässern, vor allem direkt nach der Pflanzung und während der Fruchtbildung. Dabei

Staunässe vermeiden und darauf achten, dass die Früchte trocken bleiben. Netze zum Schutz vor Tauben und anderen Vögeln spannen.

Im Frühling und nochmals nach der Ernte alle abgestorbenen, kranken oder beschädigten Blätter und Ausläufer von älteren Pflanzen entfernen.

## Ernte

Die Beeren pflücken, wenn sie rot und reif sind, aber ehe sie weich werden. Rasch verbrauchen, denn Erdbeeren lassen sich nicht gut einfrieren bzw. sind beim Auftauen oft matschig.

## Probleme

■ SCHÄDLINGE Blattläuse, Käfer, Vögel, Schnecken.

■ KRANKHEITEN Grauschimmel, Echter Mehltau, Viruserkrankungen.

(oben und unten) **Eine Schicht Stroh** schützt die Früchte vor Schmutz und Schnecken und unterdrückt Unkraut. Alternativ können spezielle Erdbeermatten, Mulchfolie oder Mulchgewebe verwendet werden.

# Himbeeren

Bei Himbeeren unterscheidet man zwischen Sommer- und Herbsthimbeeren. Die allerersten Sommerhimbeeren sind unwiderstehlich, aber ihre Saison ist kurz, und weil die Vögel auch ganz wild auf sie sind, muss man sie unter Netzen ziehen. Herbsthimbeeren andererseits tragen über einige Monate, und erstaunlicherweise haben die Vögel deutlich weniger Interesse an ihnen.

| | J | F | M | A | M | J | J | A | S | O | N | D |
|---|---|---|---|---|---|---|---|---|---|---|---|---|
| **Sommerhimbeeren** | | | | | | | | | | | | |
| pflanzen | ■ | ■ | ■ | | | | | | | | ■ | ■ |
| schneiden | | ■ | | | | | ■ | ■ | | | | |
| ernten | | | | | | | ■ | ■ | | | | |
| **Herbsthimbeeren** | | | | | | | | | | | | |
| pflanzen | ■ | ■ | ■ | | | | | | | | ■ | ■ |
| schneiden | | ■ | ■ | | | | | | | | | |
| ernten | | | | | | | | ■ | ■ | ■ | ■ | |

**Wer fast sechs Monate** lang Himbeeren ernten will, muss Sommerhimbeeren (links) und Herbsthimbeeren (rechts) pflanzen.

### INTERESSANTE SORTEN

**Sommerhimbeeren**
- 'Glen Ample'
- 'Tulameen'

**Herbsthimbeeren**
- 'Autumn Bliss'
- 'Joan J'

## Standort
Himbeeren brauchen einen geschützten Platz mit fruchtbarem, durchlässigem, leicht saurem Boden.

## Pflanzung
- WANN PFLANZEN? Wurzelnackte Ruten zwischen November und März – sofern der Boden nicht gefroren ist.
- PFLANZTIEFE 5–8 cm.
- PFLANZABSTAND 35–45 cm.
- REIHENABSTAND 1,2–2 m.

## Tipps für den erfolgreichen Anbau
Die Ruten an einen einfachen, stabilen Zaun aus Pfosten und Drähten binden. Im Frühling mulchen, um Unkraut zu unterdrücken. Mit feinmaschigen Netzen vor Vögeln schützen.

## Schnitt
- SOMMERHIMBEEREN Alle Ruten, die Früchte getragen haben, gleich nach der Ernte über dem Boden abschneiden. Neue Ruten, die nicht gefruchtet haben, anbinden.
- HERBSTHIMBEEREN Alle in der vorigen Saison gebildeten Ruten im Februar oder März knapp über dem Boden abschneiden. Es erscheinen bald neue Ruten, die im Herbst Früchte tragen.

## Ernte
Sommerhimbeeren im Juli und August pflücken, Herbsthimbeeren ab August bis zum ersten Frost.

## Probleme
- SCHÄDLINGE Blattläuse, Vögel, Blatt- und Knospenmilben, Himbeerkäfer.
- KRANKHEITEN Rutensterben, Himbeerrutenkrankheit, pilzliche Blattfleckenkrankheiten, Viruserkrankungen.

# Brombeeren und deren Hybriden

Wilde Brombeeren kann man nicht wirklich mit den Kulturformen im Garten vergleichen. Die im Garten sind dazu gezüchtet, verlässlich große, süße Früchte zu produzieren. Es gibt sogar stachellose Sorten. Hybriden wie Taybeeren, Boysenbeeren, Loganbeeren u.a. sind meist Kreuzungen zwischen Brombeeren und Himbeeren.

| | J | F | M | A | M | J | J | A | S | O | N | D |
|---|---|---|---|---|---|---|---|---|---|---|---|---|
| pflanzen | | | ■ | | | | | | | | ■ | ■ |
| anbinden | | | | | | ■ | ■ | ■ | ■ | ■ | ■ | |
| schneiden | | | | | | | | | ■ | ■ | ■ | |
| ernten | | | | | | | ■ | ■ | ■ | | | |

## INTERESSANTE SORTEN

- 'Black Butte'
- 'Loch Tay'
- 'Oregon Thornless'
- 'Sylvan'

## Standort

Brombeeren stellen keine besonderen Ansprüche an den Boden, brauchen aber viel Platz. Die Hybriden benötigen mehr Sonne, um gut zu gedeihen.

## Pflanzung

- WANN PFLANZEN? Wurzelnackte Ruten im November oder Dezember, alternativ im März.
- PFLANZTIEFE Oberseite des Wurzelballens in 8 cm Tiefe.
- PFLANZABSTAND 2,5–4 m.

## Tipps für den erfolgreichen Anbau

Die Ruten an einen stabilen Zaun aus Pfosten und Drähten binden. Unkrautfrei halten und im Frühling mulchen.

## Schnitt

Früchte erscheinen an den einjährigen Ruten – also tragen Ruten, die im vorigen Jahr gebildet wurden, im laufenden Jahr. Neue Ruten nach oben oder zu einer Seite binden, um sie separat zu halten. Im Herbst alle alten Ruten, die Früchte getragen haben, abschneiden. An ihrer Stelle die neuen anbinden.

## Ernte

Der Zeitpunkt variiert je nach Sorte. An einem trockenen Tag pflücken, wenn die Beeren reif, prall und saftig sind.

## Probleme

Dieselben Krankheiten und Schädlinge wie bei Himbeeren.

**Taybeeren** (oben) und andere Hybriden sehen Himbeeren oft ähnlicher als Brombeeren (ganz oben). Sie wuchern weniger stark als Brombeeren, und manche tragen keine Stacheln.

# Stachelbeeren

Stachelbeeren gelten als unkompliziert. Das stimmt insofern, als sie keine hohen Ansprüche an den Boden stellen und wenig Pflege brauchen. Wer aber reichlich ernten will, muss sich schon ein bisschen kümmern. Jäten, wässern, mulchen, düngen, schneiden und Netze anbringen – etwas Mühe lohnt sich, vor allem für die milderen, großfrüchtigen Sorten, die man roh essen kann.

| | J | F | M | A | M | J | J | A | S | O | N | D |
|---|---|---|---|---|---|---|---|---|---|---|---|---|
| pflanzen | ■ | ■ | ■ | | | | | | | ■ | ■ | ■ |
| Winterschnitt | ■ | ■ | ■ | | | | | | | | ■ | ■ |
| Sommerschnitt | | | | | | ■ | ■ | | | | | |
| ernten | | | | | | ■ | ■ | | | | | |

## Standort
Ein geschützter Platz mit fruchtbarem, durchlässigem Boden. Stachelbeeren vertragen auch Halbschatten.

## Pflanzung
■ WANN PFLANZEN? Wurzelnackte Sträucher zwischen Oktober und März, Containerware jederzeit.
■ PFLANZTIEFE Wie Erdspuren am Stamm.

■ PFLANZABSTAND Einzelne Sträucher 1,2–1,5 m, Cordons 30–45 cm.
■ REIHENABSTAND 1,5 m.

## Tipps für den erfolgreichen Anbau
Im Frühling mulchen, um Unkraut zu unterdrücken. Regelmäßig wässern, sobald die Beeren zu wachsen beginnen. Netze gegen Vögel spannen.

## Schnitt
Im Winter alte und kranke Zweige entfernen, junge Triebe auf die Hälfte kürzen. Das Zentrum des Strauchs offen halten. Seitentriebe auf 5–8 cm kürzen. Im Sommer neue Seitentriebe auf etwa fünf Blätter zurückschneiden.

## Ernte
Die Beeren pflücken, wenn sie prall sind und etwas weich werden.

## Probleme
■ SCHÄDLINGE Blattläuse, Vögel, Blattwanzen, Raupen, Stachelbeersägewespe.
■ KRANKHEITEN Amerikanischer Stachelbeermehltau, Grauschimmel, pilzliche Blattfleckenkrankheiten.

(links) **Früchte** mit kleinem Stängelansatz pflücken, um die Fruchthaut nicht zu beschädigen.

(gegenüber) **Beeren** werden an einjährigen oder älteren Trieben gebildet. Darum regelmäßig die Seitentriebe kürzen.

### INTERESSANTE SORTEN
■ 'Hinnonmaki Red'
■ 'Invicta'
■ 'Langley Gage'
■ 'Pax'

# Schwarze Johannisbeeren

Schwarze Johannisbeeren sind leicht zu kultivieren, brauchen aber reichlich Dünger und einen sorgfältigen Schnitt, um gut zu tragen. Moderne Sorten aus kühleren Ländern wie Schottland blühen später und sind weniger anfällig für Frostschäden. Diese Sorten tragen im Namen das Wort 'Ben'.

| | J | F | M | A | M | J | J | A | S | O | N | D |
|---|---|---|---|---|---|---|---|---|---|---|---|---|
| pflanzen | ■ | ■ | ■ | | | | | | | ■ | ■ | ■ |
| Winterschnitt | ■ | ■ | ■ | | | | | | | | ■ | ■ |
| Sommerschnitt | | | | | | | ■ | | | | | |
| ernten | | | | | | | ■ | ■ | | | | |

**An älteren Sorten** reifen die Früchte allmählich und müssen einzeln abgepflückt werden. Bei neuen 'Ben'-Sorten kann man die ganzen Rispen abschneiden.

## Standort

Schwarze Johannisbeeren schätzen einen geschützten Platz in voller Sonne oder Teilschatten mit fruchtbarem, nährstoffreichem, durchlässigem Boden.

## Pflanzung

- WANN PFLANZEN? Wurzelnackte, krankheitsfreie Sträucher zwischen Oktober und März pflanzen, Containerware jederzeit.
- PFLANZTIEFE 5 cm tiefer als die Erdspuren am Stamm.
- PFLANZABSTAND 1,5 m.
- REIHENABSTAND 1,5 m.

## Tipps für den erfolgreichen Anbau

Im Februar einen Universaldünger geben, im März mit Stallmist mulchen. Netze gegen Vögel spannen.

## Schnitt

Neue, wurzelnackte Sträucher gleich nach der Pflanzung 5 cm über dem Boden abschneiden. Nach zwei Jahren im Winter ein Drittel der ältesten Triebe entfernen.

## Ernte

Rispen mit prallen Früchten im Ganzen abschneiden.

## Probleme

- SCHÄDLINGE Blattläuse, Johannisbeergallmilbe, Vögel, Blattwanzen, Raupen, Gallmilben.
- KRANKHEITEN Amerikanischer Stachelbeermehltau, Grauschimmel, pilzliche Blattfleckenkrankheiten, Brennnesselblättrigkeit.

### INTERESSANTE SORTEN

- 'Ben Connan'
- 'Ben Lomond'
- 'Ben Sarek'

# Rote und Weiße Johannisbeeren

Rote und Weiße Johannisbeeren sind eng verwandt, allerdings schmecken die weißen milder und süßlicher, während die herben roten sich eher für Marmelade und Gelee eignen. Kultiviert werden beide ähnlich wie Stachelbeeren – also etwas anders als Schwarze Johannisbeeren.

**Rote Johannisbeeren** (ganz oben) sind reif, wenn sie prall und scharlachrot sind. **Weiße Johannisbeeren** (oben) ergeben ein feines Gelee.

| | J | F | M | A | M | J | J | A | S | O | N | D |
|---|---|---|---|---|---|---|---|---|---|---|---|---|
| pflanzen | ■ | ■ | ■ | | | | | | | ■ | ■ | ■ |
| Winterschnitt | ■ | ■ | | | | | | | | | ■ | ■ |
| Sommerschnitt | | | | | | ■ | ■ | | | | | |
| ernten | | | | | | | ■ | ■ | | | | |

### Standort
Sie wachsen auf fast jedem durchlässigen Boden. Sie vertragen Teilschatten, aber keine Staunässe.

### Pflanzung
■ WANN PFLANZEN? Wurzelnackte Sträucher zwischen Oktober und März pflanzen, Containerware jederzeit, sofern die Witterung es zulässt.
■ PFLANZTIEFE Auf Höhe der Erdspuren am Stamm.
■ PFLANZABSTAND Einzelne Sträucher 1,2–1,5 m, Cordons 30–45 cm.
■ REIHENABSTAND 1,5 m.

### Tipps für den erfolgreichen Anbau
Im Frühling mulchen, um Unkraut zu unterdrücken. Regelmäßig wässern, sobald die Früchte anwachsen. Netze gegen Vögel spannen.

### Schnitt
Als einzeln stehende Sträucher oder Cordons halten. Wie Stachelbeeren schneiden (siehe S. 306), im Winter altes Holz entfernen und junge Triebe kürzen.

### Ernte
Die ganzen Rispen abschneiden, wenn die Beeren reif sind.

### Probleme
■ SCHÄDLINGE Blattläuse, Vögel, Blattwanzen, Raupen, Stachelbeersägewespe.
■ KRANKHEITEN Grauschimmel, Rotpustelkrankheit, pilzliche Blattfleckenkrankheiten.

### INTERESSANTE SORTEN

**Rote Johannisbeeren**
- 'Jonkheer van Tets'
- 'Red Lake'
- 'Redstart'
- 'Stanza'

**Weiße Johannisbeeren**
- 'Blanka'
- 'Weiße Versailler'

# Heidelbeeren

Heidelbeeren wachsen nur in saurem Boden. Wenn der Boden in Ihrem Garten alkalisch ist (also einen hohen pH-Wert hat), können Sie die Sträucher aber in große Kübel mit Moorbeeterde pflanzen oder Hochbeete anlegen und den Boden mit viel saurem organischem Material wie Sägemehl, Kiefernrinde und Kiefernnadeln anreichern.

**Amerikanische Kulturheidelbeeren** sind die höheren, schlankeren Verwandten der niedrigen Blaubeeren, die wild an Berghängen und in Wäldern wachsen.

### INTERESSANTE SORTEN

- 'Bluecrop'
- 'Earliblue'
- 'Herbert'
- 'Patriot'

| | J | F | M | A | M | J | J | A | S | O | N | D |
|---|---|---|---|---|---|---|---|---|---|---|---|---|
| pflanzen | ■ | ■ | ■ | | | | | | | | ■ | ■ |
| schneiden | ■ | ■ | ■ | | | | | | | | | ■ |
| ernten | | | | | | | ■ | ■ | ■ | | | |

## Standort

Heidelbeeren mögen einen geschützten Platz in Sonne oder Teilschatten. Sie brauchen sehr sauren Boden mit einem pH-Wert von 4,5–5.

## Pflanzung

- WANN PFLANZEN? Zwischen November und März, wenn der Boden nicht gefroren ist.
- PFLANZTIEFE Auf Höhe der Erdspuren am Stamm.
- PFLANZABSTAND 1,5 m.

## Tipps für den erfolgreichen Anbau

Ein einsamer Strauch mag einige Früchte tragen, aber zwei oder drei in relativer Nähe, die einander als Bestäubungspartner dienen, bringen eine bessere Ernte. Mit Spezialdünger für Moorbeetpflanzen versorgen und mit Regenwasser gießen, wenn Ihr Leitungswasser hart ist. Netze spannen, damit die Vögel nicht ernten.

## Schnitt

Im Winter kranke, beschädigte und niederliegende Zweige abschneiden und einige der älteren, unproduktiven Triebe entfernen.

## Ernte

Die Beeren einzeln pflücken, wenn sie dick und etwas weich sind, eine weiß bereifte Haut haben und sich leicht vom Strauch lösen.

## INTERESSANTE SORTEN

- 'Early Black'
- 'Pilgrim'
- 'Franklin'

**Cranberrys** sollten nur mit Regenwasser gegossen werden, Leitungswasser enthält meist zu viel Kalk.

# Cranberrys

Cranberrys brauchen sauren Boden mit niedrigem pH-Wert und gedeihen am besten in Kübeln oder präparierten Hochbeeten. In Nordamerika flutet man zur Ernte die Felder und »fischt« die Beeren maschinell. Die Methode ist für den Hobbygärtner wohl nicht ganz so empfehlenswert.

| | J | F | M | A | M | J | J | A | S | O | N | D |
|---|---|---|---|---|---|---|---|---|---|---|---|---|
| pflanzen | | | ■ | ■ | ■ | | | | ■ | ■ | ■ | |
| schneiden | | | ■ | | | | | | | | ■ | |
| ernten | | | | | | | | | ■ | ■ | ■ | |

### Standort
Feuchter bis sumpfiger Boden oder im Kübel, der sehr reichlich gegossen wird. Saurer Boden mit einem pH-Wert von 4–5,5.

### Pflanzung
■ WANN PFLANZEN? Jederzeit, optimal sind aber Frühjahr oder Herbst.
■ PFLANZTIEFE Wie Erdspuren am Stamm.
■ PFLANZABSTAND 60 cm oder in Kübel mit einem Durchmesser von mindestens 45 cm.

### Tipps für den erfolgreichen Anbau
Cranberrys sind niedrige, breitwüchsige, immergrüne Sträucher. Sie brauchen viel Wasser, der Boden kann fast sumpfig sein.

### Schnitt
Im Frühling und Herbst allenfalls etwas schneiden, damit die Sträucher ordentlich bleiben.

### Ernte
Die Beeren ab September pflücken. Sie können bis zum Verbrauch am Strauch bleiben.

### Probleme
Probleme treten kaum auf.

## LINGONBEEREN
Wie Cranberrys wachsen Lingonbeeren an flach-breiten Sträuchern auf saurem Boden. Die leuchtend roten Beeren reifen im Sommer und enthalten viel Vitamin C sowie wertvolle Antioxidantien. Weil sie sehr sauer sind, eignen sie sich nicht zum Rohverzehr, man kann aber Marmelade und Gelee aus ihnen kochen.

# Melonen

In kühlen Regionen ist der Anbau von Melonen schwierig und gelingt allenfalls im Gewächshaus oder Folientunnel. Wer sie aber im Haus vorzieht und im Juni unter Schutz auspflanzt, kann in warmen Sommern durchaus reife Früchte ernten. Die besten Chancen hat man mit Cantaloupe-Melonen.

| | J | F | M | A | M | J | J | A | S | O | N | D |
|---|---|---|---|---|---|---|---|---|---|---|---|---|
| im Haus säen | | | | ■ | | | | | | | | |
| geschützt säen | | | | | ■ | | | | | | | |
| auspflanzen | | | | | | ■ | | | | | | |
| ernten | | | | | | | ■ | ■ | ■ | ■ | | |

**Reife Melonen** samt Stiel mit einer kräftigen Schere abschneiden. Früchte kletternder Sorten abstützen. Wenn sie herunterfallen und Druckstellen bekommen, faulen sie leicht.

INTERESSANTE SORTEN

- 'Edonis'
- 'Galia'
- 'Ogen'
- 'Sweetheart'

## Standort

Im Freiland brauchen Melonen einen sehr warmen, geschützten Standort und einen Boden mit einem hohen Anteil an verrotteter organischer Substanz.

## Aussaat und Pflanzung

- WANN SÄEN? Im April im Haus bei mindestens 16 °C vorziehen, Sämlinge bei 21 °C oder mehr weiter kultivieren. Im Juni vorsichtig abhärten und auspflanzen, am besten unter Schutz.
- SAATTIEFE 1 cm.
- PFLANZABSTAND 1 m.
- REIHENABSTAND 1 m.

## Tipps für den erfolgreichen Anbau

Im Gewächshaus oder Tunnel die Blüten von Hand bestäuben. Regelmäßig gießen und einen Flüssigdünger geben. Maximal vier Früchte pro Pflanze reifen lassen. Die Triebspitzen abknipsen, sodass hinter jeder Pflanze noch drei bis vier Blätter stehen bleiben.

## Schnitt und Befestigung

Kletternden Sorten mit Stangen, Drähten oder Netzen Halt geben. Die Triebspitze hinter dem fünften Blatt abknipsen, damit sich Seitentriebe bilden. Früchte, die im Frühbeet wachsen, vom Boden anheben.

## Ernte

Reifende Früchte regelmäßig auf »perfekte« Reife prüfen: Der Stiel wird rissig, die Frucht ist am Stielansatz etwas weich und duftet intensiv.

## Probleme

- SCHÄDLINGE Blattläuse, Rote Spinnmilbe, Schnecken, Weiße Fliege.
- KRANKHEITEN Gurken-Mosaikvirus, Falscher Mehltau, Stängelgrund- und Wurzelfäule, Echter Mehltau.

**Kapstachelbeeren** sind mit der Lampionblume verwandt, einer Zierstaude. Aber Vorsicht: Die Früchte der Zierpflanze sind nicht essbar.

# Kapstachelbeeren

Die orangefarbenen Früchte in der papierartigen Hülle sind auch unter ihrem botanischen Namen Physalis bekannt. Sie stammen aus Südamerika und brauchen ein warmes Klima. Wer aber schon erfolgreich Tomaten im Freiland angebaut hat, sollte einen Versuch wagen. Im Gewächshaus sind die Aussichten besser, aber die Sträucher können sehr groß werden.

| | J | F | M | A | M | J | J | A | S | O | N | D |
|---|---|---|---|---|---|---|---|---|---|---|---|---|
| im Haus säen | | | ■ | | | | | | | | | |
| auspflanzen unter Schutz | | | | ■ | ■ | | | | | | | |
| auspflanzen | | | | | ■ | ■ | | | | | | |
| ernten | | | | | | | | | ■ | ■ | | |

## Standort

Kapstachelbeeren bevorzugen fruchtbaren, durchlässigen Boden an einem warmen, sonnigen Platz.

## Aussaat und Pflanzung

■ WANN SÄEN? Im März im Haus (eventuell in einem geheizten Anzuchtkasten) bei mindestens 18 °C vorziehen. Ab Ende April abhärten und auspflanzen, anfangs unter Schutz.

■ SAATTIEFE $^1/_2$ cm.

■ PFLANZABSTAND 75 cm.

■ REIHENABSTAND 1–1,2 m.

## Tipps für den erfolgreichen Anbau

Die Pflanzen mit Stäben stützen. Die Triebspitzen ausknipsen, um die Blütenbildung anzuregen. Regelmäßig, aber nicht überreichlich gießen und mit Tomatendünger versorgen, wenn sich Früchte bilden.

## Ernte

Die Beeren im September und Oktober ernten, wenn die Hüllblätter vertrocknet und braun und die Früchte leuchtend orangegelb sind. Sie werden mit der Reife süßer, bleiben aber immer etwas herb. Die Pflanzen sind nicht winterhart. Nach der Ernte abschneiden und kompostieren. Im folgenden Jahr Kapstachelbeeren an einen anderen Platz pflanzen.

## Probleme

■ SCHÄDLINGE Freiland: Blattläuse; Gewächshaus: Blattläuse, Weiße Fliege.

# Weintrauben

Wer im Nutzgarten mit Weintrauben Erfolg haben will, muss die richtigen Sorten wählen. Viele gedeihen nur im Gewächshaus. Es gibt jedoch eine Reihe neuerer Sorten, die sich auch für kühl-gemäßigtes Klima eignen und in einem guten Sommer ausreichend Trauben zum Essen oder zur Weinherstellung liefern.

| | J | F | M | A | M | J | J | A | S | O | N | D |
|---|---|---|---|---|---|---|---|---|---|---|---|---|
| pflanzen | | ■ | ■ | ■ | | | | | | ■ | ■ | |
| Winterschnitt | ■ | | | | | | | | | | ■ | ■ |
| Sommerschnitt | | | | | ■ | ■ | ■ | | | | | |
| ernten | | | | | | | | | ■ | ■ | | |

## Standort
Ein warmer, sonniger, geschützter Platz mit durchlässigem Boden.

## Pflanzung
- WANN PFLANZEN? Im Oktober oder November oder von Februar bis April.
- PFLANZTIEFE Wie Erdspuren am Stamm.
- PFLANZABSTAND 1–1,5 m.
- REIHENABSTAND 2 m.

## Tipps für den erfolgreichen Anbau
Wichtig sind gute Stützen, etwa eine Pergola, ein Spalier oder ein Bogen, an dem die Pflanzen klettern können. Pflanzen, die als Cordon gezogen werden, mit Pfählen und Drähten stützen.

## Schnitt
Der Hauptschnitt findet während der Ruhezeit im Winter statt. Wein fruchtet an den Trieben des laufenden Jahres, darum wird im Winter Holz, das Früchte getragen hatte, abgeschnitten, um Platz für den Neuaustrieb zu schaffen. Im Sommer neue Seitentriebe anbinden, zurückschneiden und zusätzliche seitliche Verzweigungen bis auf ein Blatt abknipsen.

## Ernte
Die Trauben möglichst lange an der Pflanze reifen lassen, damit sie schön süß werden.

## Probleme
- SCHÄDLINGE Vögel, Gefurchter Dickmaulrüssler, Wespen.
- KRANKHEITEN Grauschimmel, Falscher Mehltau, Echter Mehltau.

(ganz links) **Den Haupttrieb** regelmäßig an der Stütze festbinden.

(links) **Verzweigungen,** die sich im Sommer an neuen Seitentrieben bilden, bis auf ein Blatt abknipsen.

### INTERESSANTE SORTEN
- 'Boskoop Glory'
- 'Brant'
- 'Müller-Thurgau'
- 'Regent'
- 'Siegerrebe'

(gegenüber) **Die Trauben ernten,** wenn ihre Haut fast durchsichtig aussieht. Um die Bereifung zu erhalten, die Früchte nicht berühren, sondern die Trauben mit einem kleinen Stielstück abschneiden.

# Erste Hilfe für Pflanzen

Ein Nutzgarten ist fast immer auch eine Art Kampfschauplatz. Je gesünder die Pflanzen und je reicher die Ernte, desto unwiderstehlicher sind sie – für den Gärtner, aber auch für hungrige Vögel, Insekten und andere Tiere. Darum werden Sie leider einen Teil Ihrer Zeit damit zubringen müssen, die Pflanzen gegen diese unermüdlichen Angriffe zu verteidigen.

Und das ist noch nicht alles. Selbst wenn Sie es schaffen, Schädlinge und Parasiten zu vertreiben, sind die Pflanzen noch durch verschiedene Krankheiten, durch Pilze, Bakterien, Viren und Mangelerscheinungen gefährdet. Keine Pflanze ist gegen alle immun, darum lohnt es sich, frühzeitig auf Warnzeichen zu achten, sie richtig zu interpretieren und zu lernen, wie man sie behandelt und in den folgenden Jahren vorbeugt.

**Wer gesundes Obst** und Gemüse ernten will, muss vor allem für optimale Wachstumsbedingungen sorgen. Wassermangel während der Fruchtbildung und ein anschließender Wachstumsschub haben dazu geführt, dass die Schale dieser Birne trocken und rissig ist.

# Was stimmt nicht?

Pflanzenprobleme lassen sich in drei Kategorien einordnen. Erstens: Schädlinge und Parasiten, also Vögel, Insekten und andere Tiere, die Pflanzen aktiv schaden. Zweitens: Krankheiten, die durch Mikroorganismen wie Pilze, Viren oder Bakterien verursacht werden. Und drittens: Wachstumsstörungen, die auf Nährstoffmangel beruhen. Wer ein Problem behandeln und künftig vermeiden will, muss zuerst einmal die richtige Diagnose stellen.

## Erste Warnzeichen

Wenn Pflanzen leiden, haben sie nur wenige Möglichkeiten, dies anzuzeigen. Darum sehen die äußeren Symptome von Schädlingsbefall, Krankheiten oder Mangelerscheinungen oft ähnlich aus. Stellen Sie keine übereilte Diagnose, und greifen Sie vor allem nicht zu Chemikalien, wenn es andere Möglichkeiten gibt.

## Schlechte Bedingungen

Wassermangel, extreme Hitze oder Kälte, starker Wind, zu wenig Licht, staunasser Boden oder Mineralstoffmangel sind häufige Ursachen, wenn Pflanzen schlecht gedeihen. Sie zeigen dann Symptome, die eine Krankheit vermuten lassen. Aber sie sind nicht krank, sondern lassen sich meist relativ schnell und einfach kurieren. Halten die schlechten Bedingungen aber an, wird die Pflanze geschwächt und ihre Anfälligkeit für ernstere Probleme nimmt zu.

## Schädlinge im Zaum halten

Manchmal ist es schwierig, zwischen Freund und Feind zu unterscheiden. Vögel sind Verbündete des Gärtners, wenn sie Schadinsekten und deren Larven fressen. Aber sie können auch zur Plage

werden. Tauben beispielsweise fressen Kohlpflanzen, Beerensträucher und Erdbeerbeete im Nu kahl, wenn sie die Chance haben. Ähnlich verhält es sich mit Insekten. Bienen, Schwebfliegen, Florfliegen und Marienkäfer sind absolut nützlich. Andere Insekten sind zerstörerisch, fressen Tunnel in Früchte, zerstören Pflanzengewebe und reifende Früchte.

Man kann jedoch schädliche Insekten biologisch bekämpfen – mit Raubmilben oder parasitären Wespen, die Weiße Fliegen, Rote Spinnmilben und andere Pflanzenschädlinge töten. Ebenso wirkungsvoll sind Nematoden (mikroskopisch kleine Würmer) zur Bekämpfung von Schnecken.

## Krankheiten bekämpfen

Das Zauberwort heißt Sauberkeit. Manche Pflanzenkrankheiten werden durch Luft, Spritzwasser oder Tiere übertragen, aber oft ist auch der Mensch an der Ausbreitung beteiligt. Bakterien sitzen an Schuhsohlen, Werkzeugen, Pflanztöpfen, Aussaatschalen und anderen Utensilien, die nicht regelmäßig gereinigt werden. Wichtig zur Verhütung von Infektionen ist es auch, Pflanzenabfälle regelmäßig zu beseitigen und kranke Pflanzenteile zu vernichten.

## Pestizide und Fungizide

Der Einsatz chemischer Stoffe ist umstritten. Biogärtner setzen sie nur als letztes Mittel ein und wählen auch dann Produkte natürlichen Ursprungs, z. B. Pyrethrum und insektizide Seife gegen Insekten, Schwefel oder Kaliumbikarbonat gegen Pilzbefall. Synthetische, anorganische Produkte sind im Fachhandel erhältlich, ihre Verwendung unterliegt strengen Regeln. Viele wirken selektiv gegen eine bestimmte Art von Erregern und schaden anderen Organismen nicht. Letztlich müssen Sie selbst entscheiden, womit Sie Pflanzen behandeln, deren Früchte Sie essen wollen.

(von links nach rechts) **Wassermangel** lässt Pflanzen wie Spinat welken und absterben. **Zu viel Wasser** lässt die Früchte platzen, während die Wurzeln faulen, wenn sie nicht genug Luft bekommen. **Frostschäden** verursachen ebenfalls Welke-Symptome. Bei diesen Stangenbohnen sehen Triebspitzen, Knospen und Blätter wie versengt aus und sterben ab. **Bei Hitze und Trockenheit** schießen Salat und andere Gemüsearten früh in Saat.

# Krankheiten

1 **Echter Mehltau**
Die Pilzkrankheit verursacht einen pulverig-weißen Belag auf den Blättern. Siehe Seite 323.

2 **Blütenendfäule**
Infolge von Wassermangel können Tomaten nicht genug Kalzium aus dem Boden aufnehmen. Dadurch faulen die Unterseiten oder Blütenendseiten der Früchte. Siehe Seite 322.

3 **Kraut- und Knollenfäule**
Diese Pilzkrankheit befällt Kartoffeln und Tomaten. Sie greift bei feuchtwarmen Bedingungen schnell um sich. Siehe Seite 325.

4 **Grauschimmel**
Ein Pilz verursacht den grauweißen Belag, der auf verschiedenen Obst- und Gemüsearten auftreten kann. Hier auf Weintrauben. Siehe Seite 324.

5 **Kernobstfäule**
Baumfrüchte wie Äpfel (abgebildet) und Pflaumen zeigen bei Befall durch diesen Pilz braune Flecken, auf denen hellere Tupfen oder Pusteln erscheinen. Der Befall kann die ganze Ernte vernichten. Siehe Seite 325.

6 **Kräuselkrankheit des Pfirsichs**
Die ersten Blätter von Pfirsich- und Nektarinenbäumen, die sich entfalten, sind gekräuselt und verkrüppelt. Siehe Seite 325.

7 **Kohlhernie**
Die hartnäckige Pilzkrankheit kann alle Kohlgewächse befallen. Sie verursacht geschwollene, verkrüppelte Wurzeln. Erreger können im Boden jahrelang überleben. Siehe Seite 325.

8 **Schorf**
Durch Pilzbefall bilden sich auf der Schale von Birnen (abgebildet) oder Äpfeln dunkelbraune oder schwarze Flecken. Die Früchte können platzen und faulen. Siehe Seite 327.

9 **Falscher Mehltau** Hohe Luftfeuchtigkeit begünstigt die Ausbreitung dieses Pilzes, der Kohlgewächse und verschiedene andere Gemüsearten befallen kann. Siehe Seite 323.

10 **Mehlkrankheit der Zwiebel** Ein Pilz, der einen weißen, flaumigen Belag an der Basis von Zwiebeln, Schalotten und Knoblauch verursacht. Siehe Seite 326.

11 **Rost** Auf den Blättern zeigen sich leuchtend orangerote oder braune Flecken, in denen die Sporen des Verursachers, eines Pilzes, zu finden sind. Hier auf Porree. Siehe Seite 326.

12 **Obstbaumkrebs** Der Befall mit Bakterien verursacht Risse und Schrumpfung der Rinde von Bäumen und lässt das Wachstum stagnieren. Siehe Seite 326.

13 **Kraut- und Braunfäule der Tomate** Die Blätter rollen sich ein, welken und sterben ab, die Früchte werden braun und faulen. Der Erreger ist derselbe Pilz, der auch die Krautfäule der Kartoffel verursacht. Siehe Seite 325.

14 **Kartoffelschorf** Bakterien im Boden verursachen braune, korkige Flecken auf der Schale von Kartoffeln, unter denen das Fleisch verfärbt sein kann. Siehe Seite 325.

15 **Stippigkeit** Auf der Haut von Äpfeln zeigen sich dunkle, eingesunkene Flecken, wenn der Baum nicht ausreichend Kalzium aus dem Boden aufnehmen kann, z. B. wenn er zu trocken ist. Siehe Seite 328.

16 **Stachelbeermehltau** Ein Pilz verursacht weiße, pulverige Flecken auf den Blättern. Die Früchte werden braun und ledrig.

# A–Z der Pflanzenkrankheiten

Die meisten Pflanzenkrankheiten werden durch Pilze, Bakterien oder Viren verursacht. In allen Fällen wird die Pflanze von Mikroorganismen befallen, die ihr normales, gesundes Wachstum behindern. Manchmal sind die Symptome leicht und lassen sich kurieren, manchmal stirbt die Pflanze ab. Wachstumsstörungen können auch auftreten, wenn der Pflanze lebenswichtige Mineralstoffe fehlen. Mangelerscheinungen zeigen oft ähnliche Symptome wie »echte« Krankheiten.

## Apfel- und Birnenkrebs

siehe Obstbaumkrebs (Seite 326).

## Apfelschorf

siehe Schorf (Seite 327).

## Bakterielle Blattfleckenkrankheiten

Das Blattgewebe wird durch Bakterien angegriffen, die oft durch Verletzungen eindringen. Die Übertragung erfolgt durch Regen oder Spritzwasser, auch beim Gießen. Siehe auch pilzliche Blattfleckenkrankheiten, Seite 326.

■ **Anfällige Pflanzen** Verschiedene, vor allem Kohlgewächse und Gurken.

■ **Symptome** Braune oder graue Flecken auf den Blättern oder Bereiche abgestorbenen Gewebes mit hellgelbem »Hof«.

■ **Was tun?** Wenn die Krankheit früh erkannt wird, lassen sich Pflanzen meist retten. Befallene Blätter entfernen und vernichten. Beim Gießen nur den Boden benetzen, aber nicht die Blätter.

## Bakterielle Nassfäule

Nassfäule kann durch verschiedene Bakterien verursacht werden, besonders häufig ist aber der Erreger der Schwarzbeinigkeit der Kartoffel (siehe Seite 327). Bakterien dringen meist durch Wunden ein oder werden durch Insekten oder schmutziges Werkzeug übertragen.

■ **Anfällige Pflanzen** Kohlgewächse (vor allem Rüben und Steckrüben), Sellerie, Zucchini, Salat, Zwiebelgewächse, Pastinaken, Kartoffeln, Kürbis, Tomaten.

■ **Symptome** Unter der Haut bildet sich eine schleimig-braune Fäulnis, die sich schnell ausbreiten kann. Manchmal wird ein unangenehm riechendes Sekret abgesondert.

■ **Was tun?** Es gibt keine wirkungsvolle Behandlung. Alle befallenen Pflanzenteile entfernen und vernichten. Werkzeuge sorgfältig säubern und die Fruchtfolge beachten.

## Bakterieller Baumkrebs

siehe Obstbaumkrebs (Seite 326).

## Birnen- und Pflaumenrost

siehe Rost (Seite 326).

## Birnenschorf

siehe Schorf (Seite 327).

## Blattfleckenkrankheit

siehe Bakterielle Blattfleckenkrankheit (links), Pilzliche Blattfleckenkrankheiten (Seite 326).

## Blattfleckenkrankheit der Himbeere

Ein verbreiteter Pilz, der verschiedene Strauch-Obstarten angreift.

■ **Anfällige Pflanzen** Brombeeren, Himbeeren und verschiedene Hybridsorten.

■ **Symptome** Violette Flecken mit weißem Zentrum auf Trieben, Blättern, Blüten und manchmal Früchten. Bei schwerem Befall können die Blätter abfallen und die Triebe aufplatzen und absterben.

■ **Was tun?** Alle befallenen Triebe dicht über dem Boden abschneiden und vernichten.

## Bleiglanz

Die Pilzkrankheit äußert sich durch einen silbrigen Glanz auf den befallenen Blättern. Der Erreger dringt durch frische Wunden in der Rinde (z. B. durch Schnittmaßnahmen) ein.

■ **Anfällige Pflanzen** Kirschen und Pflaumen, auch Äpfel, Nektarinen, Pfirsiche und Birnen.

■ **Symptome** Befallenes Blattgewebe zeigt einen silbrigen Glanz. Blätter können braune Ränder bekommen. Befallenes Holz hat im Inneren braune Flecken, Triebe können absterben. Pilze in Violett, Weiß oder Braun können sich auf abgestorbenem Holz ansiedeln.

■ **Was tun?** Schwer befallene Bäume ganz entfernen. Ansonsten fleckiges Holz ausschneiden. In den folgenden Jahren nur im Sommer schneiden und das Werkzeug peinlich sauber halten.

## Blütenendfäule

Wie die Stippigkeit bei Äpfeln handelt es sich auch hierbei um einen Kalziummangel. Er tritt auf, wenn der Boden so stark austrocknet, dass die Wurzeln nicht genug Kalzium aufnehmen können. In der Folge werden Pflanzenzellen braun und sterben ab. Auf sauren Böden, die ohnehin wenig Kalzium enthalten, kommt das Problem häufiger vor. Siehe auch Kalziummangel (Seite 329).

■ **Anfällige Pflanzen** Paprika, Tomaten.

■ **Symptome** Haut und Unterseite von Tomaten oder Paprikaschoten wird ledrig und dunkelbraun oder schwarz. Danach breitet sich die Fäulnis über die ganze Frucht aus.

■ **Was tun?** Befallene Früchte sofort entfernen und vernichten, damit sich die Fäule nicht ausbreitet. Öfter und regelmäßiger gießen.

## Blütenfäule

Die Krankheit wird durch denselben Erreger verursacht wie die Braunfäule an Pflaumen. Er ist eng verwandt mit dem Erreger der Braunfäule an Äpfeln.

■ **Anfällige Pflanzen** Äpfel, Aprikosen, Kirschen, Pfirsiche, Birnen, Pflaumen.

■ **Symptome** Blüten und junge Blätter werden braun, verwelken und sterben ab.

■ **Was tun?** Befallene Blüten entfernen und vernichten, bevor sich der Pilz auf Blätter und Zweige ausbreiten kann.

## Botrytis

siehe Grauschimmel (Seite 324).

## Brennfleckenkrankheit

Die Krankheit wird durch verschiedene Pilze verursacht, die in Pflanzenresten auf dem Boden oder in aufbewahrten Samen überdauern können.

■ **Anfällige Pflanzen** Erbsen.

■ **Symptome** Kleine, gelbe oder braune Flecken auf Blättern, Hülsen und Trieben.

■ **Was tun?** Befallene Pflanzen vernichten. Die Fruchtfolge beachten.

## Brennnesselblättrigkeit

Dieser verbreitete Virus äußert sich meist durch spärlichen Fruchtansatz. Vermutlich wird er durch die Johannisbeergallmilbe übertragen (siehe Seite 336).

■ **Anfällige Pflanzen** Schwarze Johannisbeeren.

■ **Symptome** Die Diagnose ist schwierig, weil die einzigen Erkennungszeichen kleinere Blätter und spärliche Blütenbildung sind.

■ **Was tun?** Befallene Pflanzen ausgraben und vernichten. Sträucher regelmäßig kontrollieren. Angeschwollene Knospen können ein Indiz für Befall mit der Johannisbeergallmilbe sein.

## Echter Mehltau

Verursacher sind verschiedene Pilze, die in trockenem Boden leben. Die Sporen werden durch Luft, Regen und Spritzwasser verbreitet.

■ **Anfällige Pflanzen** Viele Gemüsearten sowie Äpfel, Stachelbeeren, Weintrauben, Pfirsiche, Pflaumen und Erdbeeren.

■ **Symptome** Mehliger, weißer oder blassvioletter Belag auf den befallenen Blättern, meist auf den Oberseiten, manchmal auch auf den Unterseiten. Die Blätter werden gelb und fallen ab, die Früchte können platzen. Das Wachstum der Pflanze ist gestört, manchmal sterben die Pflanzen ganz ab.

■ **Was tun?** Befallene Blätter entfernen und vernichten. Ein Fungizid einsetzen. Zur Vorbeugung weiträumig säen, für gute Belüftung sorgen und regelmäßig wässern.

## Falscher Mehltau

Verursacher sind verschiedene Pilze, die vor allem bei Feuchtigkeit gedeihen.

■ **Anfällige Pflanzen** Viele Arten, vor allem Kohlgewächse, Weintrauben, Salat, Zwiebeln, Erbsen und Wurzelgemüse.

■ **Symptome** Gelbliche oder braune Flecken auf den Blattoberseiten, weißlich-flaumiger Belag auf den Unterseiten. Wenn sich die Flecken ausbreiten, sterben die Blätter ab. Auf Pflanzen, die durch Falschen Mehltau geschwächt sind, kann sich Grauschimmel (siehe Seite 324) ansiedeln.

■ **Was tun?** Befallene Blätter entfernen und vernichten. Zur Vorbeugung weiträumig säen, auf gute Luftzirkulation achten und nicht zu viel gießen.

## Feuerbrand

Eine gefährliche bakterielle Krankheit, die Bäume durch die Blüten befällt. Sie wird durch spritzendes Regenwasser übertragen und kann langfristig tödlich sein.

■ **Anfällige Arten** Apfel- und Birnbäume.

■ **Symptome** Zuerst werden die Blüten braun, welken und sterben ab, dann die Blätter. Bei weiterer Ausbreitung können Triebe und Zweige befallen werden. Schält man einen Streifen Rinde ab, sieht man meist leuchtend orangefarbene Verfärbungen des Holzes.

■ **Was tun?** Befallenes Holz ausschneiden und vernichten – notfalls den ganzen Baum ausgraben und verbrennen.

## Geisterfleckenkrankheit der Tomate

Die Krankheit wird durch einen Grauschimmel-Pilz verursacht (siehe Seite 324).

■ **Anfällige Pflanzen** Tomaten.

■ **Symptome** Nicht ausgereifte Tomaten zeigen blasse Ringe auf der Haut, die sich gelb oder orange verfärben können.
■ **Was tun?** Die Krankheit ist nicht tödlich für die Pflanze. Einwandfreie Teile der Früchte können problemlos verzehrt werden.

### Gelbfleckigkeit

Verursacher sind Bakterien, die in den Samen ruhen können. Die Verbreitung erfolgt auch durch Regen, Gieß- und Spritzwasser.
■ **Anfällige Pflanzen** Buschbohnen, Stangenbohnen.
■ **Symptome** Dunkle Flecken mit leuchtend gelbem Rand auf den Blättern, dann Vergilben zwischen den Blattrippen. Wenn sich die Flecken ausbreiten, sterben die Blätter ab. Auf befallenen Bohnenhülsen zeigen sich graue Flecken.
■ **Was tun?** Befallene Pflanzen und ihre Samen vernichten. Beim Gießen gesunder Pflanzen nur den Boden benetzen, nicht die Blätter.

### Grauschimmel

Die Sporen dieses Pilzes werden durch die Luft, durch Regen oder Spritzwasser beim Gießen verbreitet und dringen normalerweise durch Verletzungen ins Pflanzengewebe ein. In feuchten Sommern ist die Infektionsgefahr höher.
■ **Anfällige Pflanzen** Viele Gemüsearten mit weichen Blättern, z. B. Zucchini, Salat, Erbsen, Bohnen und Tomaten. Gefährdete Obstarten sind vor allem Äpfel, Brombeeren, Feigen, Stachelbeeren, Weintrauben, Himbeeren und Erdbeeren.
■ **Symptome** Flaumiger, schmutzigweißer, grauer oder graubrauner Belag auf Trieben, Blättern, Früchten und Blüten. Auf Tomaten und anderem Gemüse können die Flecken in Fäulnis übergehen. Pflanzen mit stark befallenen Trieben können gelb werden, welken und absterben.
■ **Was tun?** Alle befallenen Pflanzenteile entfernen und vernichten. Kein befallenes Pflanzenmaterial liegen lassen, weil die Sporen auch im Boden überleben. Darauf achten, dass die überlebenden Pflanzen weiträumig stehen, sodass die Luft gut zirkulieren kann.

### Gurkenmosaikvirus

Die Viruskrankheit ist recht verbreitet. Sie wird durch Blattläuse übertragen und kann in schweren Fällen die Pflanzen abtöten.
■ **Anfällige Pflanzen** Auberginen, Zucchini, Gurken, Kürbisse.
■ **Symptome** Gelbe Flecken, mosaikartige Muster und Verformungen der Blätter. Die Blütenbildung bleibt oft aus, und wenn Blüten erscheinen, sind die nachfolgenden Früchte klein, hart und ungenießbar. Die Pflanzen können absterben.
■ **Was tun?** Es gibt kein Gegenmittel. Befallene Pflanzen ausgraben und vernichten. Resistente Sorten bevorzugen.

### Hallimasch

Es gibt viele Formen dieses Pilzes, von denen einige Obst- und Gemüsepflanzen befallen können.
■ **Anfällige Pflanzen** Alle Obstbäume und -sträucher, Artischocken, Rhabarber und Erdbeeren.
■ **Symptome** Ein Warnzeichen sind welkende oder verkrüppelte Blätter, manchmal sterben die Pflanzen aber sehr schnell ab. Beim Ablösen der Rinde an der Basis eines Baumstamms oder bei Untersuchung der Wurzeln sind manchmal weißliche Flecken mit typischem Pilzgeruch zu erkennen. Gelegentlich erscheinen um den Stamm befallener Bäume gelbliche Fruchtkörper des Pilzes. Auch schwarze, schnürsenkelähnliche Auswüchse unter der Borke und im Boden um die Pflanze sind ein Symptom.
■ **Was tun?** Befallene Pflanzen mitsamt aller Wurzeln ausgraben und vernichten. Auf Böden, auf denen Hallimasch aufgetreten ist, wenn möglich resistente Sorten pflanzen.

### Halsfäule der Zwiebel

Der Pilz verursacht Fäulnis an Zwiebeln, oft nachdem sie geerntet und eingelagert wurden. Der Erreger kann im Boden überleben oder mit Samen oder Steckzwiebeln eingeschleppt werden.
■ **Anfällige Pflanzen** Knoblauch, Zwiebeln, Schalotten.
■ **Symptome** Die Zwiebeln werden weich und glasig. Flaumiger, grauer Belag am Hals.
■ **Was tun?** Eingelagerte Zwiebeln regelmäßig kontrollieren und befallene aussortieren. Im folgenden Jahr auf die Fruchtfolge achten.

### Himbeerrutenkrankheit

Ein im Boden lebender Pilz dringt durch Verletzungen, die durch Insekten, Frost oder Rückschnitt verursacht wurden, in die Ruten ein.
■ **Anfällige Pflanzen** Himbeeren.
■ **Symptome** Borke reißt knapp über dem Boden und löst sich ab, die Ruten werden spröde und können absterben.
■ **Was tun?** Befallene Ruten dicht über dem Boden abschneiden und vernichten. Die restlichen mit einem Fungizid auf Kupferbasis (z. B. Kupferkalkbrühe) behandeln.

### Kartoffel-Pulverschorf

Die Krankheit sieht ähnlich aus wie Kartoffelschorf (siehe Seite 325), wird aber nicht durch Bakterien verursacht, sondern durch Pilze.
■ **Anfällige Pflanzen** Kartoffeln, Tomaten.

■ **Symptome** Runde, braune Flecken auf der Schale von Kartoffeln. Sie enthalten pulverfeine Sporen, die sich im Boden ausbreiten. Können auch bei Tomaten auftreten.

■ **Was tun?** Befallene Pflanzen entfernen und vernichten. Im nächsten Jahr die Fruchtfolge beachten (siehe Seite 18–19). Krankheitsfreie Pflanzkartoffeln verwenden. Es gibt resistente Sorten.

## Kartoffelschorf

Die Bakterien, die diese Krankheit verursachen, sind in den meisten Böden zu finden, aber seltener in sauren Böden mit einem hohen Gehalt an organischer Substanz. In heißen, trockenen Jahren ist das Risiko höher.

■ **Anfällige Pflanzen** Rote Bete, Kartoffeln, Rettiche und Radieschen, Steckrüben, Speiserüben.

■ **Symptome** Raue, korkige, braune Flecken auf der Schale. Sie sehen hässlich aus, aber nach dem Abschälen kann das Gemüse gegessen werden.

■ **Was tun?** Zur Vorbeugung regelmäßig wässern, nicht kalken und resistente Sorten bevorzugen.

## Kernobstfäule

Diese Fäule wird durch einen Pilz verursacht, dessen Sporen durch Verletzungen in der Fruchtschale (z. B. durch Insekten- oder Vogelfraß) eindringen. Die Sporen können auch durch Regen verbreitet werden.

■ **Anfällige Pflanzen** Äpfel, Birnen, Pflaumen und anderes Baumobst.

■ **Symptome** Zuerst zeigen die Früchte braune, faulige Flecken. Wenn sich diese vergrößern, erscheinen weiße, schorfige Stellen oder oft kreisförmig angeordnete Pusteln. Die Früchte verschrumpeln und fallen ab oder bleiben am Baum hängen.

■ **Was tun?** Befallene Früchte pflücken, befallenes Fallobst aufsammeln und vernichten. Befallene Triebe und Zweige ausschneiden, damit der Pilz nicht auf ihnen überwintern und im nächsten Jahr erneut angreifen kann.

## Kohlhernie

Der Pilz kann alle Kohlgewächse befallen. Er ist sehr gefährlich, weil er in schweren Fällen die Pflanzen abtötet, und weil seine Sporen bis zu 20 Jahren im Boden überleben können. Es gibt keine wirksame Behandlung.

■ **Anfällige Pflanzen** Alle Kohlgewächse, z. B. auch Rettiche und Radieschen, Steckrüben und Speiserüben.

■ **Symptome** Die Pflanzen welken tagsüber und wachsen schlecht. Die Blätter sind blass oder rosa überhaucht. An den Wurzeln bilden sich eine oder mehrere verdickte Stellen.

■ **Was tun?** Befallene Pflanzen ausgraben und vernichten. Auf die Fruchtfolge achten (siehe Seite 18–19) und Staunässe vermeiden. Sauren Boden kalken. Sämlinge erst auspflanzen, wenn ihre Wurzeln kräftig und widerstandsfähig sind. Es gibt resistente Sorten.

## Kräuselkrankheit des Pfirsichs

Der Pilz ist bei Gärtnern unbeliebt, die schöne Pfirsiche und Nektarinen ernten wollen. Der Befall ist nicht existenziell, aber hässlich.

■ **Anfällige Pflanzen** Nektarinen, Pfirsiche.

■ **Symptome** Blätter kräuseln sich, bilden Blasen und färben sich gelb oder orangerot. Später zeigt sich ein schmutzig-weißer, mehliger Belag, sie werden braun und fallen ab. Blätter, die sich später öffnen, zeigen oft keine Symptome, aber der Baum wird durch den frühen Blattfall geschwächt.

■ **Was tun?** Befallene Blätter sofort entfernen und vernichten. Im Winter mit einem Kupfer-Fungizid spritzen (nicht, wenn sich die Knospen öffnen) und vorübergehend mit Plane abdecken, um die Übertragung der Sporen durch Regen zu verhindern.

## Kraut- und Braunfäule der Tomate

Diese Krankheit wird durch denselben Pilz verursacht wie die Kraut- und Knollenfäule der Kartoffel (siehe unten).

■ **Anfällige Pflanzen** Tomaten.

■ **Symptome** Blätter zeigen braune Flecken, rollen sich ein, vertrocknen und sterben ab. Stängel können ebenfalls fleckig und dunkel werden. Früchte werden braun, verschrumpeln und faulen.

■ **Was tun?** Bei ersten Anzeichen bei warmem, feuchtem Wetter mit einem Kupfer-Fungizid (z. B. Kupferkalk-Brühe) spritzen. Befallene Blätter entfernen und vernichten, sobald sich Symptome zeigen. Im folgenden Jahr Tomaten an einen anderen Platz pflanzen.

## Kraut- und Knollenfäule

siehe Kraut- und Knollenfäule der Kartoffel (siehe unten), Kraut- und Braunfäule der Tomate (siehe oben).

## Kraut- und Knollenfäule der Kartoffel

Vor allem in warm-feuchten Sommern kann diese Pilzkrankheit die ganze Ernte vernichten. Sie wird durch Wind und Regen übertragen. Siehe auch Kraut- und Braunfäule der Tomate (oben).

■ **Anfällige Pflanzen** Kartoffeln.

■ **Symptome** Anfangs braune Flecken an Rändern und Spitzen der Blätter, manchmal weißlich-flaumiger Belag auf der Unterseite. Die Blätter welken, die Stängel zeigen dunkle Flecken und fallen um. Die Knollen zeigen dunkle Flecken, unter denen das Fleisch sich rötlich-braun färbt, fault, schleimig wird und stinkt.

■ **Was tun?** Bei feucht-warmem Wetter mit einem Kupferpräparat wie Kupferkalk-Brühe behandeln. Blätter, die Symptome zeigen, entfernen und vernichten. Im folgenden Jahr die Fruchtfolge beachten und krankheitsfreie Pflanzkartoffeln verwenden.

## Mehlkrankheit der Zwiebel

Im Gegensatz zur Halsfäule (siehe Seite 324) befällt dieser Pilz Basis und Wurzeln der Zwiebeln, solange sie im Boden stehen. Der Erreger ist gefährlich, weil er mehr als sieben Jahre im Boden überleben kann und kein Gegenmittel bekannt ist.

■ **Anfällige Pflanzen** Knoblauch, Porree, Zwiebeln, Schalotten.

■ **Symptome** Blätter werden gelb und welken. Weißlich-flaumiger Belag und kleine, schwarze Pusteln am Grund der Zwiebeln.

■ **Was tun?** Alle befallenen Zwiebeln ausgraben und vernichten, den umgebenden Boden austauschen. Auf Sauberkeit achten und in den nächsten Jahren die Fruchtfolge einhalten (siehe Seite 18–19).

## Obstbaumkrebs

Es gibt verschiedene Arten von Brand, die durch Bakterien oder Pilze verursacht und unterschiedliche Obstbäume befallen können. Die meisten Erreger dringen durch Wunden in Blätter, Triebe oder Zweige ein und können großen Schaden anrichten, wenn sie nicht behandelt werden.

■ **Anfällige Pflanzen** Obstbäume.

■ **Symptome** Bei bakteriellen Erregern dunkle Blattflecken, die zu Löchern werden. Die Blätter werden gelb, welken und sterben ab. Knospen öffnen sich nicht, Bereiche der Rinde glätten sich, sinken ein und können Harz absondern. Bei Pilzbefall schrumpfen Bereiche der Rinde und werden rissig. Der befallene Bereich schwillt an, darüber stagniert das Wachstum, Früchte können faulen.

■ **Was tun?** Befallenes Holz ausschneiden und vernichten. Falls nötig, ganze Äste entfernen und die Schnittstellen mit einem speziellen Wundmittel behandeln. Mit einem Fungizid auf Kupferbasis, z. B. Kupferkalk-Brühe, spritzen.

## Pilzliche Blattfleckenkrankheiten

Verschiedene Pilze können das Blattgewebe angreifen. Manche Pilze sind nur für spezielle Pflanzen gefährlich. Siehe auch Bakterielle Blattfleckenkrankheiten (Seite 322).

■ **Anfällige Pflanzen** Rote Bete, Brombeeren, Sellerie, Johannisbeeren, Stachelbeeren, Himbeeren, Mangold.

■ **Symptome** Flecken und abgestorbenes Gewebe auf den Blättern, oft in konzentrischen, grauen Kreisen, die aussehen wie bei bakteriellem Befall. Die Flecken können sich ausbreiten und verbinden. Stecknadelkopfgroße, braune oder schwarze Pusteln zeigen, dass es sich um Pilzbefall handelt.

■ **Was tun?** Wird der Befall früh erkannt, lässt er sich meist eindämmen. Alle befallenen Blätter entfernen und vernichten. Im Herbst den Boden gründlich abräumen, damit die Sporen nicht in altem Laub überwintern und im nächsten Jahr erneut angreifen können.

## Porreerost

Verursacher des Rosts auf Porree und anderen Zwiebelgewächsen ist ein Pilz. Er ist verbreitet, aber selten tödlich.

■ **Anfällige Pflanzen** Schnittlauch, Knoblauch, Porree, Zwiebeln, Schalotten.

■ **Symptome** Winzige, orangefarbene Pusteln auf den äußeren Blättern. Wenn sie platzen, streuen sie orangefarbene, pulverfeine Sporen aus, die wie Rost aussehen.

■ **Was tun?** Befallene Blätter abschneiden und vernichten. Die Pflanzen sind meist noch essbar. In den nächsten Jahren auf die Fruchtfolge achten.

## Rost

Alle Rostarten werden durch Pilze verursacht. Sie treten hauptsächlich bei feuchten Bedingungen auf und zeigen sich durch Flecken oder Pusteln in Gelb, Orange oder Braun. Siehe auch Porreerost, links.

■ **Anfällige Pflanzen** Gemüse wie Spargel, Mangold, Salat, Porree und andere Zwiebelgewächse. Obst wie Brombeeren, Stachelbeeren, Birnen, Pflaumen und Himbeeren.

■ **Symptome** Leuchtend gefärbte »Rost«-Flecken oder Pusteln voller Sporen an Blättern und Trieben.

■ **Was tun?** Befallene Blätter abschneiden und vernichten. Falls nötig, ein Fungizid anwenden. Im nächsten Jahr die Fruchtfolge beachten (siehe Seite 18–19). Weiträumig pflanzen, um die Luftzirkulation zu verbessern. Resistente Sorten bevorzugen.

## Rotpustelkrankheit

Der Pilz wird durch Wasser verbreitet und befällt hauptsächlich Äste und verholzte Triebe. Wenn er sich ausbreitet, kann er die Pflanze abtöten.

■ **Anfällige Pflanzen** Johannisbeeren, Feigen und andere Obstbäume und -sträucher.

■ **Symptome** Punkte oder Pusteln in Rosa oder Orange, oft im Bereich einer Wunde oder eines unsauberen Schnitts.

■ **Was tun?** Befallenes Holz ausschneiden und verbrennen.

## Rußtau

siehe Blattläuse (Seite 334).

## Rutensterben der Himbeere

Wie die Himbeerrutenkrankheit ist dies ein Pilzbefall, der jedoch seltener auftritt und geringere Schäden verursacht.

■ **Anfällige Pflanzen** Brombeeren, Himbeeren und Hybridsorten.

■ **Symptome** Braune Flecken auf den Blättern, violette Flecken rings um junge Knospen. Im Herbst färben sich die Flecken dunkelbraun, dann silbrig-grau, und die schwarzen Sporen werden sichtbar. Im Folgejahr fällt die Ernte spärlich aus.

■ **Was tun?** Befallene Triebe dicht über dem Boden abschneiden und vernichten. Zu dichte Sträucher ausdünnen.

## Schokoladenfleckenkrankheit der Bohne

Der Pilz befällt vor allem Dicke Bohnen, kann den Ertrag mindern oder die Pflanzen ganz abtöten. Er tritt vor allem in feuchter, schlecht belüfteter Umgebung auf.

■ **Anfällige Pflanzen** Dicke Bohnen, Ackerbohnen.

■ **Symptome** Schokoladenbraune Flecken an Blättern, Trieben und Hülsen, die allmählich dunkler und größer werden.

■ **Was tun?** Sorgfältig jäten und auf reichlich Abstand zwischen den Pflanzen achten, damit die Luft zirkulieren kann. In Gegenden mit feuchten Wintern nicht im Herbst, sondern im Frühling säen.

## Schorf

Diese Pilzkrankheiten können sich bei feuchten Bedingungen rasch ausbreiten.

■ **Anfällige Pflanzen** Äpfel, Birnen.

■ **Symptome** Dunkelbraune, schorfige Stellen auf der Fruchtschale, die sich über die ganze Oberfläche ausbreiten können. Stark befallene Früchte bleiben klein, können verkrüppeln, platzen und faulen. Auch Blätter und Triebe können befallen werden.

■ **Was tun?** Befallenes Holz ausschneiden, erkrankte Früchte entfernen und vernichten. Herbstlaub sorgfältig beseitigen. Falls nötig, mit einem Fungizid behandeln. Im Winter die Krone ausdünnen, um die Luftzirkulation zu verbessern.

## Schwarzbeinigkeit der Kartoffel

Der Name der bakteriellen Krankheit bezieht sich auf die Schwarzfärbung der Stängel. Verstärktes Risiko bei Nässe.

■ **Anfällige Pflanzen** Kartoffeln.

■ **Symptome** Stängel werden schwarz und faulen knapp unter Bodenniveau ab. Blätter sind kleiner als normal, werden gelb und rollen sich an den Rändern ein. Auch die Knollen können faulen.

■ **Was tun?** Befallene Pflanzen entfernen und vernichten. Im nächsten Jahr auf die Fruchtfolge achten und krankheitsfreie Pflanzkartoffeln verwenden.

## Sclerotinia-Fäule

Ein gefährlicher Pilz, der bei zahlreichen Pflanzen zu Welke, Fäulnis und letztlich Absterben führen kann. Bei feucht-kühlen Bedingungen ist das Risiko größer.

■ **Anfällige Pflanzen** Verschiedene Gemüse wie Bohnen, Blumenkohl, Sellerie, Chicoree, Gurken, Topinambur, Salat, Erbsen, Kartoffeln und Tomaten. Kann auch eingelagerte Karotten und Pastinaken befallen.

■ **Symptome** Gelbe, welkende Blätter. Stängel faulen oft an der Basis, zeigen weißlich-flaumigen Belag, in dem manchmal schwarze Pilz-Fruchtkörper (namens Sclerotinia) zu sehen sind. Diese sind die Ruheform des Pilzes. Bleiben sie im Boden, bilden sie in den Folgejahren Sporen.

■ **Was tun?** Es gibt kein Gegenmittel. Alle befallenen Pflanzen entfernen und vernichten. Im nächsten Jahr die Fruchtfolge beachten (siehe Seite 18–19).

## Stachelbeermehltau

Verursacher ist ein Pilz, der in stehender, feuchter Luft gedeiht. Die Krankheit tritt vermehrt bei Sträuchern auf, die zu viel Stickstoffdünger erhalten haben.

■ **Anfällige Pflanzen** Schwarze Johannisbeeren, Stachelbeeren.

■ **Symptome** Anfangs pulverige, weiße Flecken auf den Blättern. Junge Triebe können verkrüppelt sein und sich schlecht entwickeln. Später kann die Schale der Früchte braun und ledrig werden. Nach dem Abreiben des Belags sind die Früchte essbar, sehen aber nicht appetitlich aus.

■ **Was tun?** Befallene Zweige abschneiden und vernichten. Beim Schnitt das Zentrum des Strauchs ausdünnen, damit die Luft gut zirkulieren kann. Falls nötig, ein Fungizid anwenden. Künftig resistente Sorten pflanzen und keinen stickstoffreichen Dünger verwenden, sondern einen Universaldünger.

## Stängelgrund- und Wurzelfäule

Diese Fäulekrankheiten werden durch verschiedene Pilze verursacht, darunter auch die Erreger von Umfallkrankheiten (siehe Seite 328). Die Pilze leben im Boden und in stehendem Wasser.

■ **Anfällige Pflanzen** Spargel, Bohnen, Sellerie, Zucchini, Gurken, Melonen, Erbsen, Tomaten, Beerenfrüchte.
■ **Symptome** Bei Befall des Stängelgrundes werden die Triebe dunkel, das Gewebe schrumpft und stirbt ab. Blätter und Triebe oberhalb der erkrankten Stelle welken, werden gelb oder braun und sterben ab. Befallene Wurzeln werden schwarz oder braun, platzen oder faulen.
■ **Was tun?** Es gibt kein Gegenmittel. Befallene Pflanzen entfernen und vernichten, ebenso das Substrat, in dem sie standen. Künftig frisches, steriles Substrat verwenden und Töpfe und Schalen gut sauber halten. Im Beet auf die Fruchtfolge achten (siehe Seite 18–19).

## Stippigkeit

Diese Störung wird, wie die Blütenendfäule (siehe Seite 322), durch Kalziummangel verursacht. Sie tritt auf, wenn große, reich tragende Apfelbäume nicht genug Kalzium aus dem Boden aufnehmen können, oft weil dieser zu trocken ist. In der Folge sterben Zellgruppen im Fruchtgewebe ab und faulen.
■ **Anfällige Pflanzen** Äpfel.
■ **Symptome** Kleine, runde, dunkle Flecken oder eingesunkene Stellen auf der Schale von Äpfeln, manchmal bis ins Fleisch. Die Früchte können schwach bitter schmecken.
■ **Was tun?** Die Baumscheiben mulchen und bei Bedarf wässern. Einen Universaldünger verwenden, kein stickstoffreiches Produkt.

## Umfallkrankheit

Verursacher ist ein Pilz, der im Boden lebt. Bei Feuchtigkeit und schlechter Luftzirkulation breitet er sich schnell aus, kann ganze Schalen voller Sämlinge befallen und rasch abtöten.
■ **Anfällige Pflanzen** Alle Sämlinge.
■ **Symptome** Wurzeln und Stängelgrund werden braun und faulen, die Pflanze fällt um.
■ **Was tun?** Wenn die Krankheit auftritt, gibt es kein Gegenmittel mehr. Zur Vorbeugung nicht zu dicht säen, frisches Substrat verwenden und Töpfe und Schalen sorgfältig sauber halten. Für gute Belüftung sorgen und nicht zu viel gießen. Eventuell ein Fungizid auf Kupferbasis einsetzen.

## Violetter Wurzeltöter

Verursacher ist ein Pilz, der in warmen, feuchten, sauren Böden viele Jahre ohne Wirt überleben kann.
■ **Anfällige Pflanzen** Spargel, Sellerie, Kartoffeln und Wurzelgemüse wie Rote Bete, Karotten und Pastinaken.
■ **Symptome** Unterirdische Wurzeln sind mit einem dichten Gewirr aus violetten Fäden besetzt. Schwarze, samtige Pilzkörper zeigen sich, dann faulen die Wurzeln meist. Die oberirdischen Teile befallener Pflanzen können sich verfärben oder schlecht wachsen.
■ **Was tun?** Der Violette Wurzeltöter ist eine ernsthafte Krankheit. Es gibt kein Gegenmittel und er ist schwer auszurotten. Befallene Pflanzen sofort vernichten und den Boden, in dem sie standen, austauschen. Um das erneute Auftreten zu vermeiden, die Fruchtfolge beachten (siehe Seite 18–19).

## Viruserkrankungen der Himbeere

Verschiedene Viren können Himbeeren befallen. Haben sie sich erst einmal etabliert, sind sie nur schwer zu bekämpfen.
■ **Anfällige Pflanzen** Brombeeren, Himbeeren und Hybridsorten.
■ **Symptome** Ungewöhnlich kleine Blätter mit gelben, mosaikartigen Verfärbungen und/oder nach unten gerollten Blättern. Wachstum und Fruchtansatz sind schlecht.
■ **Was tun?** Alle befallenen Pflanzen komplett entfernen und vernichten. Keine Himbeeren oder Brombeeren an denselben Standort pflanzen.

## Weißrost

Diese Pilzerkrankung tritt vor allem bei hoher Luftfeuchtigkeit auf.
■ **Anfällige Pflanzen** Kohlgewächse.
■ **Symptome** Matte oder glänzende weiße Flecken oder Blasen auf den Blattunterseiten, gelblich-braune Flecken auf den Blattoberseiten. Blätter und Blütenstände können stark verkrüppelt wachsen.
■ **Was tun?** Befallene Pflanzen entfernen und vernichten. Künftig resistente Sorten wählen, die Fruchtfolge beachten (siehe Seite 18–19) und weiträumig pflanzen, um die Luftzirkulation zu verbessern und die Luftfeuchtigkeit zwischen den Pflanzen zu senken.

## Wurzelfäule der Pastinake

Diese Wurzelschädigung wird durch einen Pilz verursacht. In nassen Böden mit schlechter Dränage ist das Risiko größer.
■ **Anfällige Pflanzen** Pastinaken.
■ **Symptome** Verfärbungen und Auswüchse der Wurzeln, je nach Pilzart in Orange, Violett oder Schwarz.
■ **Was tun?** Fruchtfolge beachten (siehe Seite 18–19), die Dränage des Bodens verbessern und resistente Sorten bevorzugen.

# Mangelerscheinungen

Wie wir Menschen brauchen auch Pflanzen eine ausgewogene Ernährung. Mangelernährung kann zu verschiedenen Gesundheitsstörungen führen. Manche Mangelerscheinungen sind gravierend, aber leider schwer zu erkennen. Normalerweise nehmen Pflanzen alle Nährstoffe, die sie brauchen, aus dem Boden auf. Die drei wichtigsten Mineralien sind Stickstoff (N), Phosphor (Ph) und Kalium (K). Außerdem brauchen sie kleinere Mengen Kalzium (Ca), Magnesium (Mg) und Schwefel (S) sowie einige Spurenelemente, zu denen beispielsweise Bor, Kupfer, Eisen, Mangan und Molybdän gehören. Spurenelemente sind ebenso wichtig wie die Hauptnährstoffe, werden aber in geringeren Mengen benötigt.

## Bormangel

Bor wird durch starken Regen schnell aus leichten Böden ausgewaschen. Auch in frisch gekalktem oder stark alkalischem Boden oder Boden, der ausgetrocknet war, ist der Borgehalt gering.

■ **Symptome** Unterschiedlich, je nach Pflanzenart.

■ **Anfällige Pflanzen:**

**Rote Bete** Raue, abgestorbene Stellen auf der Schale. Das Innere kann faulen.

**Kohl** Blätter verkrüppelt, Strünke werden hohl.

**Karotten** Wurzeln platzen, das Innere wird grau. Blätter werden gelb oder rötlich.

**Blumenkohl** Braune Flecken auf den Köpfen. Stiel und Strunk werden rau.

**Sellerie** Stangen platzen und werden innen rot oder braun.

**Salat** Keine Kopfbildung.

**Birnen** Verkrüppelte Früchte.

**Rettiche** Haut platzt, Rettiche und Radieschen werden holzig.

**Erdbeeren** Früchte klein und blass, Blätter verkrüppelt mit gelben Spitzen.

**Steckrüben und Speiserüben** Braun- oder Graufärbung des Wurzelinneren, manchmal in konzentrischen Kreisen.

**Gemüsemais** Schlechte Kornbildung.

■ **Was tun?** Borax mit Gartensand mischen und vor der neuen Aussaat oder Pflanzung in den Boden einharken.

## Kaliummangel

Kaliummangel tritt vor allem auf leichten, sandigen Boden mit geringem Lehmanteil auf.

■ **Symptome** Kalium ist wichtig für die Wasseraufnahme und die Fotosynthese (Herstellung von Nahrung in den grünen Blättern). Fehlt es, rollen sich die Blätter ein, werden gelb, vertrocknen an den Rändern und können braun-violette Flecken auf der Unterseite zeigen. Die Blüte fällt schwach aus, die Früchte bleiben klein und die Pflanzen sind anfällig für Krankheiten. Tomaten reifen oft ungleichmäßig.

■ **Anfällige Pflanzen** Verschiedene Pflanzen, vor allem Kartoffeln und Tomaten.

■ **Was tun?** Einen Dünger mit Kaliumsulfat geben. Kompostierter Beinwell erhöht den Kaliumgehalt ebenfalls.

## Kalziummangel

Saure Böden haben meist einen niedrigen Kalziumgehalt. Und selbst wenn genug Kalzium vorhanden ist, können Pflanzen es aus sehr trockenem Boden oft nicht aufnehmen.

■ **Symptome** Unterschiedlich, je nach Pflanzenart.

■ **Anfällige Pflanzen:**

**Kohl** Innere Blätter werden braun.

**Karotten** Verfärbte Flecken, Risse und Krater in den Wurzeln.

**Sellerie** Innere Stangen werden schwarz.

**Blattsalat** Blattspitzen braun, wie versengt.

**Kartoffeln** Eingerollte Blätter, sehr dünne und lange Stängel.

**Tomaten und Paprika** Siehe Blütenendfäule (Seite 322).
**Äpfel** Siehe Stippigkeit (Seite 328).
■ **Was tun?** Den Boden kalken, um den pH-Wert anzuheben (siehe Seite 47). Den Boden nicht austrocknen lassen. Bei Bedarf regelmäßig wässern und Mulch auflegen, um die Verdunstung zu reduzieren.

## Kupfermangel

Kupfermangel kommt selten vor. Am ehesten tritt er auf torfigen und anderen sauren Böden auf.
■ **Anfällige Pflanzen** Alle Obst- und Gemüsearten.
■ **Symptome** Kupfermangel ist schwierig zu erkennen. Die Blätter können gelb oder blaugrün werden, die Pflanzen können absterben.
■ **Was tun?** Ein Universaldünger kann Abhilfe schaffen.

## Magnesiummangel

Bei starkem Regen wird Magnesium aus leichten Böden ausgeschwemmt. Magnesiummangel kann auch auf sauren Böden auftreten, ferner nach der Verabreichung von Kali oder kaliumreichem Dünger.
■ **Anfällige Pflanzen** Verschiedene Gemüse wie Kohlgewächse, Blattsalat, Kartoffeln und Tomaten. Obstarten wie Äpfel, Kirschen und Weintrauben.
■ **Symptome** Blätter werden zwischen den Rippen und an den Rändern braun, weil die Pflanze nicht genug Magnesium aufnimmt, um grünes Chlorophyll zu bilden. Die gelben Bereiche können später rot, violett oder braun werden.
■ **Was tun?** Magnesiumsulfat in den Boden einarbeiten oder aufgelöst auf die Blätter sprühen.

## Manganmangel

Manganmangel kann auf torfigen oder schlecht durchlässigen Böden, auf Sandböden mit einem pH-Wert von 6 oder mehr und auf alkalischen Böden auftreten.
■ **Anfällige Pflanzen** Verschiedene Gemüsearten, darunter Rote Bete, Zwiebeln, Pastinaken, Erbsen und Bohnen, Kartoffeln, Spinat und einige Obstarten.
■ **Symptome** Ähnlich dem Eisenmangel, mit dem er oft gemeinsam auftritt. Blätter vergilben zwischen den Rippen, braune Flecken können auftreten. Junge Blätter sind besonders stark betroffen.
■ **Was tun?** Wo das Problem bekannt ist, häufiges Kalken vermeiden. Befallene Pflanzen mit einer Lösung aus Mangansulfat spritzen.

## Molybdänmangel

Auf sauren Böden können Pflanzen manchmal kein Molybdän aufnehmen. Dadurch wird die Stickstoffverwertung gestört und es kommt zu Wachstumsstörungen.
■ **Anfällige Pflanzen** Blumenkohl, Spross-Brokkoli und andere Kohlarten.
■ **Symptome** Blätter werden gelb und peitschenartig schmal. Köpfe bleiben klein oder entwickeln sich gar nicht.

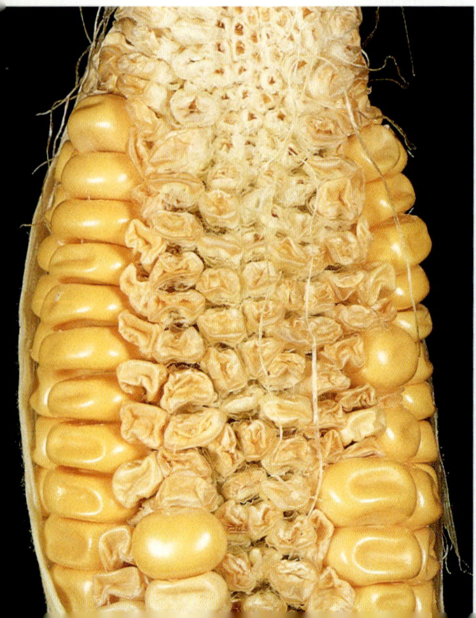

**Was tun?** Saure Böden kalken, um den pH-Wert anzuheben, oder keine Kohlgewächse anpflanzen. Befallene Pflanzen und den umliegenden Boden mit Stickstoff- oder Natrium-Molybdat-Lösung spritzen.

## Phosphormangel

Phosphormangel kommt selten vor, allenfalls auf sauren Böden, schwerem Lehm oder Torf nach anhaltenden, starken Regenfällen.
**Anfällige Pflanzen** Alle Gemüse- und Obstarten.
**Symptome** Phosphor regt Austrieb und Wurzelbildung an. Fehlt er, wachsen Pflanzen langsam und bilden wenig Blüten und Früchte. Blätter können gelb, blaugrün oder violett werden und vorzeitig abfallen.
**Was tun?** Einen phosphatreichen Dünger oder Knochenmehl geben.

## Stickstoffmangel

Stickstoffmangel tritt vor allem auf leichten Böden mit wenig organischer Substanz auf, die durch mehrere Ernten ausgelaugt sind. Der pH-Wert spielt keine große Rolle. Auch in Kübelsubstrat ist der Stickstoff rasch verbraucht. Anhaltende Regenfälle, die Nährstoffe ausschwemmen, verstärken das Problem.
**Anfällige Pflanzen** Alle Gemüse- und Obstarten, ausgenommen Erbsen und Bohnen, die Stickstoff aus der Luft aufnehmen.
**Symptome** Blätter bilden nicht genug Chlorophyll und werden gelb oder hellgrün, manchmal auch rosa, rot oder violett. Ältere Blätter an der Pflanzenbasis sind am stärksten betroffen. Die Pflanzen bleiben kleiner und wachsen schmächtiger oder sogar verkrüppelt heran.
**Was tun?** Reichlich verrotteten Kompost, Stallmist oder andere organische Substanz einarbeiten oder einen stickstoffreichen Dünger geben. Gründünger pflanzen (siehe Seite 143), der Stickstoff aus der Luft bindet und über seine Wurzeln an den Boden abgibt. Erbsen und Bohnen pflanzen, die keinen stickstoffreichen Boden brauchen.

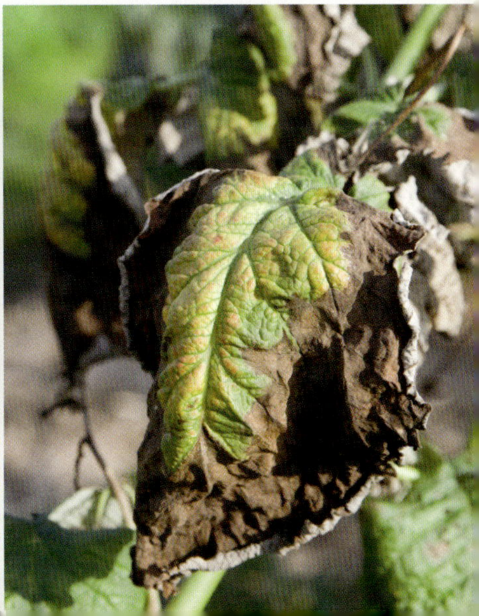

(von links nach rechts) **Bormangel** bei Gemüsemais. **Eisenmangel** an einem Himbeerblatt. **Kalziummangel** verursacht Blütenendfäule bei Tomaten. **Magnesiummangel** an einem Kartoffelblatt. **Stickstoffmangel** als Ursache der Chlorose an einem Tomatenblatt. **Kaliummangel** an einem Himbeerblatt.

# Schädlinge und Parasiten

1 **Apfel-Sägewespe**
Bandartige Narben zeigen sich, wo die Apfelsägewespe Tunnel unter der Schale gefressen hat. Siehe Seite 334.

2 **Weiße Fliege**
Winzige Fliegen mit weißen, keilförmigen Flügeln legen Eier auf Blättern ab und saugen den Saft. Siehe Seite 339.

3 **Karottenfliege (Möhrenfliege)**
Kleine, weiße Larven fressen Tunnel in Karotten (abgebildet), Pastinaken, Sellerie und können eine ganze Ernte vernichten. Siehe Seite 337.

4 **Nacktschnecken**
Schnecken mit und ohne Haus können Nutzpflanzen schnell dezimieren und sind darum aus gutem Grund die Lieblingsfeinde der meisten Gärtner. Siehe Seite 338.

5 **Blattläuse**
Es gibt verschiedene schwarze und grüne Blattläuse, von denen manche auf bestimmte Pflanzen spezialisiert sind. Sie saugen den Saft und vermehren sich explosionsartig. Siehe Seite 334.

6 **Blattwanzen**
Schorfige Wölbungen auf der Apfelschale zeigen, wo die Insekten an jungen Früchten gesaugt haben. Siehe Seite 335.

7 **Rote Spinnmilben**
Die Milben schlüpfen an den Blattunterseiten und saugen dort Pflanzensaft. Auf den Blattoberseiten zeigt sich ein bräunlich-silbriger Glanz. Siehe Seite 337.

8 **Apfelwickler**
Das Loch in einem Apfel oder einer Birne verrät, dass eine Raupe sich von innen nach außen gefressen hat. Siehe Seite 334.

9 **Drahtwürmer**
Die im Boden lebenden Larven fressen Pflanzenstiele und durchlöchern Kartoffeln und Wurzelgemüse. Siehe Seite 335.

10 **Stachelbeer-Sägewespe** Grüne und schwarze Larven fressen an den Blättern von Stachelbeeren, Roten und Weißen Johannisbeeren. Siehe Seite 338.

11 **Raupen von Eulenfaltern** Die Larven verschiedener Nachtfalter leben im Boden, fressen nachts und zerstören die Stängel junger Pflanzen. Siehe Seite 335.

12 **Erbsenwickler** Winzige Larven schlüpfen aus Eiern, die auf den Blüten abgelegt wurden, und fressen dann im Inneren der Erbsenhülsen. Siehe Seite 335.

13 **Erdflöhe** Fast mikroskopisch kleine Käfer fressen an verschiedenen Blättern und hinterlassen ein spitzenartiges Muster aus winzigen Löchern. Siehe Seite 335.

14 **Himbeerkäfer** Kleine Larven schlüpfen auf unreifen Beeren und fressen manchmal Tunnel bis ins Zentrum der Früchte. Siehe Seite 335.

15 **Kleine Pflaumenblattlaus** Blätter, die von den saugenden Blattläusen befallen sind, wachsen kräuselig und verkrüppelt. Siehe Seite 336.

16 **Raupen des Kohlweißlings** Die Raupen des Großen Kohlweißlings fressen die Blätter aller Kohlgewächse. Siehe Seite 336.

# A–Z der Schädlinge und Parasiten

Die beste Verteidigung besteht darin, den Feind kennenzulernen. Vögel, Kaninchen und Schnecken sind leicht zu erkennen, bei anderen ist es schwieriger. Drahtwürmer oder Larven der Hausmutter? Apfelwickler oder Larven der Sägewespe? Je mehr Sie über Lebenszyklus und Verhalten der Schädlinge wissen, desto besser können Sie Gegenmaßnahmen ergreifen.

## Apfel-Sägewespe

Weiße Larven schlüpfen aus den Eiern, die in den Blüten abgelegt werden, und fressen sich in die jungen Früchte hinein. Wenn sie herauskriechen, lassen sie ein Loch zurück, das mit Exkrementen gefüllt ist.

■ **Anfällige Pflanzen** Äpfel.

■ **Schadbild** Befallene Früchte fallen vorzeitig ab. Äpfel, die ausreifen, können bandförmige Narben auf der Schale tragen.

■ **Was tun?** Befallene Früchte vernichten. Unmittelbar nach der Blüte die Bäume mit Bifenthrin spritzen.

## Apfelwickler

Die kleinen, weiblichen Falter legen im Juni und Juli ihre Eier auf den Früchten ab. Die daraus schlüpfenden Larven fressen sich zum Kernhaus vor. Nach etwa einem Monat kriechen sie wieder heraus und hinterlassen dabei ein Loch.

■ **Anfällige Pflanzen** Äpfel, Birnen.

■ **Schadbild** Die Früchte sind wegen der Fraßgänge ungenießbar und können vorzeitig abfallen.

■ **Was tun?** Im Mai Pheromonfallen aufhängen, um die männlichen Falter zu fangen und an der Fortpflanzung zu hindern. Falls nötig, im Juni und Juli mit Bifenthrin spritzen.

## Birnengallmücke

Die winzigen Insekten legen im Frühling Eier in die Knospen. Wenn sich die Blüten öffnen und die Fruchtbildung beginnt, schlüpfen die orange-gelben Larven und beginnen zu fressen.

■ **Anfällige Pflanzen** Birnen.

■ **Schadbild** Junge, von Larven befallene Früchte werden dunkel, schwellen an und fallen vorzeitig ab.

■ **Was tun?** Befallene Früchte abpflücken und vernichten. Falls nötig, kleinere Bäume kurz vor dem Öffnen der Blüten mit Bifenthrin spritzen.

## Birnenpockenmilbe

Die mikroskopisch kleinen Insekten leben in den Blättern und geben beim Fressen einen schädlichen Giftstoff ab.

■ **Anfällige Pflanzen** Äpfel und Birnen.

■ **Schadbild** Blasen beiderseits der Blatt-Mittelrippe, die anfangs rosa oder gelblich-grün sind und später dunkler werden können. Früchte werden normalerweise nicht geschädigt.

■ **Was tun?** Befallene Blätter entfernen und vernichten.

## Blattläuse

Es gibt Hunderte verschiedener Blattlausarten, von denen die meisten schwarz oder grün sind. Die winzigen saugenden Insekten vermehren sich alarmierend schnell: Jungtiere sind schon nach einer Lebenswoche fortpflanzungsfähig. Siehe auch Wurzelläuse (Seite 339).

■ **Anfällige Pflanzen** Viele Obst- und Gemüsearten sowie Zierpflanzen. Verschiedene Blattlausarten haben sich auf einzelne Pflanzenarten spezialisiert, z. B. die Schwarze Bohnenblattlaus oder die Schwarze Kirschenlaus.

■ **Schadbild** Bei starkem Befall rollen sich die Blätter ein, verkrüppeln und das Wachstum wird gehemmt. Auf dem klebrigen Honigtau, den die Blattläuse ausscheiden, siedelt sich als Sekundärinfektion oft Rußtau an. Blattläuse können auch Krankheiten, z. B. Viren, übertragen.

■ **Was tun?** Biologische Bekämpfung mit Pyrethrum und insektizider Seife (letztere unterbindet die Atmung der Läuse). Marienkäfer (die auch den Honigtau fressen), Florfliegen, Schwebfliegen und andere natürliche Feinde der Blattläuse. Alternativ mit einem anorganischen Kontakt-Insektizid wie Bifenthrin spritzen.

## Blattrandkäfer

Die graubraunen Käfer werden 5–6 mm lang. Die Eier überwintern im Boden, die erwachsenen Tiere erscheinen im Juni und Juli und beginnen dann, die Blätter zu fressen.

■ **Anfällige Pflanzen** Dicke Bohnen und Erbsen.

■ **Schadbild** Halbkreisförmige Fraßstellen an den Blatträndern – unansehnlich, aber selten tödlich.

■ **Was tun?** Falls nötig, mit Bifenthrin spritzen, jedoch nicht während der Blüte.

## Blattwanzen

Die kleinen, geflügelten Insekten saugen den Saft aus Blättern, Triebspitzen und Früchten.

■ **Anfällige Pflanzen** Äpfel, Johannisbeeren, Stachelbeeren.

■ **Schadbild** Junge Blätter sind verkrüppelt, ältere Blätter zeigen kleine Löcher und sehen ramponiert aus. Reife Äpfel zeigen gewölbte Schorfstellen auf der Schale.

■ **Was tun?** Falls nötig, nach der Blüte mit Bifenthrin spritzen.

## Blutläuse, Wollläuse

Diese saugenden Blattläuse (siehe Seite 334) leben auf den Zweigen von Apfelbäumen und sind mit einem weißen, wolligen Sekret bedeckt.

■ **Anfällige Pflanzen** Äpfel.

■ **Schadbild** Blätter und Früchte können verformt sein, an den Stängeln können sich geschwollene Gallen bilden. Wenn diese aufplatzen, können Erreger von Obstbaumkrebs (siehe Seite 326) eindringen.

■ **Was tun?** Die Schädlinge abstreifen, stark befallene Zweige ausschneiden. Falls nötig, mit Bifenthrin spritzen.

## Drahtwürmer

Die im Boden lebenden Larven von Schnellkäfern werden bis zu 2,5 cm lang und sind orange-braun gefärbt.

■ **Anfällige Pflanzen** Bohnen, Kohlgewächse, Karotten, Blattsalat, Zwiebeln, Kartoffeln, Tomaten und Rüben.

■ **Schadbild** Stängel von Sämlingen sowie Wurzeln und Knollen können angefressen sein.

■ **Was tun?** Den Boden rings um befallene Pflanzen inspizieren und die Drahtwürmer vernichten. Kartoffeln und Wurzelgemüse nicht länger im Boden lassen als nötig.

## Erbsenblasenfuß

Die winzigen, schwärzlich-braunen oder hellgelben Insekten leben und fressen auf den Hülsen und Blättern.

■ **Anfällige Pflanzen** Dicke Bohnen und Erbsen.

■ **Schadbild** Hülsen und Blätter können sich verfärben, braune Narben oder eine silberne Marmorierung zeigen. Hülsen können sich verformen und enthalten oft nur einen oder zwei Samen.

■ **Was tun?** Falls nötig, mit Pyrethrum oder Bifenthrin spritzen.

## Erbsenblattlaus

Die Läuse dieser Art können grün, rosa oder gelb sein. Sie vermehren sich schnell.

■ **Anfällige Pflanzen** Erbsen.

■ **Schadbild** Die Läuse saugen Saft aus jungen Trieben, deren Wachstum dadurch behindert wird. Sie können Viren übertragen.

■ **Was tun?** Wie andere Blattläuse bekämpfen (siehe Seite 334).

## Erbsenwickler

Erwachsene Falter legen im Sommer, wenn die Erbsen blühen, Eier ab. Daraus schlüpfen cremeweiße Larven mit schwarzem Kopf, die die Erbsen in den Hülsen anfressen.

■ **Anfällige Pflanzen** Erbsen.

■ **Schadbild** Die Erbsen sind angefressen und ungenießbar. In den Hülsen finden sich die Raupen und ihre Exkremente.

■ **Was tun?** Frühe oder späte Sorten anbauen, die außerhalb der Eiablagezeit blühen. Falls nötig, die Pflanzen im Sommer mit Netzen abdecken oder nach der Blüte mit Bifenthrin spritzen.

## Erdflöhe

Die kleinen, schwarz glänzenden Insekten tragen oft gelbe Streifen, sind aber so klein, dass man sie mit bloßem Auge kaum sieht – bis man sie stört: Dann springen sie in die Luft.

■ **Anfällige Pflanzen** Asiatische Blattsalate, Rettiche und Radieschen, Rauke, Steckrüben und Speiserüben.

■ **Schadbild** Die Blätter sind fein durchlöchert, junge Sämlinge können absterben.

■ **Was tun?** Die Pflanzen mit feinem Netz oder Vlies abdecken und regelmäßig wässern. Bei Trockenheit ist das Befallsrisiko größer. Falls nötig, mit Bifenthrin oder Pyrethrum spritzen.

## Eulenfalter (Raupen)

Die braunen, gelben oder grünen Raupen verschiedener Nachtfalter leben im Boden und kommen nachts zum Fressen heraus.

■ **Anfällige Pflanzen** Kohlgewächse, Sellerie, Porree, Blattsalat, Kartoffeln und Wurzelgemüse.

■ **Schadbild** Auf Bodenniveau abgefressene Stängel von Jungpflanzen. Wurzeln, Knollen und Blätter können an- oder abgefressen sein.

■ **Was tun?** Die Raupen abends (wenn sie fressen) suchen oder im Boden um geschädigte Pflanzen nachschauen. Werden die Raupen gestört, rollen sie sich ein. Absammeln oder notfalls ein Insektizid einsetzen.

## Himbeerkäfer

Die erwachsenen Käfer legen im Sommer auf den Blüten Eier ab. Die gelbgrünen Larven fressen die reifenden Beeren.

■ **Anfällige Pflanzen** Brombeeren, Himbeeren und Hybridsorten.

■ **Schadbild** Beeren bleiben klein oder zeigen trockene, runzlige Stellen am Stängelansatz. Nach dem Abpflücken kriechen die Larven aus dem Inneren hervor.

■ **Was tun?** Im Frühling und Herbst Netze entfernen und den Boden um die Pflanzen hacken. So gelangen die Puppen an die Oberfläche, wo Vögel sie sehen und fressen können.

### Johannisbeerblasenlaus

siehe Blattläuse (Seite 334)

### Johannisbeergallmilbe

Die mikroskopisch kleinen Milben überwintern in den Knospen, von denen sie fressen, und ziehen im Frühling weiter, wenn diese sich öffnen.

■ **Anfällige Pflanzen** Schwarze Johannisbeeren.

■ **Schadbild** Befallene Knospen schwellen an und entwickeln sich nicht gut. Die Milben können das Virus der Brennnesselblättrigkeit übertragen (siehe Seite 323).

■ **Was tun?** Die Pflanzen im Herbst und Winter gründlich untersuchen, angeschwollene Knospen abpflücken und vernichten. Stark befallene Pflanzen mitsamt den Wurzeln ausgraben und verbrennen.

### Johannisbeergallmücke

Die winzigen, weißen Larven dieser Gallmücke fressen im Sommer die Blätter an.

■ **Anfällige Pflanzen** Schwarze Johannisbeeren.

■ **Schadbild** Blätter wachsen verkrüppelt und können absterben.

■ **Was tun?** Es gibt kein Gegenmittel. Resistente Sorten wählen.

### Kartoffelkäfer

Die orange-gelben Käfer mit schwarzen Streifen werden bis 1 cm lang. Die Larven sind dick, leuchtend orange-rot und tragen schwarze Punkte auf den Seiten.

■ **Anfällige Pflanzen** Auberginen, Paprika, Kartoffeln und Tomaten.

■ **Schadbild** Käfer und Larven fressen die Blätter, können erheblichen Schaden anrichten und die Pflanzen sogar abtöten.

■ **Was tun?** Zur biologischen Bekämpfung sind Raubinsekten und Parasiten erhältlich. Spritzungen sind möglich, aber die Käfer haben Resistenzen gegen einige Insektizide entwickelt.

### Kartoffelzystenälchen, Kartoffelnematoden

Die goldgelben oder weißen Älchen leben und fressen in den Wurzeln der Pflanzen. Die stecknadelkopfgroßen Zysten enthalten Hunderte von Eiern und können zehn und mehr Jahre im Boden überleben.

■ **Anfällige Pflanzen** Kartoffeln und Tomaten.

■ **Schadbild** Gelbe, absterbende Blätter, schlechte Erträge.

■ **Was tun?** Es gibt kein Gegenmittel. Die Fruchtfolge beachten (siehe Seite 18–19) und resistente Sorten wählen.

### Kleine Kohlfliege

Nicht die erwachsenen Tiere verursachen den Schaden, sondern die Larven. Sie schlüpfen aus Eiern, die im Boden abgelegt werden, fressen die Wurzeln an, sodass die Strünke faulen. Sind sie einmal im Boden vorhanden, lassen sie sich kaum mehr beseitigen.

■ **Anfällige Pflanzen** Kohlgewächse.

■ **Schadbild** Junge, frisch ausgepflanzte Sämlinge entwickeln sich schlecht und können absterben. Größere Pflanzen schwächeln und wachsen langsam. Die Larven fressen auch Rettiche, Radieschen, Steckrüben und Speiserüben an.

■ **Was tun?** Kohlkragen anlegen (siehe Seite 88) und die Beete mit Vlies abdecken, damit die Fliegen keine Eier im Boden in der Nähe der Wurzeln ablegen können.

### Kleine Pflaumenblattlaus

Die kleinen, gelblich-grünen, saugenden Insekten schlüpfen im Februar oder März aus Eiern, die an den Bäumen überwintert haben. Sie fressen die sich entwickelnden Knospen und die jungen Blätter. Im Mai oder Juni siedeln die erwachsenen Tiere auf andere Pflanzen um und kehren im Herbst zurück, um neue Eier abzulegen.

■ **Anfällige Pflanzen** Zwetschgen, Pflaumen, Mirabellen und Renekloden.

■ **Schadbild** Junge Blätter sind aufgerollt und verkrüppelt, mindestens bis die Schädlinge umsiedeln.

■ **Was tun?** Kleine Bäume im Dezember abspritzen, um die Eier zu dezimieren. Im Frühling sind organische Kontakt-Insektizide kaum wirksam, weil die Insekten in den aufgerollten Blättern sitzen. Falls nötig, mit einem synthetischen, systemischen Insektizid spritzen, jedoch nicht während der Blüte.

### Kohleule/Großer und Kleiner Kohlweißling (Raupen)

Die Raupen des Großen Kohlweißlings sind gelb-schwarz und behaart, die des Kleinen Kohlweißlings sind grün, und die der Kohleule gelb-grün oder braun.

■ **Anfällige Pflanzen** Kohlgewächse.

■ **Schadbild** Die Raupen schädigen die Blätter und fressen manchmal Gänge in die Köpfe.

■ **Was tun?** Raupen und Eier von Hand absammeln und vernichten. Mit feinen Netzen die Falter an der Eiablage hindern. Notfalls spritzen.

### Lauchmotte

Die Raupen dieses kleinen Falters fressen die Blätter von Porree und Zwiebeln. Zur Metamorphose spinnen sie sich in Kokons ein, die bei genauem Hinsehen zu erkennen sind (Seite 161).

**Anfällige Pflanzen** Porree und Zwiebeln.
**Schadbild** Die Raupen hinterlassen weiße oder braune Flecken und Löcher auf den Blättern. Sie können Gänge in Porreestangen und Zwiebelhälse fressen.
**Was tun?** Absammeln und vernichten. Es gibt keine wirkungsvollen Insektizide. Die Pflanzen mit feinem Netz oder Vlies abdecken.

## Mäuse und Ratten

Ratten sowie verschiedene Mäusearten machen sich gern über die Gemüsebeete her.
**Anfällige Pflanzen** Bohnen, Erbsen, Gemüsemais.
**Schadbild** Samen und junge Sämlinge werden gefressen.
**Was tun?** Lebendfallen sind zweifellos humaner als Gift.

## Mehlige Kohlblattlaus

Die graugrünen Insekten schlüpfen im Frühling aus Eiern, die auf Kohlgewächsen überwintern. Die Läuse sondern ein weißes, mehliges Wachs ab, mit dem sie sich bedecken und schützen.
**Anfällige Pflanzen** Kohlgewächse.
**Schadbild** Die Läuse saugen Pflanzensaft aus den Blattunterseiten. Die Blätter zeigen gelbe Flecken und rollen sich. Bei schweren Befall Wachstumsstörungen.
**Was tun?** Eier absammeln und vernichten. Falls nötig, mit insektizider Seife, Pyrethrum oder Bifenthrin spritzen.

## Möhrenfliege

Wie bei der Kleinen Kohlfliege sind es auch hier die Larven, die den Schaden verursachen – und zwar in ähnlich gravierendem Maß. Befallene Pflanzen kann man nur noch ausgraben und vernichten.
**Anfällige Pflanzen** Karotten, Sellerie und Pastinaken.
**Schadbild** Die frisch geschlüpften, cremeweißen Larven fressen Gänge in die Wurzeln, sodass diese ungenießbar werden.
**Was tun?** Um die erwachsenen Weibchen an der Eiablage zu hindern, die Beete mit Vlies abdecken oder eine mindestens 60 cm hohe Barriere errichten – die Weibchen fliegen niedrig. Beim Ausdünnen der Sämlinge und beim Ernten vorsichtig vorgehen, um den Karottengeruch zu reduzieren, der die Insekten anlockt. Möglichst abends ausdünnen und ernten.

## Pflaumenwickler

Dieser Verwandte des Apfelwicklers (siehe Seite 334) legt im Sommer Eier ab. Nach dem Schlüpfen fressen die Raupen Gänge in die Früchte.
**Anfällige Pflanzen** Zwetschgen, Pflaumen, Mirabellen und Renekloden.
**Schadbild** Die Raupe frisst um den Stein herum und frisst sich dann nach außen. Dabei bleiben in den Gängen Exkremente zurück. Befallene Früchte können faulen und abfallen.
**Was tun?** Im Juni und Juli Pheromonfallen aufhängen (siehe Seite 95), um die männlichen Wickler zu fangen und an der Paarung zu hindern. So reduziert sich die Zahl der Weibchen, die Eier ablegt. Falls nötig, gleichzeitig mit Bifenthrin spritzen.

## Raupen

siehe Kohlweißling (Seite 336), Apfelwickler (Seite 334), Lauchmotte (Seite 336)

## Rote Spinnmilbe

Es gibt zwei Arten dieser Schädlinge: die Obstbaum-Spinnmilbe und die Gewächshaus-Spinnmilbe, die in warmen Sommern auch im Freien auftritt. Beide Arten legen ihre Eier auf den Blattunterseiten ab, saugen Saft und fressen Blattgewebe.
**Anfällige Pflanzen** Baumobst und in gemäßigtem Klima Gewächshauspflanzen wie Auberginen, Gurken, Paprika, Tomaten, Melonen und andere kälteempfindliche Arten. Bei heißer, trockener Witterung auch Bohnen, Johannisbeeren, Himbeeren und Erdbeeren.
**Schadbild** Blätter werden matt und fleckig, färben sich silbrig oder bronzefarbig, können welken und abfallen. Pflanzen können später mit feinem, weißem Gespinst überzogen sein.
**Was tun?** Im Gewächshaus regelmäßig mit Wasser sprühen, um die Luftfeuchtigkeit zu erhöhen. Raubmilben (*Phytoseiulus persimilis*) zur biologischen Bekämpfung einsetzen. Falls nötig, mit Bifenthrin oder insektizider Seife spritzen.

## Rüsselkäfer

Die kleinen Käfer schädigen verschiedene Früchte und Gemüse. Fangen und vernichten oder spritzen.

## Sägewespe

siehe Apfel-Sägewespe (Seite 334), Stachelbeer-Sägewespe (Seite 338).

## Salatwurzellaus

siehe Wurzelläuse (Seite 339).

## Schmierläuse

Die weiblichen Schmierläuse sind klein, flach und hell. Sie und ihre Eier sind mit einem flaumigen, weißlichen Wachs bedeckt. Sie saugen Pflanzensaft. Die Männchen sind kurzlebig und richten keinen Schaden an.
**Anfällige Pflanzen** In gemäßigtem Klima Auberginen, Gurken,

Paprika, Tomaten, Melonen und andere kälteempfindliche Pflanzen, die im Gewächshaus kultiviert werden.
**Schadbild** Schwerer Befall kann Pflanzen erheblich schwächen.
**Was tun?** Die Tiere mit einem in Methylalkohol getunkten Pinsel bestreichen, mehrfach mit insektizider Seife spritzen oder die Marienkäferart *Cryptolaemus montrouzieri* zur biologischen Bekämpfung einsetzen.

## Schnaken (Larven)

Die Larven der langbeinigen Schnaken haben keine Beine, können aber bis 4,5 cm lang werden und sind ungemein gefräßig.
**Anfällige Pflanzen** Kohlgewächse, Blattsalat und Erdbeeren.
**Schadbild** Stiele und Wurzeln sind an- oder durchgefressen, die Pflanzen welken und sterben ab.
**Was tun?** Die Larven absammeln und vernichten, wenn sie nach dem Regen an die Erdoberfläche kommen. Vögel leisten dabei gute Hilfe. Insektizide sind nur bedingt wirksam, es gibt aber parasitische Nematoden, die als biologisches Gegenmittel eingesetzt werden können.

## Schnecken

Beim Anblick von Schleimspuren und Fraßschäden an Obst und Gemüse wissen alle Gärtner, wer da aktiv und hungrig war.
**Anfällige Pflanzen** Zu viele, um sie einzeln zu benennen.
**Schadbild** Junge Triebe und kleine Sämlinge sind besonders gefährdet, ganze Saatreihen können über Nacht abgefressen werden. Schnecken fressen sich aber auch in Kohl- und Salatköpfe, in Sellerie und Porree, in Wurzelgemüse wie Rote Bete und Knollensellerie und Kartoffeln hinein.
**Was tun?** Fallen (kopfüber gesteppte Grapefruithälften oder Bierfallen) und Barrieren (grober Kies, zerdrückte Eierschalen, Kupferstreifen) können helfen. Unkraut entfernen, in dem sich Schnecken verstecken könnten. Nematoden (*Phasmarhabditis hermaphrodita*) zur biologischen Bekämpfung einsetzen oder notfalls Schneckenkorn auslegen.

## Schwarze Bohnenblattlaus

Diese schwarzen Läuse vermehren sich enorm schnell und können innerhalb weniger Tage manche Sprosse völlig verkrusten.
**Anfällige Pflanzen** Bohnen, Rote Bete, Artischocken.
**Schadbild** Die Läuse greifen zarte, junge Triebe und Knospen an, saugen deren Saft und hemmen das Wachstum.
**Was tun?** Wenn Dicke Bohnen ausgewachsen sind, die Triebspitzen ausknipsen, denn diese werden hauptsächlich befallen. Ansonsten wie andere Blattläuse behandeln (siehe Seite 334).

## Schwarze Kirschblattlaus

Die kleinen, schwarzen, saugenden Insekten schlüpfen im März und befallen junge Blätter und Knospen. Im Juli siedeln die erwachsenen Tiere auf Kohlgewächse und Unkräuter um, im Herbst legen sie wiederum auf Kirschbäumen ihre Eier ab.
**Anfällige Pflanzen** Kirschen.
**Schadbild** Junge Blätter sind fest eingerollt und verkrüppelt, mindestens bis die Tiere abziehen. Auf dem klebrigen Honigtau, den die Läuse ausscheiden, siedelt sich schwarzer Rußtau an.
**Was tun?** Kleine Bäume im Winter abspritzen, um überwinternde Eier zu beseitigen. Im Frühling ist der Einsatz organischer Kontakt-Insektizide meist wirkungslos, weil die Läuse in den eingerollten Blättern sitzen. Falls nötig, mit einem synthetischen, systemischen Insektizid spritzen, aber nicht während der Blüte des Baums.

## Sellerie-Blattminierfliege, Selleriefliege

Die erwachsenen Tiere schlüpfen aus Puppen, die im Boden überwintern, und legen Eier auf den Blättern der Wirtspflanzen ab. Wenn die Larven schlüpfen, fressen sie das Blattgewebe.
**Anfällige Pflanzen** Stangen- und Knollensellerie.
**Schadbild** Gelblich-braune, trockene Flecken auf den Blättern. Stangensellerie schmeckt bitter.
**Was tun?** Larven absammeln und vernichten. Die Pflanzen mit Vlies abdecken, um die erwachsenen Weibchen an der Eiablage zu hindern.

## Spargelhähnchen

Erwachsene Tiere, schwarz und rot mit gelben Flecken, sind gut zu erkennen. Sie überwintern im Boden, kommen im Frühling hervor und fressen Laub und manchmal äußere Stängel der Spargelpflanzen. Im Juni legen sie Eier ab. Wenn die grauen Larven geschlüpft sind, fressen auch sie die Blätter.
**Anfällige Pflanzen** Spargel.
**Schadbild** Das Laub kann komplett abgefressen werden.
**Was tun?** Die Pflanzen sorgfältig kontrollieren, die Käfer und Larven absammeln oder mit Pyrethrum spritzen.

## Stachelbeer-Sägewespe

Nicht die Wespen selbst verursachen den Schaden, sondern ihre hellgrünen, schwarz gefleckten Larven. Sie schlüpfen aus Eiern, die auf den Blättern abgelegt werden, oft im Zentrum des Strauchs.

**Anfällige Pflanzen** Stachelbeeren, Rote und Weiße Johannisbeeren.
**Schadbild** Die Blätter können bis auf die Rippen abgefressen sein.
**Was tun?** Eier und Larven absammeln. Falls nötig, mehrmals mit Pyrethrum spritzen.

## Vögel

Amseln, Buchfinken, Eichelhäher, Elstern und Tauben werden im Garten gelegentlich lästig.
**Anfällige Pflanzen** Alle Kohlgewächse und alle Beerenfrüchte, außerdem Erbsen, Bohnen, Blattsalat, Steckzwiebeln und einige Baumfrüchte.
**Schadbild** Abgefressene Blätter und Früchte, ausgerissene Sämlinge.
**Was tun?** Vogelscheuchen aller Art lohnen einen Versuch (siehe Seite 77), aber Vögel sind clever und durchschauen sie bald. Sichere Gegenmittel sind nur Obstnetze.

## Weiße Fliege

Die kleinen Fliegen mit keilförmigen, weißen Flügeln fliegen in Schwärmen auf, wenn sie gestört werden. Sie sitzen auf den Blattunterseiten, wo sie auch ihre Eier ablegen.
**Anfällige Pflanzen** Kohlgewächse, Zucchini, Okra, Süßkartoffeln. Im Gewächshaus vor allem Auberginen, Gurken, Paprika, Tomaten und andere kälteempfindliche Pflanzen.
**Schadbild** Die Jungtiere saugen Saft aus den Blättern und verursachen Gelbfärbung und Wachstumsstörungen. Auf dem ausgeschiedenen Honigtau kann sich als Sekundärinfektion Rußtau ansiedeln.
**Was tun?** Falls nötig, mit insektizider Seife, Pyrethrum oder Bifenthrin spritzen. Im Gewächshaus Gelbtafeln aufhängen oder Raubwespen (*Encarsia formosa*) einsetzen.

## Wespen

Wespen werden erst im Spätsommer lästig. Vorher machen sich die jungen Insekten nützlich, weil sie Raupen und andere Schädlinge vertilgen.
**Anfällige Pflanzen** Die meisten reifen Früchte.
**Schadbild** Wespen fressen Löcher in die Früchte, um an das süße Fleisch zu gelangen. Werden sie gestört, können sie aggressiv werden und stechen.
**Was tun?** Wespen sollte man möglichst in Ruhe lassen. Nester vom Fachmann beseitigen lassen und in einer Gartenecke überreife, faulende Früchte aufhäufen, um sie von der Ernte weg zu locken.

## Wurzelläuse

Im Gegensatz zu anderen Läusen greifen diese Schädlinge nicht Triebe und Blätter an, sondern Wurzeln. Einige sind auf bestimmte Pflanzenarten spezialisiert.
**Anfällige Pflanzen** Artischocken, Bohnen, Karotten, Blattsalat, Pastinaken.
**Schadbild** Pflanzen welken, wenn die Läuse Saft aus den Wurzeln saugen. Im Boden ist auf den Schädlingen und in ihrer Nähe eine weißlich-wachsige, pulvrige Substanz zu finden.
**Was tun?** Die Fruchtfolge beachten (siehe Seite 18–19) und die Pflanzen regelmäßig wässern. Falls nötig, mit einer Bifenthrin-Lösung gießen.

## Zwiebelfliege

Die Fliegen schlüpfen im Mai aus ihren Puppen und legen dann Eier. Daraus schlüpfen kleine, weiße Larven, die Zwiebeln, Wurzeln und Stängel fressen.
**Anfällige Pflanzen** Knoblauch, Porree, Zwiebeln und Schalotten.
**Schadbild** Blätter werden gelb, Pflanzen können welken und absterben. Wenn die Larven in die Zwiebeln gelangen, können diese faulen.
**Was tun?** Zwiebeln nicht aus Samen, sondern aus Steckzwiebeln heranziehen, weil sie resistenter sind. Mit Vlies oder feinem Netz abdecken. Befallene Pflanzen vernichten.

## Zwiebelthrips

Thripse sind kleine schwarze oder hellgelbe Insekten, die auf den Blättern leben und von ihnen fressen.
**Anfällige Pflanzen** Porree, Zwiebeln.
**Schadbild** Blätter verfärben sich und zeigen rostbraune Streifen oder eine silbrig-weiße Marmorierung.
**Was tun?** Falls nötig, mit insektizider Seife oder Pyrethrum spritzen.

# Register

*Kursiv* gedruckte Seitenangaben beziehen sich auf Abbildungen, **fett** gedruckte auf den Haupteintrag zum jeweiligen Thema.

## A



## B

## C



## D



## E

## L



## M

# T



# U

# Weiterführende Adressen

**Arche Noah**
Gesellschaft zur Erhaltung der Kulturpflanzenvielfalt
Obere Str. 40
A-3553 Schloß Schiltern
Tel. +43(0)2734-8626
www.arche-noah.at
info@arche-noah.at

**BALDUR Garten GmbH**
Elbinger Str. 12
64625 Bensheim
Tel. +49(0)1805-103555
www.baldur-garten.de

**Baumschule Horstmann (Obst)**
Bergstraße 5
25582 Hohenaspe
Tel. +49(0)4893-376890
www.baumschule-horstmann.de
info@baumschule-horstmann.de

**Baumschule Alte Obstsorten**
Waldweg 2
24966 Sörup
Tel. +49(0)4635-2745
www.alte-obstsorten.de

**Biermann Markenbaumschulen**
(Obst und Beeren)
Im Felde 53–55
25499 Tangstedt
Tel. +49(0)4101-204362
www.baumschulen-biermann.de
info@baumschulen-biermann.de

**Bioland Bauernhof Karsten Ellenberg**
Ebstorfer Str. 1
29576 Barum
Tel. +49(0)5806-304
www.kartoffelvielfalt.de
kartoffelvielfalt@t-online.de

**Bioland Hof Jeebel**
Biogartenversand GbR
Jeebel 17
29416 Riebau
Tel. +49(0)39037-781
www.biogartenversand.de
info@biogartenversand.de

online bestellshop:
**www.Blumensamen-Shop.de**
office@blumensamen-shop.de
Tel. +49(0)1805-06034523040

**Die Blumenschule**
Rainer Engler und Sabine Friesch
Augsburger Str. 62
86956 Schongau
Tel. +49(0)8861-7373
www.blumenschule.de
info@blumenschule.de

N. L. Chrestensen
**Erfurter Samen- und Pflanzenzucht GmbH**
Witterdaer Weg 6
99092 Erfurt
Tel. +49(0)361-2245344
www.gartenversandhaus.de
info@chrestensen.com

**Delfland Nurseries Limited**
Benwick Road
Doddington
March
Cambridgeshire
PE15 0TU
England
Tel. +44-1354-740553
www.organicplants.co.uk
info@organicplants.co.uk

**Dreschflegel GbR**
In der Aue 31
37213 Witzenhausen
Tel. +49(0)5542-502744
www.dreschflegel-saatgut.de
info@dreschflegel-saatgut.de

**Ferme de Sainte Marthe**
online-bestellshop
Tel. +49(0)6734-915580
www.bio-saatgut.de
info@bio-saatgut.de

**Friesland Staudengarten**
Husumer Weg 16
26441 Jever-Rahrdum
Tel. +49(0)4461-3763
www.friesland-staudengarten.de

**Gaissmayer Stauden und Pflanzenversand**
Jungviehweide 3
89257 Illertissen
+49(0)7303-7258
www.pflanzenversand-gaissmayer.de
info@gaissmayer.de

**Hof Berggarten**
Lindenweg 17
79737 Herrischried
Tel. +49(0)7764-239
www.hof-berggarten.de
info@hof-berggarten.de

**Lubera Gartenversand**
CH-9470 Buchs SG
Schweiz
Tel. +41(0)81-7405833
www.lubera.ch
info@lubera.ch

**Kiepenkerl Fachversand**
Im Weidboden 12
57629 Norken
Tel. +49(0)2661-94052-84
www.Kiepenkerl.de
info@kiepenkerl.de

**Die Kräuterei**
Alexanderstr. 29
26121 Oldenburg
Tel. +49(0)441-882368
www.kraeuterei.de
kraeuterei@t-online.de

**Kräuter-und Staudengärtnerei Mann**
Schönbacherstr. 25
02708 Lawalde
Tel. +49(0)3585-403738
www.plantasia.de
info@plantasia.de

**Magic Garden Seeds**
c/o Andreas Fái-Pozsár
Regerstr. 3
93053 Regensburg
www.magicgardenseeds.de
mailbox@magicgardenseeds.de

**Gärtnerei Naturwuchs**
Bardenhorst 15
33739 Bielefeld
Tel. +49(0)521-9881778
www.naturwuchs.de
info@naturwuchs.de

**Gärtner Pötschke**
Beuthener Str. 4
41561 Kaarst
Tel. +49(0)1805-861100
www.poetschke.de
info@poetschke.de

**Raritätengärtnerei Treml**
Eckerstr. 32
93471 Arnbruck
Tel. +49(0)9945-905100
www.pflanzentreml.de
treml@pflanzentreml.de

**Rühlemann's Kräuter & Duftpflanzen**
Auf dem Berg 2
27367 Horstedt
Tel. +49(0)4288-928558
www.ruehlemanns.de
info@ruehlemanns.de

**Sperli Samenfachversand**
Kirchdorferstr. 177
26605 Aurich
Tel. +49(0)4941-972546
www.samenfachversand.de
office@samenfachversand.de

**Samenshop24**
Kirchdorfer Str. 177
26605 Aurich
Fax +49(0)4941-998934
www.samenshop24.de
service@samenshop24.de

**Schwerdtfeger Obstbaumschulen**
Ziegeleiweg 1
25560 Warringholz
www.alte-Obstsorten-online.de
oder:
schwerdtfeger-obst@t-online.de

**Staudengärtnerei Gräfin von Zeppelin**
Weinstr. 2
79295 Sulzburg-Laufen
Tel. +49(0)7634-69716
www.staudengaertnerei.com
info@graefin-v-zeppelin.de

**Suttons Seeds**
Woodview Road
Paignton
Devon TQ4 7NG
England
Tel. +44-844-9220606
www.suttons.co.uk
mail@suttons.co.uk

**Syringa**
Duftpflanzen und Kräuter
Bachstr. 7
78247 Hilzingen-Binningen
Tel. +49(0)7739-1452
www.syringa-samen.de
info@syringa-samen.de

**Thompson & Morgan**
Postfach 1069
36243 Niederaula
www.thompson-morgan.de
tmde@thompson-morgan.com

**Zaubergarten der Düfte**
Cordula Felgner
Mühlstraße 3
99734 Nordhausen-Salza
Tel: +49(0)3631-971240
www.duftzaubergarten.de

# Dank

**Dank des Autors**

Vielen Dank an Anna Kruger, Alison Gardner, Alison Donovan, Helen Fewster und das Team bei Dorling Kindersley; an Jo Whittingham für ihre wertvollen Vorschläge und Tipps; an meine Gartennachbarin Barbara Wood in den Royal Paddocks Allotments, Hampton Wick, für ihre unermüdliche Hilfe, ihr Wissen und ihre Großzügigkeit; an die Teams der RHS Wisley, der RHS Rosemoor, der Brogdale Collections und der West Dean Gardens.

**Mitarbeit im Lektorat**

Annelise Evans, Esther Ripley

**Register** Michèle Clarke

**Bildnachweis**

Der Herausgeber dankt den folgenden Personen und Institutionen für die freundliche Genehmigung zum Abdruck von Abbildungen:

(o = oben, u = unten, M = Mitte, l = links, r = rechts)

**2–3 Airedale Publishing. 5 Airedale Publishing:** (ol). **6 Airedale Publishing:** (Ml). **7 Marianne Majerus Garden Images:** Cider House. **8 Airedale Publishing:** (ol) (ul). **9 The Garden Collection:** Nicola Stocken Tomkins.**15 GAP Photos:** Clive Nichols/ Duncan Heather. **16 The Garden Collection:** Jonathan Buckley/Helen Yemm, Ketley's (r); Liz Eddison (l). **18 Airedale Publishing:** (Mgr) (gur). **19 Airedale Publishing:** (ur). GAP Photos: Jonathan Buckley/Sarah Raven (uM). **23 Airedale Publishing:** (Mlo); Sarah Cuttle (ol). **27 The Garden Collection:** Liz Eddison. **28 Photolibrary:** Corbis. **30 Airedale Publishing:** (or) (uM) (Mo) (Mr). **iStockphoto.com:** John Sigler (ur). **Photolibrary:** Garden Picture Library/Jo Whitworth (Mu). **31 Airedale Publishing:** (Mu). Corbis: Jacqui Hurst (oM). **GAP Photos:** Jonathan Buckley/ Sarah Raven (Mlo); Garden Picture Library/ Howard Rice (ul). **Photolibrary:** Garden Picture Library/Maxine Adcock (ol). **33 GAP Photos:** Richard Bloom (or). **38 Airedale Publishing:** (r). **42 Airedale Publishing:** (or). **GAP Photos:** Jonathan Buckley/Sarah Raven (design) , Pastinaca sativa - Parstinaken der Sorte 'Avon Resistor' in einer violetten Wanne. (uM); Garden Picture Library/ Jo Whitworth (ur). **Photolibrary:** Garden Picture Library/Maxine Adcock (Mo). **43 Airedale Publishing:** (Mlo) (Mu). **Alamy Images:** Andrea Jones (Mo). **44 Airedale Publishing:** (ur). **45 GAP Photos:** Clive Nichols (ol). **46 Airedale Publishing:** (ul) (uM). **48 Airedale Publishing:** (oM). **51 GAP Photos:** Geoff Kidd (ur). **52 Photolibrary:** Garden Picture Library/Howard Rice. **54 Airedale Publishing:** (ur). **GAP Photos:** Nicola Browne (Mu); Jonathan Buckley/ Sarah Raven (or). **55 GAP Photos:** Juliette Wade (Mlo). **Marianne Majerus Garden Images:** Andrew Lawson (Mlb). **Photolibrary:** Garden Picture Library/Howard Rice (oM). **57 Airedale Publishing. 66 Airedale Publishing:** (oM) (ur) Mo). **67 Airedale Publishing:** (Mlo) (uM). **Alamy Images:** Rob Walls (ul). **Marianne Majerus Garden Images:** Andrew Lawson (oM). **70 Airedale Publishing:** (uM) (ur). **71 DK Images:** Airedale Publishing/Sarah Cuttle (oM). **73 GAP Photos:** Elke Borkowski. **74 GAP Photos:** Andrea Jones (ul). **75 Airedale Publishing:** (uM). **78 Photolibrary:** Mark Winwood. **80 Airedale Publishing:** (oM) (ur) (Mro) (ol). **81 Airedale Publishing:** (Mlo) (uM) (ul). **Photolibrary:** Garden Picture Library/Kate Gadsby (Mo). **87 DK Images:** Airedale Publishing/ Sarah Cuttle. **98 Airedale Publishing:** (Mo) (go). **99 Airedale Publishing:** (uM). **100 Airedale Publishing:** (Mo) (Mru) (or); Garden Picture Library/Howard Rice (Mlo). **101 Photolibrary:** Garden Picture Library/ Frederic Didillon (uM). **114 GAP Photos:** Friedrich Strauss. **119 Airedale Publishing:** (Mo). **121 Airedale Publishing:** (ul). **122 Airedale Publishing:** (Mu). **127 Airedale Publishing:** (uM). **129 Garden World Images:** Dave Bevan (or/Himbeerkäfer). **130 Airedale Publishing:** (ol). 132 **GAP Photos:** John Glover. **134 Airedale Publishing:** (Mro) (Mu). **135 Airedale Publishing:** (ol) (oM). **136 Airedale Publishing:** (c). **137 Airedale Publishing:** (Mo). **138 Airedale Publishing:** (ur). **142 Airedale Publishing:** (ur). **144 Airedale Publishing:** (ur). **148 Airedale Publishing:** (Mo). **The Garden Collection:** Torie Chugg (oM). **149 Airedale Publishing:** (ul). **150 Derek St Romaine:** (or). **151 Airedale Publishing:** (ol) (uM). **152 The Garden Collection:** Neil Sutherland (Mo). **153 The Garden Collection:** Derek St Romaine (uM). **160 Airedale Publishing:** (or) (ul). **161 Airedale Publishing:** (Mru/Schorf). **GAP Photos:** Dave Bevan (gor/Krautfäule). **164 Airedale Publishing:** (Mru). **Alamy Images:** Andrea Jones (uM). **GAP Photos:** Graham Strong (or). **Garden World Images:** Trevor Sims (Mo). **165 Airedale Publishing:** (ol) (uM) (Mo) (oM). **166 Airedale Publishing:** (oM). Jo Whitworth: (ur). **167 Airedale Publishing:** (uM). 1**68 Airedale Publishing. 172 Airedale Publishing:** (ur). **173 Airedale Publishing:** (Anlegen einer Miete). **175 Airedale Publishing:** (ur). **Garden World Images:** Dave Bevan (Mr). **178 Airedale Publishing:** (uM). **iStockphoto.com:** John Sigler (Mo). **179 Airedale Publishing:** (ol) (Mo) (oM). **Jo Whitworth:** (Mlo). **185 Airedale Publishing:** (c). **GAP Photos:** Marcus Harpur (or). **186 Marianne Majerus Garden Images:** Andrew Lawson. **188 Airedale Publishing:** (c). **Alamy Images:** Andrea Jones (uM). **GAP Photos:** Juliette Wade (oM). **189 Airedale Publishing:** (Mlo). **GAP Photos:** Jonathan Buckley/Sarah Raven (ul). **iStockphoto.com:** John Sigler (ol). **Jo Whitworth:** (oM). **191 Airedale Publishing:** (Mr). **195 Airedale Publishing:** (ul). **Alamy Images:** Alec Stewart. **197 The Garden Collection:** Jane Sebire. **198 The Garden Collection:** Nicola Stocken Tomkins. **200 Airedale Publishing:** (ol) (uM) (ul) (oM) (or). **201 Airedale Publishing:** (Mro). **202 Airedale Publishing:** (oM) (or). **GAP Photos:** Jonathan Buckley (gul). **Photolibrary:** Garden Picture Library/ Chris Burrows (ul). **204 Airedale Publishing:** (ul) (uM). **207 Airedale Publishing:** (or) (gtr). **208 GAP Photos:** Jonathan Buckley/Sarah Raven (design) , Pastinaca sativa - Pastinake 'Avon Resistor' in einer violetten Wanne. **210 Airedale Publishing:** (gul) (ul). **211 Airedale**

**Publishing. 212 GAP Photos:** Lee Avison/ Maureen Sawyer/Southlands12 (ul). **Garden World Images:** Martin Hughes-Jones (gul). **214 Airedale Publishing:** (uM). **215 Photoshot:** Photos Horticultural/Michael Warren (Mgro). **216 Airedale Publishing:** (uM). **219 GAP Photos:** Nicola Browne (Mr/rote Sprossen). **222 GAP Photos:** Maxine Adcock. **223 Airedale Publishing:** (Mr). **225 Airedale Publishing:** (Mru). **226 Photolibrary:** Garden Picture Library/Jo Whitworth (ur). **228 Airedale Publishing:** (uM). **229 Airedale Publishing:** (Mro) (Mgro). **231 Alamy Images:** Andrea Jones (ul). **236 Airedale Publishing. 237 Airedale Publishing. 238 Airedale Publishing:** (ul). **249 Airedale Publishing:** (ur). **Alamy Images:** Rob Walls (Mro). **251 Airedale Publishing:** (ol) (uM). **253 Jo Whitworth:** (Mr) (or). **259 Airedale Publishing:** (Mlo). **260 Airedale Publishing:** (uM). **261 Airedale Publishing:** (Mro). **262 Airedale Publishing:** (ur). Thompson & Morgan: Tozer Seeds (Mro). **263 Airedale Publishing:** (ol) (ul) (Mlo). **Thompson & Morgan:** (Mlb). **266 Alamy Images:** Jeff Morgan (ur). **267 The Garden Collection:** Torie Chugg (Gur). **268 Airedale Publishing. 269 iStockphoto.com:** Joanna Pecha (ur). **270 Airedale Publishing:** (or) (uM). **272 Airedale Publishing. 275 Airedale Publishing:** (ol) (uM) (or). **Alamy Images:** Grant Heilman Photography/Jane Grushow (ul). **GAP Photos:** Jonathan Buckley (c); Juliette Wade (oM). **Garden World Images:** Martin Hughes-Jones (ur). **277 Photoshot:** Photos Horticultural/Michael Warren (r). **278 iStockphoto.com:** Stefan Fierros (b); John Sigler (oM). **282 Airedale Publishing:** (Ml). **iStockphoto.com:** John Sigler (ul). **283 Photolibrary:** Garden Picture Library/Howard Rice. **286 iStockphoto.com:** Dirk Richter (ur). **288 Derek St Romaine:** RHS Wisley. **300 The Garden Collection:** Derek St Romaine. **311 Alamy Images:** Mediacolor's (ur). **Corbis:** George D. Lepp (ol). **312 Garden World Images:** Mein schöner Garten. **313 Alamy Images:** WILDLIFE GmbH. **318 Garden World Images:** Sine Chesterman (ul). **319 Garden World Images:** Dave Bevan (ul). **331 FLPA:** Nigel Cattlin (uM). **332 Alamy Images:** Nigel Cattlin (Mu). FLPA: Nigel Cattlin (Mru). **Garden World Images:** Dave Bevan (ur). **333 Royal Horticultural Society, Wisley:** Tim Sandall (Mlb).

**DK Images/Alan Buckingham:**

1, 4, 5oM, 9ur (Stangenbohne), 11, 12ur, 13, 17, 18or, 19ur, 19M, 19Mr, 19gul, 19gol, 19gor, 19oM, 19ol (Tomate), 19or, 19or (Paprika), 20, 24Mro, 24or, 25ul, 32, 33u, 39or, 40, 42oM, 43uM, 43o, 44uM, 51or, 54Mo, 54Mr, 55ol, 56ul, 59, 61or, 62ul, 63oM, 64, 66Mr, 66or, 69, 70ol, 74ur, 77, 80Mo, 80Mru, 80or, 81Mu, 81oM, 82, 83ur, 83Mr, 83or, 84-85, 88, 89ol, 90-91, 93uM, 93M, 93Ml, 93Mr, 93oM, 93ol, 95, 96, 98uM, 98Mr, 99ul, 99Mu, 99Mlo, 99oM, 99ol, 100ur, 100Mu, 100oM, 101ul, 101Mo, 101Mlu, 101o, 102-103, 104-105, 106, 107ol, 108-109, 112ur, 112-113, 115, 116, 118uM, 118ur, 118M, 118Mro, 118Mru, 118oM, 118or, 119uM, 119ul, 119oM, 119ol, 120, 121Mo, 121Mu, 121Mlo, 121Mlu, 121oM, 122uM, 122ur, 122Mro, 122Mru, 122oM, 122or, 123uM, 123oM, 123or, 124-125, 126, 129gol, 129gor, 130ul, 130oM, 130or, 131Mro, 131Mru, 131mGro, 131mGru, 134ur, 134Mro, 134Mru, 134oM, 134or, 135uM, 135ul, 135Mu, 135Mlo, 135Mlu, 136u, 136Mro, 136Mru, 136oM, 136or, 137ul, 137Mu, 137oM, 137ol, 138uM, 138Mo, 138Mu, 138Mr, 138oM, 139uM, 139ul, 139Mlo, 139Mlu, 139oM, 139ol, 140, 141o, 142uM, 145ur, 145Mr, 145Mro, 146, 148ur, 148Mu, 148Mru, 148or, 149uM, 149Mo, 149Mu, 149Mlo, 149oM, 149ol, 150uM, 150ur, 150Mo, 150Mr, 150oM, 151ul, 151Mo, 151Mlu, 151oM, 152uM, 152ur, 152o, 153ul, 153Mo, 153Mlo, 153Mlu, 153ol, 154-155, 159uM, 160Ml (Kartoffelkraut), 161 (alle außer Kartoffel-Krautfäule und -schorf), 164ur, 164Mo, 164Mu, 164oM, 165ul, 165Mu, 166uM, 166Mr, 167Mu, 167Mlu, 176, 178Mru, 178oM, 178or, 179uM, 179ul, 179Mu, 184ur, 188Mru, 188or, 189Mu, 191Ml, 202ol, 203, 205, 206, 209, 213, 214ul, 216ul, 216oM, 216ol, 218ul, 219mGr, 221, 223ur, 223or, 224, 225Mro, 226Mro, 227 (alle außer Komatsuna), 228ul, 230, 230Mlo, 231 (alle außer Porree), 232-233, 233, 234-235, 238uM, 240-241, 242-243, 244-245, 246-247, 248ul, 248oM, 248ol, 248or, 251ul, 251ur, 251oM, 251or, 254-255gul, 256 (alle außer Portulak), 257, 258, 259ul, 259Ml, 259Mlu, 259ol, 260ul, 260ol, 260or, 262Mru, 262or, 264-265 (alle außer 265 ur), 266 (alle außer Paprika Dorset Naga), 267uM, 267ur, 270ul, 270ol, 275Ml, 275Mr, 278ol, 278or, 279, 280ul, 280Ml, 281, 284 (alle außer rotem Basilikum), 285ur, 285Mr, 285gor, 286Mr, 286Mro, 286Mru, 286or, 287ul, 287Ml, 290, 291u, 292-293, 294-295, 296, 298ul, 299, 301, 303o, 304-305, 306-307, 308-309, 317, 319ur, 320uM, 320Mo, 320Mru, 321uM, 321ul, 321Mo, 330uM, 331ul, 331ur, 332 (alle außer Drahtwurm, Stachelbeer-Sägewespe, Erdfloh und Himbeerkäfer), 333 (außer Roter Spinnmilbe, Eulenlarve, Erbsenwickler und Kohlweißling)



Weitere Informationen siehe : **www.dkimages.com**